陆贾治道研究

徐平华 著

中山大学出版社
·广州·

版权所有　翻印必究

图书在版编目（CIP）数据

陆贾治道研究/徐平华著． —广州：中山大学出版社，2017.10
ISBN 978 - 7 - 306 - 06214 - 7

Ⅰ. ①陆…　Ⅱ. ①徐…　Ⅲ. ①陆贾—哲学思想—研究　Ⅳ. ①B234.15

中国版本图书馆 CIP 数据核字（2017）第 256966 号

出版人：徐　劲
策划编辑：杨文泉
责任编辑：杨文泉
封面设计：曾　斌
责任校对：王　璞
责任技编：何雅涛
出版发行：中山大学出版社
电　　话：编辑部 020 - 84111996，84113349，84111997，84110779
　　　　　发行部 020 - 84111998，84111981，84111160
地　　址：广州市新港西路 135 号
邮　　编：510275　　传　真：020 - 84036565
网　　址：http：//www.zsup.com.cn　E-mail：zdcbs@ mail.sysu.edu.cn
印 刷 者：佛山市浩文彩色印刷有限公司
规　　格：787mm×1092mm　1/16　14.5 印张　270 千字
版次印次：2017 年 10 月第 1 版　2017 年 10 月第 1 次印刷
定　　价：39.00 元

如发现本书因印装质量影响阅读，请与出版社发行部联系调换

本书得到广州美术学院科研处著作出版基金资助，也是广州市哲学社会科学"十三五"规划课题："中国设计管理哲学研究"（2016GZYB60）的研究成果之一（第六章第二、三节）

内 容 简 介

　　本书是从治道视角系统研究陆贾思想的专著，主要包括六部分：一是作者概况，包括其人、其书、其学，认为贯穿三者的主线即治道；二是治道属性辨析：以儒家"道德导向无为"为主干，道家"自然无为"、法家"法术势无为"为补充，以统纳致用为旨归，故其主体属性还是儒家；三是治道合法性依据：天乃治道合法性本源、民乃治道合法性旨归、史乃治道合法性佐证，故"天·民·史"乃治道合法性的三维向度；四是治道主要内容："圣贤为杖"的治道保障、"仁义为本"的治道基础、"无为为用"的治道模式，三者共同形成完整的治道体系；五是治道汉代影响："有启文、景、萧、曹之治者"，是汉代儒学制度化的先声，也是汉代儒学意识形态化的先声，故其对汉代治理产生深远影响；六是治道当代启示：有启践行科学发展观、有启构建和谐社会、有启创新设计管理，故其对当代治理依然有重要启示。总之，本书弥补陆贾研究的不足、有启重新认识儒学在汉初治理中的地位（儒学在汉初并非在野思潮，其似已与王权磨合甚至暗中结盟，"独尊儒术"只是这种磨合甚至暗中结盟的必然结果，故"文景之治"不能仅归功于黄老，而似应主要归功于儒学），同样有启当代治理，故有一定的理论价值与实践意义。

为万世开太平

——《中国传统治道研究丛书》总序

中国传统治道是中国古代思想的原生形态，具有十分丰富的思想内涵。挖掘这一博大精深的思想资源，无论是对于建立中国思想研究的主体性，还是对于建立当代世界合理的社会秩序和心灵秩序，促进人类文明的持续发展，都具有十分重要的意义和作用。

一

"治道"原本就是中国传统思想特有的范畴，早在先秦时期就已形成，秦汉以后被历代思想家、政治家所广泛使用。

按"治道"是一个复合词，由"治"与"道"两个单音词组成。"治"，东汉许慎《说文解字》仅记其一个音义，"直之切"，音"迟"，水名。据《辞源》，"治"的另一个音义为"直吏切"，音"质"，作动词用，有"疏理""打理""办理""整理""处理""管理"的意义。至于为何这些意义要选中"治"这个字来表达，是否与"大禹治水"的传说有关，待考。孔子在《论语·宪问》中说："仲叔圉治宾客，祝鮀治宗庙，王孙贾治军旅"[1]，这里，就是在上述意义上使用"治"字。类此，还有"治兵""治产""治学"等用法。由动词而转为名词和形容词，"治"与"乱"相对，指的是国家治理得当、政治清明有序的状态，如《易传·系辞下》："黄帝尧舜垂衣裳而天下治。"[2]

"道"，是中国传统思想的核心概念之一，具有方法、技艺、规律、事理、学说、道德等多种含义，笼而统之，可用"道理"一词加以概括。把"治"与

---

[1] 程树德撰：《论语集释》，中华书局2010年版，第997页。
[2] 黄寿祺、张善文著：《周易译注》（修订本），上海古籍出版社2001年版，第572页。

"道"结合起来,组成"治道"一词,首见于《墨子·兼爱中》:"今天下之君子,忠实欲天下之富,而恶其贫;欲天下之治,而恶其乱,当兼相爱,交相利,此圣王之法,天下之治道也,不可不务为也。"① 这里的"治道"即为"治理天下之道",与后世使用者意思相仿。另外,《庄子·天地篇》有:"夫子问于老聃曰:'有人治道若相放,可不可,然不然。辩者有言曰,离坚白,若悬寓。若是则可谓圣人乎。'"②《庄子·膳性》又说:"古之治道者,以恬养知;知生而无以知为也,谓之以知养恬。"③ 这里的"道"是"治"的对象,前者的"治道"相当于"修道",后者的"治道"其对象是养生之道,都不是后世所指的"治国之道"的意思。

《管子·治国》篇曾经提出"治国之道"的概念,主张"凡治国之道,必先富民"④。而自觉地把"治国"与"道"结合起来,进而明确使用"治道"概念来表述"治国之道"的,在先秦诸子中,当推荀子。《荀子·王霸》篇中说:"国者,天下之制,利用也;人主者,天下之利执也。得道以持之,则大安也。"⑤ 在荀子看来,国家是天下最有力的工具,统治者只有用"道"即正确的治国原则去掌握政权和治理国政,才能实现最大的安定。简言之,治国必有道,这一"治国之道",简称"治道"。

正是基于这一认识,荀子在《正论》篇中明确使用了作为"治国之道"的"治道"概念。他批驳:"世俗之为说者曰:'太古薄葬,棺厚三寸,衣衾三领,葬田不妨田,故不掘也;乱今厚葬饰棺,故抇也。'"⑥ 认为:"是不及知治道,而不察于抇不抇者之所言也。"⑦ "抇"指盗墓,当时在社会上流行这样的说法,认为古代没有人盗墓是因为普遍实行薄葬,而后世盗墓风猖獗是由于人们的厚葬而引起的。荀子认为这是不懂得"治国之道"的说法。古代圣王抚育人民,百姓安居乐业,风俗淳美,人们羞于去做鸡鸣狗盗之事,更不会去盗墓在死人身上发财。所以百姓是否盗墓,其原因归根结底还是在于统治者的治国之道是否得当。为此,荀子引用孔子的话加以说明:"天下有道,盗其先变乎"——这里的"道",应该就是"治国之道",即"治道"。

---

① [清] 孙怡让撰:《墨子间诂》,中华书局 2001 年版,第 113 页。
② [清] 郭庆藩撰:《庄子集释》,中华书局 2003 年版,第 427 页。
③ [清] 郭庆藩撰:《庄子集释》,中华书局 2003 年版,第 548 页。
④ 李山译注:《管子》,中华书局 2009 年版,第 256 页。
⑤ [清] 王先谦撰:《荀子集解》,中华书局 1988 年版,第 202 页。
⑥ [清] 王先谦撰:《荀子集解》,中华书局 1988 年版,第 338 页。
⑦ [清] 王先谦撰:《荀子集解》,中华书局 1988 年版,第 338 页。

先秦法家思想的集大成者韩非，在其论著中，多次使用了"治道"的概念。如《八经》篇有："凡治天下，必因人情。人情者，有好恶，故赏罚可用；赏罚可用则禁令可立而治道具矣。"①《诡使》篇有："圣人之所以为治道者三：一曰利，二曰威，三曰名。"② 如此等等。

秦汉以后，"治道"概念得到广泛的使用，政治家以之作为自己治国理念、方针、原则、措施、手段的总称，思想家则以之作为自己思考社会、探索人生、认识世界的逻辑起点和思想中心。秦始皇统一中国后，登泰山刻石颂曰："皇帝临位，作制明法，臣下修饬。……治道运行，诸产得宜，皆有法式。"③ 汉初曹参在齐国做丞相时"闻胶西有盖公，善治黄老言，使人厚币请之。既见盖公，盖公为言治道贵清静而民自定，推此类具言之"④。唐太宗李世民宣称："朕今志在君臣上下，各尽至公，共相切磋，以成治道。"⑤ 北宋司马光编撰的《资治通鉴》，就是因为宋神宗认定其"有鉴于往事，有资于治道"而得名。

"治"与"道"的紧密结合，在宋代"道学"（"理学"）中达到顶点。今人余英时先生批评现代学界"把宋代道学从儒学中抽离，又把治道从道学中抽离"的偏颇，指出："我们必须在概念上作根本的调整，然后才能确切把握住'推明治道'在宋代所谓'道学'或'理学'的中心意义。"⑥

这里所引的"推明治道"四字，出自朱熹对宋初"道学三先生"（胡瑗、石介、孙复）的评价，体现了"治道"是道学的中心关怀。北宋儒者王开祖，以"述尧、舜之道，论文、武之治"为宗旨，倡鸣"道学"二字，张载批评"以道学、政事为二事"的现象，程颐则提出"以道学辅人主"的主张，他们都强调"道"与"治"的合一。

"内圣"和"外王"相贯通，"道"与"治道"相交融，这一点在当事人即当时的道学家共同体中固然是不辩自明的共识，而流风所及，后来的统治者对此也是心领神会全盘接受的。如程颐提出："治道亦有从本而言，亦有从事而言。从本而言，惟从格君心之非，正心以正朝廷，正朝廷以正百官。"⑦ 朱熹也认为：

---

① ［清］王先慎撰：《韩非子集解》，中华书局1998年版，第430页。
② ［清］王先慎撰：《韩非子集解》，中华书局1998年版，第410页。
③ ［西汉］司马迁撰：《史记》，中华书局1959年版，第243页。
④ ［东汉］班固撰：《汉书》，中华书局1962年版，第2018页。
⑤ 骈宇骞、骈骅译：《贞观政要》，中华书局2009年版，第38页。
⑥ 余英时撰：《朱熹的历史世界》，台湾允晨文化2003年版，第170页。
⑦ ［北宋］程颢、程颐撰：《二程集》，中华书局1981年版，第165页。

"治道必本于正心,修身,实见得恁地,然后从这里做出。"① 对此,历代统治者非但不反感,反而称赞有加。如宋理宗就说过:"朕每观朱熹《论语》《中庸》《大学》《孟子》注解,发挥圣贤之蕴,羽翼斯文,有补治道。"② "道"与"治道"的互蕴,学者与统治者的互动,真可谓"心有灵犀一点通"!

二

"治道"的概念虽然直到东周末年(战国时代)才正式使用,但在远古时代的"圣王"治国传说中,就有大量关于治道的内容。例如,记录了尧、舜、禹三个"圣王"和夏、商、周三个朝代事迹的《尚书》,就是一部关于古代治道思想理念和制度措施的文集。而在"治道"概念产生和广泛使用以后,尽管许多思想家和政治家不一定直接使用"治道"的概念,但他们关于"治道"的论述和措施却比比皆是。那么,到底什么是"治道","治道"包含哪些内容?先秦时期的思想家庄子有比较全面的阐述。请看以下文字:

> "是故古之明大道者,先明天而道德次之,道德已明而仁义次之,仁义已明而分守次之,分守已明而形名次之,形名已明而因任次之,因任已明而原省次之,原省已明而是非次之,是非已明而赏罚次之。赏罚已明而愚知处宜,贵贱履位,仁贤不肖袭情,必分其能,必由其名。以此事上,以此畜下,以此治物,以此修身,知谋不用,必归其天,此之谓太平,治之至也。故《书》曰:'有形有名。'形名者,古人有之,而非所以先也。古之语大道者,五变而形名可举,九变而赏罚可言也。骤而语形名,不知其本也;骤而语赏罚,不知其始也。倒道而言,迕道而说者,人之所治也,安能治人!骤而语形名赏罚,此有知治之具,非知治之道;可用于天下,不足以用天下。"③(《庄子·天道》)

在这里,庄子把人们对于"治道"("大道")的理解和把握,区分为九个层次:天—道德—仁义—分守—形名—因任—原省—是非—赏罚。其中,"天"为

---

① [南宋]黎靖德编:《朱子语类》,中华书局1983年版,第2678页。
② [清]毕沅撰:《续资治通鉴》,中华书局2014年版,第4458页。
③ [清]郭庆藩撰:《庄子集释》,中华书局2003年版,第471页。

治道的最高层次，人世间所有为治之道都应该遵循自然之天道，用庄子的话来说，就是"顺物自然，而无容私焉，而天下治矣"①。"形名"和"赏罚"则在较低的层次，虽在"大道"的"五变"或"九变"之内，但如果抛开"天"这一最高层次，骤然推行"形名"和"赏罚"，不知其本，不知其始，那就不是"治之道"，而只能算是"治之具"了。

对庄子这种以自家学说为标准来判断各家"治道"思想之高低，类似后世佛教宗派"判教"的做法，恐怕除道家之外的其他学派都会不以为然。儒家以"仁"为最高原则，主张"以不忍人之心，行不忍人之政，治天下可运之掌上"②（《孟子·公孙丑上》）；墨家以"兼爱"为最高原则，主张"若此（兼相爱）则天下治"③；法家以"法"为最高原则，主张"赏罚可用则禁令可立而治道具矣"④（《韩非子·八经》）；他们大概都不会认同庄子的说法，而把自己的主张排除在"治道"之外的。

然而，如果我们心平气和地推敲庄子的上述划分，就不能不承认，庄子是最早触及中国传统治道内涵的思想家。究庄子本意，上述的九个层次都属于"大道"的内容，只要不"骤而语形名，骤而语赏罚"，从而出现"道术将为天下裂"的局面，而是按照"大道"的本来顺序思考和运作，道术贯通，有本有末，有始有终，这九个层次统统都可以归之于"大道"即"治道"的内涵。质言之，在承认并尊重"治之道"的本根、起始意义的前提下，所谓"治之具"也属于"治道"的范畴。如此看来，广义的"治道"，既包括"治之道"即治国的思想原则，也包括"治之具"即治国的制度措施。

历代思想家政治家对于"治之道"的思考与"治之具"的推行，恰恰构成了"治道"的丰富内涵。在"治之道"即治国的思想原则方面，一般的原则有："天下为公"原则、"民本"原则、"人治"原则、"无为而治"原则；具体的模式有道家的"道治""天治"，儒家的"仁政""礼治""德治"，法家的"势治""法治""术治"，儒法兼综的"礼法兼用""德法兼行""人法兼资"等。

在"治之具"即治国的制度措施方面，中国传统社会的国家治理体制有权力架构（皇帝、宰相、内阁等）、职能分工（三公九卿、三省六部等）、权力制衡（纳谏、台谏、纠察、举劾、封驳、检核）等，吏治方面的制度措施有品阶、

---

① ［清］郭庆藩撰：《庄子集释》，中华书局2003年版，第294页。
② ［清］焦循撰：《孟子正义》，中华书局1987年版，第232页。
③ ［清］孙怡让撰：《墨子间诂》，中华书局2001年版，第101页。
④ ［清］王先慎撰：《韩非子集解》，中华书局1998年版，第430－431页。

俸禄、考课、铨选、赏罚、迁转、回避、致仕等，经济方面的制度措施有田制、户籍、工商、货币、理财、税赋、赈济等，文化方面的制度措施有学校、贡举、修史、修典、礼仪、宗教、民族、外交等，军事方面的制度措施有武官铨选、练兵检阅、后勤给养、军籍抚恤等，法律方面的制度措施有律、令、格、式、例、典、敕、诏，工程方面的制度措施有营缮、器材、水利、屯田等。

上述治国的制度措施既是"治之具"，也是"治之道"，于史有据。纳谏关乎治道，见《汉书·文帝纪》："古之治天下，朝有进善之旌，诽谤之木，所以通治道而来谏者也。"① 吏治关乎治道，见《汉书·宣帝纪》："吏不廉平则治道衰。"② 又见《汉书·眭两夏侯京翼李传》："治道要务，在知下之邪正。"③ 经济关乎治道，见《史记·货殖列传》云："则农末俱利，平粜齐物，关市不乏，治国之道也。"④ 礼乐关乎治道，见《汉书·礼乐志》："河间献王有雅材，亦以为治道非礼乐不成，因献所集雅乐。"⑤ 兵旅关乎治道，见《孙子兵法·始计》："兵者，国之大事，死生之地，存亡之道，不可不察也。"⑥ 刑法关乎治道，见《汉书·刑法志》："议者或曰，法难数变，此庸人不达，疑塞治道，圣智之所常患者也。"⑦ 水利关乎治道，见《太平御览》："水润不浸，稼穑不成，冬雷夏霜，百姓不宁，故治道倾。"⑧ 如此等等。由此看来，上述程颐所提出的"治道亦有从本而言，亦有从事而言"，当是中国古代政治和知识共同体中人们的共识。

三

中国传统治道的历史演进大体上可以划分为三个阶段，即先秦时期（公元前221年以前）的"原型"阶段、秦汉隋唐时期（公元前221—公元960年）的"成型"阶段、宋元明清时期（公元960—1911年）的"转型"阶段。

---

① ［东汉］班固撰：《汉书》，中华书局1962年版，第118页。
② ［东汉］班固撰：《汉书》，中华书局1962年版，第263页。
③ ［东汉］班固撰：《汉书》，中华书局1962年版，第3167页。
④ ［西汉］司马迁撰：《史记》，中华书局1959年版，第3256页。
⑤ ［东汉］班固撰：《汉书》，中华书局1962年版，第1070页。
⑥ 中国人民解放军军事科学院战争理论研究部《孙子》注释小组：《孙子兵法新注》，中华书局1977年版，第1页。
⑦ ［东汉］班固撰：《汉书》，中华书局1962年版，第1103页。
⑧ ［北宋］李昉编撰、夏剑钦点校：《太平御览》（第二卷），河北教育出版社1994年版，第831页。

先秦时期是中国传统治道的"原型"阶段。从伏羲、黄帝到尧、舜、禹，再到夏、商、周，留下了许多治国的传说和思想资源，而真正具有传统治道奠基意义的，却是周朝初年周公的"制礼作乐"以及周朝末年"礼崩乐坏"所引起的百家争鸣。

公元前11世纪，周朝建立以后，为了巩固统治，采取了"分封建国"的做法，形成了一个以宗法血缘关系为纽带的治理体制。适应这一体制，周公提出"敬天爱民，明德慎刑"的治道思想，并建立了一整套的国家管理制度，统称为"周礼"。

公元前770年，周朝的国都东迁，史称"东周"。从这一年开始直到公元前221年秦始皇统一中国，被称为"春秋战国"时期。这一时期，是中国古代思想发生的"轴心时代"。面对"周文凋敝""礼崩乐坏"的局面，为了重新建立合理的社会治理秩序，诸子蜂起，百家争鸣。在诸子百家中，具有较系统的治道思想而又对后代产生较大影响的，有以"仁政"与"礼治"为核心的儒家，以"尚同"与"尚贤"为核心的墨家，以"法、术、势"为核心的法家，以"道法自然"和无为而治为核心的道家等。

春秋战国的混乱局面，以秦始皇统一中国而告终。由此，中国古代社会进入了一个辉煌的发展时期，史称"汉唐盛世"。它是中国传统治道的"成型"阶段。

秦始皇以法家思想为依据，建立起中国历史上第一个君主专制中央集权的政治管理体制，奠定了统一国家的发展基础。继之而起的汉代汲取秦朝的经验教训，在治国的指导思想上，经过比较与实验，从秦朝的"法治"中经汉初的"黄老之治"，而最终由汉武帝确立"罢黜百家，独尊儒术"的统治思想，并在实践中形成"霸王道以杂之"的治道格局。

此后，经过社会大动荡的魏晋南北朝时期，统治思想多元化，儒、佛、道三家各擅胜场，直到公元581年隋朝的建立，结束了分裂局面，中国再度归于统一。继隋而起的唐朝，是中国历史上最兴盛的一个王朝。唐太宗统治期间，史称"贞观之治"，堪称中国传统治道的实践典范。

公元960年，宋朝建立，是中国古代社会由鼎盛步入衰退的转折点。宋元明清时期是中国传统治道的"转型"阶段。

宋代初年的统治者吸取唐朝末年皇权衰微、天下分崩离析的教训，采取一系列措施强化中央集权，形成皇帝高度专权，中央严密控制地方的政治管理体制。这种强化中央集权的做法，虽取得一时的效果，但负面影响更大。为了克服这些弊端，建立合理的社会治理结构，范仲淹和王安石先后主持了政治改革；司马光立足于从历代帝王的治国之道中汲取智慧的启迪，主持编写了一部关于治国安邦的历史教科书——《资治通鉴》；而程颐乃至南宋的朱熹等人则从"推明治道"而走向建立"道学"（理学），企图以建构合理的心灵秩序而恢复合理的社会秩序。

公元1271年，北方的蒙古族入主中原，统一中国，建立了元朝。元末农民起义中上台的明太祖朱元璋，是中国历史上把君主专制统治发展到极端的帝王。他废除丞相制度、强化中央集权、实行思想钳制，建立起一整套君主专制的统治制度。明朝末年，社会矛盾空前激化，朝廷内部党争不已，下层民众铤而走险，勃兴于东北地区的满洲贵族趁虚入关，建立清皇朝。面对着这一"天崩地解"的局面，黄宗羲、顾炎武、王夫之等一批知识分子进行了深刻的反思，他们从反省明皇朝乃至整个传统社会的治道思想和制度入手，批判君主专制，高扬民本精神，形成了一股"破块启蒙"的思潮。

清朝是中国历史上最后一个封建王朝。1644年入主中原以后，清朝贵族努力学习汉族文化，接受中国传统的治道思想和制度措施，并使之发展到极端。1840年，英国人发动"鸦片战争"，用炮舰轰开了古老中国的大门。面对当时中国积贫积弱的局面，不少有识之士"睁开眼睛看世界"，主张"师夷长技以制夷"，学习西方的内容，从坚船利炮到发展工商，直至民主政治制度。改造中国的手段，从兴办"洋务"，到实行"维新"，直至进行革命。

1911年，孙中山领导的"辛亥革命"推翻了清朝，结束了几千年封建专制制度在中国的统治。从此，中国逐步地融入了现代世界发展的潮流，走上了一条政治民主化、经济现代化、管理科学化的不归路。中国传统治道也完成了自己的历史使命，不再作为社会的统治思想和制度规范，而仅仅作为一份供后人研究的思想资源，在现代中国与现代世界的思想演变和社会发展中，发挥着某种智慧启迪的作用。

四

谈到对"中国传统治道"的研究，就不能不提及现代学者牟宗三先生。牟先生写了一本有名的书，题目就叫《政道与治道》。该书开宗明义，提出"政道"与"治道"相并立的观点：

"政道是相应政权而言，治道是相应治权而言。中国在以前于治道，已进至最高的自觉境界，而政道则始终无办法。因此，遂有人说，中国在以往只有治道而无政道，亦如只有吏治，而无政治。吏治相应治道而言，政治相应政道而言。"①

在这里，牟先生用现代政治学的理念，对"政权"与"治权"、"政道"与"治道"、"政治"与"吏治"等进行了划分。这在他的体系里，或者说在现代的语境中，言之似成理，却与中国古代政治共同体和知识共同体中人们的共识相悖。如上所述，在古人的用语中，"治道"是一个整全的概念，既包括"治之道"，又包括"治之具"；既包括"治之本"，又包括"治之事"；既包括思想原则，又包括制度措施；或者用现代政治学的语言来说，既包括政权成立之道理，又包括治权运用之道理。就此而言，牟先生本人所使用的与"政道"二分之"治道"概念与中国传统思想中的"治道"概念本不相涉，但他在该书中却硬要谈所谓"中国的治道"，并指其为"无政道之治道"，这既不符合历史事实也会带来概念的混乱。

以"天下为公"原则为例，《礼记·礼运》有：

"大道之行也，天下为公。选贤与能，讲信修睦，故人不独亲其亲，不独子其子，使老有所终，壮有所用，幼有所长，矜寡孤独废疾者，皆有所养。男有分，女有归。货恶其弃于地也，不必藏于己；力恶其不出于身也，不必为己。是故谋闭而不兴，盗窃乱贼而不作，故外户而不闭，是谓大同。"②

这段话历来为人们所重视，牟先生在其大作中也详加分析。但他的意见是："窥孔子之言，以及其盛赞尧舜之禅让与盛德，则其所谓'天下为公，选贤与能'，似不当只限于治权方面，亦必扩及政权方面。惟当时未有此等概念，亦未能详细分疏耳。"③ 这里的问题是：如果"天下为公"原则既包含"治权"又扩及"政权"，那么即不可称之为"无政道之治道"；而古人对此未能详细分疏，

---

① 牟宗三撰：《政道与治道》，台湾学生书局1987年版，第1页。
② [东汉] 郑玄注、[唐] 孔颖达疏、龚抗云整理、王文锦审定：《礼记正义》，北京大学出版社2000年版，第658页。
③ 牟宗三撰：《政道与治道》，台湾学生书局1987年版，第11页。

恰恰正是因为有一整套的"治道"概念即可概括，而不必另析出与"治道"相分离之"政道"概念。

实际上，"天下为公"原则作为中国古代治道的"母命题"，在历代思想家政治家的诠释中，既涉及政权之合法成立的道理，也涉及治权之合理运用的道理，并且二者是密不可分，相互呼应的。例如孟子，正是因为坚持"天下为公"的原则，从而在政权的来源上有清醒的认识，指出天下并非个人的私有财产，因此所谓尧舜禅让、夏禹传子都不是以个人意志为转移的："天与贤，则与贤；天与子，则与子。"①（《孟子·万章上》）但在孟子看来，"天意"又取决于"民意"："《太誓》曰：'天视自我民视，天听自我民听'，此之谓也"②。这就导出孟子著名的"民本"思想。他说"民为贵，社稷次之，君为轻。是故得乎丘民而为天子，得乎天子为诸侯，得乎诸侯为大夫"③。得民心者得天下，正是秉持这一理念，孟子进而在治权的运用上提出具体的主张，包括"行仁政""制民之产"、轻徭薄赋、保护工商、"格君心之非"等。后来者如黄宗羲，也是从"天下为公"的原则出发，一方面提出"天下为主君为客"④（《明夷待访录·原君》）的政权来源的道理，另一方面又提出"公其是非于学校""重定天下之赋""工商皆本"等有关治权运用的具体制度措施。

无论是孟子还是黄宗羲，他们都受"天下为公"思想的影响，并且所讨论的范围都没有离开中国传统意义上的"治道"的界限；但是他们所讨论的具体内容却涉及现代所谓"政权"与"治权"的道理。这就提示我们，古人所使用的"治道"概念实际上囊括了牟先生所谓"政道"与"治道"的全部内容。

徐复观先生在《中国的治道》一文中提出：

"中国圣贤，一追溯到政治的根本问题，便首先不能不把'权原'的人君加以合理的安顿；而中国过去所谈的治道，归根到底便是君道。这等于今天的民主政治，'权原'在民，所以今日一谈到治道，归根到底，即是民意。"⑤

---

① ［清］焦循撰：《孟子正义》，中华书局1987年版，第647页。
② ［清］焦循撰：《孟子正义》，中华书局1987年版，第646页。
③ ［清］焦循撰：《孟子正义》，中华书局1987年版，第973页。
④ ［明］黄宗羲撰：《黄宗羲全集》第一册，浙江古籍出版社1985年版，第2页。
⑤ 李维武编：《徐复观文集》第2卷，湖北人民出版社2009年版，第272页。

徐先生在这里把中国传统治道归结为"君道",其理解是否过于狭窄,暂且不论;但他把"权原"作为"治道"的内容,却值得我们注意。依牟先生,"权原"属于"政权的道理",应是"政道";而依徐先生,"权原"却属于"治道",并且古代的君主政治属于"治道"调整的内容,现代的民主政治也同样属于"治道"涵盖的内容。看来,徐先生是在中国传统的整全意义上使用"治道"范畴的,这比牟先生使用的"政道"与"治道"的二分法要合理得多,也更加具有本土化的色彩,是对原生形态意义上的中国传统"治道"范畴的自觉回归。

五

近百年来,受现代西方分门别类的社会科学研究方式的影响,学界对中国传统思想进行了"各取所需"的研究,并在此基础上,建立起诸如"中国哲学（思想）史""中国社会思想史""中国政治思想史""中国法律思想史""中国经济思想史"等学科,这对于"中国学术现代化"确实发挥了相应的作用。但是,就像老黑格尔所言,从人的身体上剥离出来的手就再也不是"真实的人手"一样,从中国传统思想中剥离出来的这样那样的"××思想"与真实的中国传统思想本身存在着许许多多的隔膜。如果我们回到"中国传统治道"这一中国古代思想的原生形态,以之作为研究中国传统思想的出发点,这对于建立中国思想研究的主体性,完整地、准确地把握中国传统思想的真谛,将具有重要的意义。

以"中国哲学史"学科为例。近百年的中国哲学史研究,基本上是用西方（欧洲近代）哲学史的观点剪裁中国古代思想的相关材料。由此拼凑而成的所谓的"中国哲学史",沦为西方哲学的附庸,基本上是"中国人的面孔,西方人的思想",丧失了"中国哲学"应有的主体性。结果到头来,"中国哲学史"能否成立,是否具有"合法性"的疑问,却成了关乎这一学科本身生死存亡的大问题。

中国有没有哲学？让我们回到中国哲学自身的出发点——中国传统治道本身。

首先,中国人之"哲"的概念在"论治"中产生。查诸古籍,"哲"这一概念最早出自《尚书·皋陶谟》：

> 皋陶曰："都！在知人,在安民。"禹曰："吁！咸若时,惟帝其难之。

知人则哲,能官人安民则惠。黎民怀之,能哲而惠,何忧乎驩兜?何迁乎有苗?何畏乎巧言令色孔壬?"①

这里记载的是帝舜与大臣们讨论治国方略的情形:皋陶提出"知人"与"安民"的治国主张。大禹进一步发挥道:"知人"就明哲,明哲就能任用贤人;"安民"则有恩惠,有恩惠就会得到百姓的感怀和拥护。从上述"哲"之概念的产生过程来看,有这么几点值得我们注意:第一,"哲"概念产生的背景在于帝舜君臣们对古代治国经验的总结;第二,"哲"概念的对象在于"知人",就是强调对于人的认识;第三,"哲"概念的目的在于"安民",就是要建立合理的社会治理秩序。总之,中国思想中的"哲"的概念是在"论治"中产生的,由此而确定了中国哲学的思维基因:"知人"与"治人"。

其次,中国哲学思想的原型在"务为治"中形成。众所周知,希腊哲学缘起于惊讶(wonder),强调对自然万物及其背后奥秘的追寻;而中国哲学缘起于忧患(worry),着眼于对人间世的关怀及人类社会规律的探求。中国哲学思想的形成时期在东周末年(春秋战国时期),其动因在于"周文凋敝""礼崩乐坏"而激起的哲人们的忧患意识。太史公司马谈说得好:

"天下一致而百虑,同归而殊涂,夫阴阳、儒、墨、名、法、道德,此务为治者也,直所从言之异路,有省不省耳。"②(《史记·太史公自序·论六家要旨》)

这一时期,恰值中国古代社会形态经历着重大的转变。旧的生产关系已经衰落,新的生产关系正在形成;旧的社会治理秩序已经崩溃,新的社会治理秩序急待建立。躬逢其时,由于官学衰微,私人讲学兴起而形成的诸子百家学派,面对现实的需要,无一不提出自己治理天下、重建合理的社会秩序的一套路线、方针、战略和策略,并为此进行了详尽的哲学论证和激烈的学术争鸣,形成"百家争鸣,诸子蜂起"的局面,这就是所谓"务为治也"。

最后,"中国哲学"的思想体系以"治论"为出发点和归结点。一般来说,西方哲学的逻辑结构是从理念论到实践论,首先是形上学(包含宇宙论和本体

---

① 《十三经注疏》整理委员会整理:《尚书正义》,北京大学出版社 1999 年版,第 103 页。
② [西汉]司马迁撰:《史记》,中华书局 1959 年版,第 3288-3289 页。

论）、认识论；然后才是各类实践哲学，包含道德哲学（伦理学）、政治哲学（社会哲学）、艺术哲学（美学），等等。而中国哲学的逻辑结构则可以从"治论"（类似西方的政治哲学、社会哲学）开始；由于"知人则哲"，进而发展到"人论"（包括人性论、人生论、道德哲学）；而"思知人，不可不知天"，进而发展到"天论"（形上学、本体论）；最后，由"知治""知人""知天"之"知"而形成了"知论"（认识论、方法论）。

显然，以"治"为出发点和归结点的中国哲学具有自己不可替代的独立性，由此建构起来的中国哲学史学科，完全具有自己的"主体性"；那么，所谓"中国哲学的合法性"问题也就迎刃而解了。

六

建立合理的社会秩序和心灵秩序，形成有序的社会治理结构，保证社会的稳定发展，促进人类文明的世代延续，这正是中国传统治道的内在追求。北宋哲学家张载的名言，抒发了这一宏伟的抱负：

"为天地立心，为生民立命，为往圣继绝学，为万世开太平。"①（《张载集·语录中》）

为了实现"为万世开太平"的宏伟目标，中国传统治道提供了许多富有前瞻性的思想资源。这些资源，对于当代世界和人类社会的健康发展，依然具有重要的启迪。

例如，关于"和谐"的治国理念，早在中国古代第一部关于"治道"的文集《尚书》中，"和"就被广泛地应用到家庭、国家、天下等领域中去，用以描述这些组织内部治理良好、上下协调的状态。由此，儒家提出"和为贵"的命题，用以描述古代圣王美好的治国之道："礼之用，和为贵，先王之道，斯为美。"② 这里的"贵"，指值得珍重的意思，含有价值判断的意义。所谓"和为贵"，就是认为和谐是天底下最珍贵的价值，是人世间最美好的状态，是最理想的社会秩序和心灵秩序。

---

① ［北宋］张载撰：《张载集》，中华书局1978年版，第320页。
② 程树德撰：《论语集释》，中华书局2010年版，第46页。

为什么和谐具有这么高的价值呢？孔子从国家治理的角度肯定了和谐的作用："均无贫，和无寡，安无倾。"①（《论语·季氏》）他认为，一个国家的稳定，不取决于财富的多少，而取决于分配是否公平；不取决于人口的多少，而取决于人心是否安定。分配公平人们就不会觉得贫穷，和睦相处组织就不会觉得人少，安定和平国家就没有危险。荀子则从更积极的意义上提出"和则一，一则多力"②的主张，他认为，在一个组织内部，人们和谐相处就能取得一致，取得一致力量就会增多，力量增多组织就会强大，组织强大就能战胜万物。孟子明确提出"天时不如地利，地利不如人和"③的主张，认为战争的胜负取决于人心的向背，只要组织内部和谐，上下齐心合力，就能无往而不胜。

孔子进一步提出"和而不同"的命题，对合理的社会秩序和心灵秩序做出了更全面和准确的描述。孔子说："君子和而不同，小人同而不和。"④（《论语·子路》）这里所谓的"和"，指的是由诸多性质不同或对立的因素构成的统一体，这些相互对立的因素同时又相互补充相互协调，从而形成新的状态，产生新的事物。所谓"同"，则是没有不同的因素、不同的声音、不同的意见，完全相同的事物简单相加，不产生新的状态、新的东西。由此看来，孔子心目中的"和谐"，是一种有差异的统一，而不是简单的同一。

对于现实社会中必然存在的差异、矛盾、斗争，北宋哲学家张载提出"仇必和而解"⑤的命题。清代哲学家王夫之对此解释道：从运动变化的角度看，阴阳双方相互对立、相互斗争；但是归根到底，它们是相辅相成的，没有始终对抗的道理。因此，二者的对立与斗争，最终必然以"和谐"的方式来解决。这种思维方式，被后人称之为"和谐的辩证法"。

当今的世界，依然很不"太平"：从人类的角度看，人的身心失调、人际关系疏离、人与社会隔膜、人与自然对立；从世界的角度看，恐怖主义猖獗、单边主义一意孤行、穷国与富国对立、不同文明相互冲突；此外，无论是一个国家内部、一个组织内部，乃至一个人自身，都存在着许许多多大大小小的矛盾、斗争、冲突。在这种情况下，如何建立合理的社会秩序和心灵秩序，实现身心和谐、人际和谐、群己和谐、天人和谐，以保证人类社会（包含世界、国家、组

---

① 程树德撰：《论语集释》，中华书局2010年版，第1137页。
② [清] 王先谦撰：《荀子集解》，中华书局1988年版，第164页。
③ [清] 焦循撰：《孟子正义》，中华书局1987年版，第251页。
④ 程树德撰：《论语集释》，中华书局2010年版，第935页。
⑤ [北宋] 张载撰：《张载集》，中华书局1978年版，第10页。

织、个人）的健康发展？中国传统治道所提倡的"和谐"理念，可以提供有益的启示。

从宏观的角度看，"和谐"的理念可以运用于各类社会组织的治理，包括企业管理、经济管理、政治管理、社会管理，并用于处理人类各大文明的关系以及人与自然的关系，从而形成"和谐的管理"。其中，企业管理中的内外关系，经济管理中的市场调节与政府引导，政治管理中的制度优势互补和国家利益协调，社会管理中的物质文明与精神文明的协调发展，人类不同文明之间的相互尊重与宽容、人与自然之间的共生共存——如此等等，都可以从"和为贵""和而不同""和则多力""天时地利人和""仇必和而解"等中国传统治道的智慧精华中去寻求解决之道。

从微观的角度看，"和谐"的理念主要用于处理个人和组织的关系，从而形成"管理的和谐"。其中包括：由内而外、推己及人的"自我管理"，各得其所、各得其宜的"人才管理"，上下互动、相互配合的"行为管理"，理解合作、达成目标的"沟通管理"，化解矛盾、消除抵触的"冲突管理"，乃至调适沟通、融为一体的"跨文化管理"——如此等等，也都可以从"和为贵""和而不同""和则多力""天时地利人和""仇必和而解"等中国传统治道的智慧精华中去寻求解决之道。

"太平盛世"是人类社会美好的追求，而建立合理的社会秩序和心灵秩序，实现身心和谐、人际和谐、群己和谐、天人和谐，又是实现"太平盛世"的必要基础。如上所述，中国传统治道为此提供了丰富的思想资源。当然，"太平盛世"不是一蹴而就的，理想的和谐状态也不是轻易就能够达到的。在当代人类社会"为万世开太平"的努力中，中国人应该而且能够做出自己的贡献——我想，这就是我们今天研究中国传统治道的现实意义。

中山大学哲学系教授　黎红雷
2017 年 8 月 16 日

目 录

导论 ·· 1
  一、研究综述 ·· 1
  二、研究内容 ·· 5
  三、研究意义 ·· 7

第一章 治道作者概况 ·· 10
  第一节 其人 ·· 10
    一、两次出使南越，平定南疆，为汉王朝休养生息创造良好条件 ········ 12
    二、进谏高祖改变统治策略，实现从逆取到顺守转变 ················ 17
    三、为诛吕安刘预筹方策 ·· 19
  第二节 其书 ·· 20
    一、陆贾作品的数量和存世 ·· 20
    二、陆贾作品的版本 ·· 22
    三、《新语》的成书时间 ·· 22
    四、《新语》的真伪问题 ·· 24
  第三节 其学 ·· 26
    一、文学思想 ·· 26
    二、史学思想 ·· 32
    三、哲学思想 ·· 39

第二章 治道属性辨析 ·· 48
  第一节 儒家"道德导向无为"为主干 ······································ 50
    一、"无为"的渊源：儒家的仁义，而非黄老道家的道 ················ 52
    二、"无为"的属性：主要是儒家的"道德导向无为"，并非黄老道家的
        "自然无为" ·· 55

三、"无为"的目标：与儒家的大同理想相似，而不同于黄老道家
　　的治理模式 ··· 57
第二节　道家"自然无为"和法家"法术势无为"为补充 ············ 59
一、以道家"自然无为"为补充 ··································· 60
二、以法家"法术势无为"为补充 ································ 63
第三节　"统纳致用"为旨归 ··· 66
一、统纳儒道法，形成"履道为基、仁义为本、循法为辅、无为为用"的
　　术化致用的"无为"理论体系 ································ 66
二、统纳"无为"与有为，形成具体术化致用的"无为"操作体系 ······ 70
三、由道到事，形成致用的"无为"政策体系 ··················· 71

第三章　治道合法性的依据 ·· 75
第一节　天：治道合法性的本源 ··· 76
一、天是万物本源 ··· 78
二、天是人性本源 ··· 78
三、天是治道本源 ··· 79
四、天是"仁义"与"无为"的本源 ······························ 80
第二节　民：治道合法性的旨归 ··· 82
一、要重德轻刑 ·· 84
二、要不扰民 ·· 85
三、要不"轻师尚威" ·· 85
四、要不与民争利 ··· 86
五、要"不兴无事之功" ··· 86
第三节　史：治道合法性的佐证 ··· 88
一、以史佐证"仁义为本"的合法性是陆贾以史佐治的重要体现 ······ 89
二、以史论证"无为为用"的合理性是陆贾以史佐治的另一重要体现
　　 ··· 91
三、以史佐证"圣贤为杖"的治道保障是陆贾以史佐治又一重要体现
　　 ··· 92

第四章　治道的主要内容 ·· 96
第一节　"圣贤为杖"的治道保障 ····································· 96

一、崇圣：治道的首要保障 …………………………………………… 97
　　二、杖贤：治道的另一个保障 ………………………………………… 100
　第二节　"仁义为本"的治道基础 …………………………………………… 106
　　一、"仁义"是治道的基础 …………………………………………… 107
　　二、"仁义"是治道乃至王权合法性的依据和基础 ………………… 108
　　三、"仁义"治道基础神圣化的论证 ………………………………… 108
　　四、"仁义为本"的治道基础在构建和谐社会中的价值 …………… 112
　第三节　"无为为用"的治道途径 …………………………………………… 113
　　一、落实"无为为用"的条件 ………………………………………… 114
　　二、"无为为用"在构建和谐社会中的价值 ………………………… 117

第五章　治道的汉代影响 …………………………………………………………… 121
　第一节　"有启文景萧曹之治者" …………………………………………… 121
　　一、陆贾促进了儒学与王权磨合、融合 ……………………………… 121
　　二、陆贾有启汉代乡里制度建设 ……………………………………… 123
　第二节　汉代儒学制度化的先声 …………………………………………… 127
　　一、儒学制度化——儒学与王权结盟的方式 ……………………… 129
　　二、儒学制度化的方式 ………………………………………………… 132
　　三、儒学制度化的途径 ………………………………………………… 137
　第三节　汉代儒学意识形态化的先声 ……………………………………… 141
　　一、陆贾：汉代尝试建构儒学形而上宇宙支持系统、寻求天然合理终极
　　　　依据的第一人 ……………………………………………………… 143
　　二、陆贾：汉代尝试"独尊儒术"、统一思想的第一人 …………… 146
　　三、陆贾：汉代尝试促使儒学与王权磨合，并对汉初政治产生深远影响
　　　　的第一人 …………………………………………………………… 151

第六章　治道的当代启示 …………………………………………………………… 152
　第一节　有启践行科学发展观 ……………………………………………… 152
　　一、"天人合策"传统治道本体论有启全面、协调、可持续的发展观 … 153
　　二、"得之于民"传统治道目标论有启"以人为本"的发展观 …… 157
　　三、"统变贵和"治道方法论有启如何践行科学发展观 …………… 162
　第二节　有启构建和谐社会 ………………………………………………… 165
　　一、"设计异化"：构建和谐社会亟待解决的难题 ………………… 166

二、"以人为本"：导致"设计异化"的误区 …………………… 170
　　三、"以仁为本"：解决"设计异化"的出路 …………………… 174
　第三节　有启创新当代设计管理 …………………………………… 179
　　一、"统物通变"的设计管理移位 …………………………… 180
　　二、"仁义为本"的设计管理理念 …………………………… 184
　　三、"无为为用"的设计管理模式 …………………………… 190

主要参考书目 …………………………………………………………… 194

后记 …………………………………………………………………… 204

导　　论

一、研究综述

在中国思想史，陆贾并非大人物，且由于史料缺乏，故对其研究一直并非学界重点。近年来，随着国学热，其研究成增多之势。但总体说来，相对贾谊、董仲舒等，还是很少、很薄弱，至少目前鲜有专著问世。仅杨育坤著有《陆贾评传》及日本学者福井重雅著有《陆贾的〈新语〉研究》。①

对于其研究，从时间上看可分为如下三个时期。

（一）20 世纪前的研究，亦即中国传统的旧式研究

主要集中于四个方面：对陆贾及其著作《新语》等的评价，对其进行传统版本学的研究，对《新语》真伪的讨论，对其思想和学术渊源的探索。

首先，对于陆贾及其著作的评价。一则多散见于各种书籍中。如：对其及其作品的记述及评价最早见之于《史记》。《史记·郦生陆贾列传》："每奏一篇，高帝未尝不称善，左右呼万岁，号其书曰'新语'。"② 后《汉书》等史书多沿袭《史记》说法。而王充在《论衡》中，多次提到陆贾和《新语》，说："若夫陆贾、董仲舒，论说世事，由意而出，不假取于外，然而浅露易见，观读之者，犹曰传记。"③（《论衡·超奇》）又说："《新语》，陆贾所造，盖董仲舒相被服焉，皆言君臣政治得失，言可采行，事美足观。鸿知所言，参贰《经》《传》，虽古圣之言，不能过增。陆贾之言，未见遗阙；而仲舒之言雩祭可以应天，土龙可以致雨，颇难晓也。"④（《论衡·案书》）而刘勰则从文学视角对陆赋进行评价：

---

① 须指出：国内学者辛冠洁等主编的《中国古代著名哲学家评传》续编一中有《陆贾评传》，王兴国的《贾谊评传》中有副篇《陆贾晁错评传》。
② ［西汉］司马迁撰：《史记》，中华书局1959年版，第2699页。
③ 黄晖撰：《论衡校释》，中华书局1990年版，第608页。
④ 黄晖撰：《论衡校释》，中华书局1990年版，第1169页。

"汉室陆贾,首发奇采,赋《孟春》而进《新语》,其辩之富矣。"①(《文心雕龙·才略》)又说:"秦世不文,颇有杂赋。汉初词人,顺流而作。陆贾扣其端,贾谊振其绪,枚马播其风,王扬骋其势,皋朔已下,品物毕图。"②(《文心雕龙·铨赋》)此外,对陆贾和《新语》的评价另则也多散见于《新语》各种版本的序言、题辞和后记中。如杨维祯的《山居新语序》、钱福新刊的《新语序》以及都穆的《新语后记》《陆子题辞》等皆对其及其作品有真知灼见点评,有重要的学术价值。

其次,对于《新语》的真伪讨论。质疑其伪最早可追溯到南宋,如黄震在《黄氏日钞》中首先提出质疑,开质疑之先河。此后,历代皆有质疑者。《四库全书》则第一次系统质疑,成质疑之集大成者。

再次,对陆贾及《新语》思想及学术渊源的探索。《新语》各种版本的序言、题辞和后记中皆有所涉及,但皆未有专门论述。不同作者多有不同看法,如《四库全书》编者认为陆贾是真正儒家。

最后,对陆贾著作传统的版本学研究。对陆氏著作,学者皆有研究。尤其对《楚汉春秋》着力不少,其约亡于南宋,学者根据古籍对该书的引用,对其做了辑本。如清末茆泮林的《十种古逸书》和黄奭的《汉学堂丛书》皆是很好辑本。

(二) 20世纪初—20世纪70年代末的研究

这一时期对陆贾和《新语》的研究并不多。但在继承前人基础上还是有所发展。如对《新语》真伪讨论仍然在继续。余嘉锡在《四库全书总目提要辨正》中,强力批驳自黄震以来的《新语》伪书说,并就《四库全书总目提要》所列的三项理由进行有理有据的反驳。而此时张西堂、孙次舟、胡适等人也对此有所论述。如胡适著有《陆贾〈新语〉考》和《述陆贾的思想》两篇文章。③ 其在后一文则就陆贾思想属性提出杂家说,如他指出:《新语》除了时时称引儒家经典外,其思想近于荀卿、韩非,且兼采道家的"无为"论,实为杂家之言。

自胡适、孙次舟等人之后到20世纪70年代末,几已无学者对于其及《新语》等作品做专门研究。只是在不少书和论文有所涉及,其关注还是其学派及其思想内容,但也只是对其及其作品下一个定论,并未深入探讨。

---

① 周振甫著:《文心雕龙今译》,中华书局1986年版,第418页。
② 周振甫著:《文心雕龙今译》,中华书局1986年版,第77页。
③ 胡适著:《胡适文集》,人民文学出版社1998年版。

（三）20世纪80年代初—至今的研究

20世纪80年代以来，尤其是21世纪以来，随着国学热，研究陆贾及其著作的越来越多，且涉及的课题及领域也越来越宽，但概而言之，主要包括如下五方面：思想归属、思想内容、思想的来源和影响、历史观、赋。

这一时期研究的重要大突破依然在传统研究领域。主要表现为1986年王利器先生的《新语校注》问世，该书运用传统考证方法对陆贾和《新语》进行最全面深入研究，校正了以往研究中的许多谬误，系统考证《新语》确系陆贾所著；并在正文后附有《新语》佚文、各版本的序言、题记等及《史记》《汉书》对于陆贾的合传；同时还附有《楚汉春秋》佚文辑本，并对洪颐煊本进行校对辩误，是现存《楚汉春秋》最好辑本。

研究突破之二是对陆贾思想和学派的研究。现研究者多归于认为陆贾是以儒家学说为主体，同时也融合了其他学派的一些观点，反映以儒学统纳百家的趋势。

研究突破之三是以《新语》为突破口研究陆贾的赋。如汪小洋的《"陆贾扣其端"与赋文体分类》，探索了赋的分类以及陆赋的风貌。项永琴的《从汉赋研究看陆贾〈新语〉》则从《新语》研究陆赋的特点。

研究突破之四是以《新语》为突破口研究陆贾的史学思想。由于《楚汉春秋》佚失，对其史学思想长期以来一直没人涉及。这一时期某些文章已开始以《新语》为突破口进行研究。如张秋升的《陆贾的历史意识及其文化意义》，探讨了陆贾的历史观，认为其改变了秦人的历史认识，开创儒家的仁义史观，并首开秦史研究之先河。汪高鑫《陆贾的历史著述与历史思想》则系统研究陆贾的历史思想。

总之，这一时期，研究陆贾思想的论文较多，侧重各异，呈现繁荣局面，但就研究视角而言，可分为宏观与微观两个方向。

所谓宏观视角亦即从整体论述陆贾的思想。如笔者的《〈新语〉——汉代儒学制度化的理论先声》，提出我们习惯于把儒学制度化归功于董仲舒，而往往忽视陆贾的作用：陆贾对儒学与王权结盟的方式——儒学制度化；儒学制度化的三种具体形式：儒学法律化、儒学礼仪化、儒学习俗化；儒学如何制度化：改造儒学，寻求王权支持等问题进行了有益探索；董仲舒正是沿着陆贾的路子使得儒学制度化；故陆贾其书《新语》实则是汉代儒学制度化的理论先声。笔者的《〈新语〉——汉代儒学意识形态化的先声》，提出在儒学意识形态化的过程中，陆贾实则是汉代尝试建构儒学形而上宇宙论支持系统的第一人,也是汉代尝试以儒学统一思想(独尊儒术)的第一人,同时也是汉代促使儒学与王权政治磨合并产生深远影响的第一人,因此,其书《新语》实则是汉代儒学意识形态化的先声。任怀国的《试论陆贾对儒学的改造》,认为陆贾从实际出发,对儒学进行改造,并吸收法家、道家和阴阳家思想以适应时代发展。项永琴的《论陆贾在汉代经学史上的地位》,总结了陆贾思想的特点,肯定其在独尊儒术中的应有历史地位。洪煜的《汉初儒学的历史命运》,则以叔孙通、陆贾、董仲舒为代表,探索了汉初儒学复兴的艰难历程,对陆贾思想及其作用有所论述。王继训的《从陆贾到贾谊看先秦儒学对汉初思想界的影响》,对陆贾和贾谊的思想进行概括,认为通变是其思想的特质,反映汉初儒学不同于先秦儒学的新趋向。

所谓微观视角亦即从陆贾思想的某一微观点入手,以小见大研究其思想。主要包括其"道"论、"无为"观、"圣人"观、"天人感应"论、"过秦"论、教化思想等。笔者的《陆贾论治道的三维向度及当代价值》提出:陆贾治道核心是和谐治理,简称"和治";其中天乃其治道本源,民乃治道旨归,史乃治道佐证,故天·民·史乃其论治的三维向度,其有启"亦有启文、景、萧、曹之治者",同样亦有启今天和谐社会的构建。笔者的《陆贾的"无为"观及思想史意义》提出:陆贾的"无为"是以儒家"道德导致无为"为主干,以道家"自然无为"、法家"法术势无为"为补充;而"其书……有启文景萧曹之治者",这就为重新审视汉初无为政治的思想渊源及儒学在汉初政治中的地位提供了全新视角:汉初"无为"思想大概是儒、道、法三家以秦为鉴而提出的相似治国方略,故"文景之治"仅仅归功于黄老道家是不妥的,儒学在其中起了重要的作用;同样儒学在汉初也决非在野思潮,它已和王权磨合,"独尊儒术"只不过是其与王权磨合发展的最终结果。李禹阶的《陆贾新儒学"圣人"观探析》提出:陆贾坚持"圣"即"君"、"君"即"圣"的"圣君"合一理论,使君主成为"圣化"的道德人格楷模、思想文化的"独断"者与政治军事的"独裁"者,以此奠定以大一统君主专制国家意识形态的基础,完成先秦儒、法诸家在汉代大一统时代的转变。李禹阶、沈双一的《汉代新儒学"天人感应论"开山祖——陆贾》认为:陆贾从"天道"观上改造了先秦诸子学说,构成为大一统专制政权服务的"天人感应"的"灾异"谴告论,开创了汉代新儒学的"天道"观,成为中国封建意识形态"天人"相联的哲学本体论模式的开山祖。朱海龙、黄明喜的《陆贾教化思想探析》提出:陆贾是汉代第一位倡导教化的政论家,也是复兴儒学的先驱,他继承了先秦儒学以民为本的教化思想,从性善论的立场出发提倡学习儒家经典，强调只有对百姓进行道德教化才能实现国家长治久安，并进而实现儒家不断追寻的大同社会的和谐景象。

须指出以往研究都存在两大不足：一是多关注作品不关注作者，关注作品时又主要关注思想内容，但多偏执一端，莫衷一是，欠缺主线。二是其研究多散见于各类文章中，欠缺集中研究，鲜有专著问世。

其实作为汉初重要政论家及刘邦重要谋士，治国一直是陆贾关注的焦点，故其思想的主线是治道，亦即"此务为治者也"，惜乎鲜有人从治道高度集中全面研究它，故本书《陆贾治道研究》无疑抓住了陆贾研究的主线，有重要价值。

二、研究内容

1. 治道作者概况

首先，其人。其一生的功绩主要有三：一是两次出使南越，高祖时游说南越王赵佗去帝号，向汉称臣；文帝时再度出使，使赵佗再次去帝号称臣。二是劝说刘邦读《诗》《书》，使其明白"逆取顺守""文武并用"的道理，实现从马上得天下到下马治之转变。三是在吕后专权时，劝和丞相陈平与太尉周勃，为日后诛吕安刘奠定基础。其次，其书。探索了其作品数量和存世、作品版本、《新语》成书时间及其真伪等问题。最后，其学。文学方面：善长铺陈、明于音律、善用排比、注重对偶，文辞瑰丽多姿，体现出奇辞雄辩特点，对汉赋产生深远影响；史学方面：提出"圣人显仁义"之本体论、"分别纤微，忖度天地"之认识论、"因则权行"之方法论、"善言古者合之于今"之目标论、"设道者易见晓而达不能之行"的编纂观；哲学方面：提出"圣人则天"的本体论、"观天察地"的认识论、"统物通变"的辩证法。但其文史哲思想皆是围绕治道展开，皆是为治国服务，即所谓"此务为治者也"。故治道是陆贾思想的核心。

2. 治道的属性辨析

长期以来，绝大多数学者认为汉初无为政治是源自黄老道家，而陆贾的无为思想自然应属于黄老道家。其实其"无为"是以儒家"道德导向无为"为主干，道家"自然无为"、法家"法术势无为"为补充，统纳致用为旨归；可见其治道的主体属性还是儒家。而"其书……有启文景萧曹之治者"。故"文景之治"仅仅归功于黄老道家是不妥的，儒家在其中起了重要作用；同样儒学在汉初也决非在野思潮，它已和王权磨合，"独尊儒术"只不过其与王权磨合发展的最终结果。

3. 治道的合法性依据

陆贾治道核心是和谐治理，简称"和治"。首先，天乃其治道合法性的本源。其论证具体进程是：天是万物本源，推演到天是人性本源，再推演至天是治道本源，最后推演到天是仁义与无为的本源。从此仁义与无为等治道在汉初政治中取得不容挑战的神圣地位。其次，民乃治道合法性的旨归。无论是"仁义为本"的治道理念，还是"无为为用"的治道模式，或是重德轻刑、不扰民、不"轻师尚威"、不与民争利、"不兴不事之功"的具体治国政策，其最终目的还在"安民""得民"，故民是陆贾治道合法性的终极旨归或者终极标准。最后，史乃治道合法性佐证。陆贾并非空言倡导"仁义为本""无为为用""圣贤为杖"等治道，而更是以史为鉴，论证其合法性、合理性，故历史成了治道合法性的佐证。总之，"天·民·史"乃其治道合法性的三维向度，其有启"亦有启文、景、萧、曹之治者"，同样亦有启今天和谐社会的构建。

4. 治道的主要内容

首先，"圣贤为杖"的治道保障。在传统人治社会，圣君贤臣是治道的保障。为此为君者一方面要崇圣，加强道德修养，为臣民楷模；另一方面要杖贤，学会辨惑去邪。其次，"仁义为本"的治道基础。仁义不仅是治道的基础，也是王权合法性的依据和基础。陆贾通过自然关系仁义化、仁义自然化、仁义本体化、仁义经学化、仁义圣人化、仁义史学化等途径确立仁义作为治道基础不言而喻的权威。最后，"无为为用"的治道途径。无为是落实仁义治道基础的途径，为此须做到"履道而行"（按治道规律办事）、制作礼乐、注重道德教化、加强道德修养、为臣民楷模、任官得人等。

5. 治道的汉代影响

首先，它"有启文、景、萧、曹之治者"：一方面，对上通过进谏、著书，影响统治者对治国方略的选择，促进了儒学与王权结盟；另一方面，对下通过治道，影响汉代乡里制度建设，促进乡村自治。故其"亦有启文、景、萧、曹之治者"。其次，它是汉代儒学制度化的先声。通过对儒学与王权结盟的方式——儒学制度化；儒学制度化的三种具体形式：儒学法律化、儒学礼仪化、儒学习俗化；儒学如何制度化：改造儒学，寻求王权支持等问题的有益探索，陆贾对儒学制度化做出卓越贡献。董仲舒正是沿着其路子使得儒学制度化。故其治道实是汉代儒学制度化的先声。最后，它是儒学意识形态化的先声。陆贾是汉代尝试建构儒学形而上宇宙论支持系统的第一人，也是汉代尝试以儒学统一思想（独尊儒术）的第一人，同时也是汉代促使儒学与王权政治磨合并产生深远影响的第一人。董仲舒正是沿着其路子使得儒学制度化。故其治道实也是汉代儒学意识形态化的先声。

6. 治道的当代启示

首先，有启践行科学发展观。科学发展观深深植根于传统治道土壤：全面、协调、可持续的发展观与陆贾"天人合策"的治道本体论，"以人为本"的发展观与其"得之于民"的治道目标论，如何践行科学发展观与其"统变贵和"治道方法论，都有重要渊源。故其治道有启学习和践行科学发展观。其次，有启构建和谐社会。"设计异化"（设计由造福人异化成祸害人）是构建社会主义和谐社会亟待解决的难题，陆贾涉及"设计异化"命题，强调"以人为本"是导致其误区，"以仁为本"是解决其出路。这对如何构建社会主义和谐社会有重要启示。① 最后，有启创新设计管理。"设计人"时代已来临，如何构建"设计人"管理理论，以取代"政治人"假设、"经济人"假设、"文化人"假设基础上的管理理论，实现"管理移位"，是当代设计界亟待解决的难题。陆贾治道同样亦有启创新今天的设计管理：须坚持"统物通变"的设计管理移位、"仁义为本"的设计管理理念、"无为为用"的设计管理模式。

三、研究意义

1. 弥补研究不足

随着当前国学热，研究陆贾的人越来越多，但从研究内容划分，不外乎文、史、哲三个领域，且显然重点还在哲学或者说思想史领域，而该领域又多集中在政治哲学或者政治思想史，其中对"无为"等与治道息息相关的内容多有涉及，但鲜有明确从治道的高度研究它，在知网中输入"陆贾 治道""《新语》治道"分别以篇名、关键词方式，在期刊全文、博士、硕士论文库三个库全面搜索，皆只有笔者的两篇文章：《陆贾治道伦理及当代价值》（《伦理学研究》2013 年第 6 期）、《陆贾论治道的三维向度及当代价值》（《湖南大学学报·社会科学版》第 3 期），② 更遑论全面研究它的专著。因此，本书将弥补这方面的研究不足，有一

---

① 第六章第二节有启构建和谐社会及广州美术学院科研课题"红色设计学——思想政治教育与设计学融合的可能性研究"的研究成果。

② 须指出，在百度搜索引擎中输入"陆贾 治道""《新语》治道"，除笔者以上两篇文章，尚有吴祖春的《有为与无为之间：陆贾治道思想》、范国增的《论陆贾〈新语〉的治道思想》以及刘艳丽的《仁政与治道——陆贾〈新语〉中政治思想研究》《仁政与治道》。

定的学术价值。

2. 有启重新认识儒学在汉初治理中的地位

学术界普遍认为：汉初黄老道家独尊，儒学处被黜地位，直到董仲舒"罢黜百家，独尊儒术"的主张被汉武帝采纳时才忽然由被黜转为独尊。通过对本书研究发现：其实汉初儒学并非在野思潮，已很大程度与王权结盟，武帝时其独尊只不过是这种结盟发展的必然结果。其中陆贾起了重要作用：他是汉代率先尝试以儒学统一思想，以巩固大一统封建王权的第一人；也是率先尝试儒学信仰化，以使之成为王权政治合法性的宇宙论终极依据的第一人；还是率先尝试儒学儒术化，以使之成为王权政治国家治理的指导思想的第一人；最后还是率先尝试儒学制度化，以使之与王权结盟并以制度化形式稳定下来的第一人。董仲舒正是沿着陆贾的路子，使"独尊儒术"得以完成，故陆贾治道实是汉代"独尊儒术"的先声。

3. 有启当代治理

中华文化源远流长、博大精深，其中传统治道是其核心与精髓，正如司马谈所言："夫阴阳、儒、墨、名、法、道德，此务为治者也。"①（《史记·太史公自序·论六家要旨》）而陆贾治道是传统治道的重要组成部分之一，其不但"亦有启文景萧曹之治者"，亦有启当代治理。首先，其有启践行科学发展观：其"天人合策"的治道本体论有启全面、协调、可持续的发展观，"得之于民"的治道目标论有启"以人为本"的发展观，"统变贵和"治道方法论有启如何践行科学发展观。其次，有启构建和谐社会："设计异化"（设计由造福人异化成祸害人）是构建社会主义和谐社会亟待解决的难题。陆贾涉及"设计异化"命题，并看到"以人为本"是导致其误区，"以仁为本"是解决其出路。故有重要启示：要防止"设计异化"，构建和谐社会，就须实现设计理念的伟大变革：从"以人为本"转为"以仁为本"，即从当前以人为中心，仅关爱人及其需求，转为不仅"亲亲"：关爱用户及其需求，还须兼顾并推及"仁民爱物"：关爱他人、人类，关爱万物、自然；最终实现人心（人内心）、人我（人与人）、人物（人与其他物种、人与产品）、天人（人与自然）四重合谐，即"设计和谐"。其三，有启创新设计管理："设计人"时代已来临，如何构建"设计人"管理理论，成为时代课题。陆贾的"统物通变"治理权变、"仁义为本"治理理念、"无为为用"治理模式，有启创新当代设计管理：首先，须"统物能变"，实行"管理移位"，

---

① ［西汉］司马迁撰：《史记》，中华书局1959年版，第3288–3289页。

探索建构"设计人"管理理论，以取代"政治人""经济人""文化人"的管理理论，以指导今天的设计管理实践。其次，应坚持"仁义为本"，实行人本管理，这是构建"设计人"管理理论的基本理念。最后，应坚持"无为为用"，实行无为而治，这是构建"设计人"管理理论的重要模式。

总之，虽然陆贾作古已近2000年，但其治道智慧依然闪烁着迷人魅力，本着"吸其精华，弃其糟粕，古为今用"的原则，发掘、继承并超越之，其依然有启当代治理。

第一章　治道作者概况

治道是思想家针对古今治理现状，对人类"修、齐、治、平"的感悟，也是其人生阅历的智慧结晶。故任何治道思想的形成都与作者生平经历密不可分，研究其作者概况是研究其不可或缺的环节。陆贾治道亦不例外。陆贾生平包括其人、其书、其学三个方面：首先，其人。其一生主要功绩有三：一是两次出使南越：高祖时游说南越王赵佗去帝号，向汉称臣；文帝时再度出使，使赵佗再次去帝号称臣。二是劝说刘邦读《诗》《书》，使其明白"逆取顺守""文武并用"的道理，实现从马上得天下到下马治之转变。三是在吕后专权时，劝和丞相陈平与太尉周勃，为日后诛吕安刘奠定基础。其次，其书。探索了其作品数量和存世、作品版本、《新语》成书时间及其真伪等问题。最后，其学。文学方面：善长铺陈、明于音律、善用排比、注重对偶，文辞瑰丽多姿，体现出奇辞雄辩特点，对汉赋产生深远影响；史学方面：提出"圣人显仁义"之本体论、"分别纤微，忖度天地"之认识论、"因则权行"之方法论、"善言古者合之于今"之目标论、"设道者易见晓而达不能之行"的编纂观；哲学方面：提出"圣人则天"的本体论、"观天察地"的认识论、"统物通变"的辩证法。但其文史哲思想皆是围绕治道展开，皆是为治国服务，即所谓"此务为治者也"。故治道是陆贾思想的核心。总之，对陆贾其人、其书、其学等作者概况的研究，对厘清其治道的形成及来龙去脉有重要意义。

第一节　其　　人

陆贾，楚人，生卒年不详，汉初思想家、政治家、外交家。

《史记索隐》引《陈留风俗传》云："陆氏，春秋时陆浑国之后。晋人伐之，故陆浑子奔楚。贾其后。"①

又引《陆氏谱》云:"齐宣公支子达食菜于陆。达生发,发生皋,适楚. 贾其孙也。"②

"陆浑国"即《春秋左传》僖公二十二年(前638)所说的"陆浑之戎",本为少数民族部落名,居于河南伊、洛一带。陆浑子奔楚,事在昭公十七年(前525)。

可见,陆贾乃移居于中原之少数民族之后,其善于做少数民族工作,或许与此出身不无关系。

对陆贾青少年时代之情况,由于史料有阙,无法详知。清人唐晏在《陆子新语校注序》中说:"或者谓陆生为荀卿弟子。"③

陆贾早年随刘邦打天下,口才极佳,常出使诸侯。

《史记·郦生陆贾列传》记载:"以客从高祖定天下,名为有口辩士,居左右,常使诸侯。"④

而《史记·高祖本纪》载:

"初,项羽与宋义北救赵,及项羽杀宋义,代为上将军,诸将黥布皆属,破秦将王离军,降章邯,诸侯皆附。及赵高已杀二世,使人来,欲约分王关中。沛公以为诈,乃用张良计,使郦生、陆贾往说秦将,啖以利,因袭攻武关,破之。又与秦军战于蓝田南,益张疑兵旗帜,诸所过毋得掠卤,秦人喜,秦军解,因大破之。又战其北,大破之。乘胜,遂破之。"⑤

此次游说或因陆贾功绩不大,故史书一笔带过。

又《史记·项羽本纪》载:

"汉果数挑楚军战,楚军不出。使人辱之,五六日,大司马怒,渡兵汜水。士卒半渡,汉击之,大破楚军,尽得楚国货赂。大司马咎、长史翳、塞王欣皆自刭汜水上。大司马咎者,故蕲狱掾,长史欣亦故栎阳狱吏,两人尝

---

① [西汉] 司马迁撰:《史记》,中华书局1959年版,第2697页。
② [西汉] 司马迁撰:《史记》,中华书局1959年版,第2697页。
③ [清] 唐晏撰:《陆子新语校注序》,见王利器撰《新语校注》,中华书局2012年版,第222页。
④ [西汉] 司马迁撰:《史记》,中华书局1959年版,第2697页。
⑤ [西汉] 司马迁撰:《史记》,中华书局1959年版,第361页。

有德于项梁,是以项王信任之。当是时,项王在睢阳,闻海春侯军败,则引兵还。汉军方围钟离眛于荥阳东,项王至,汉军畏楚,尽走险阻。是时,汉兵盛食多,项王兵罢食绝。汉遣陆贾说项王,请太公,项王弗听。汉王复使侯公往说项王,项王乃与汉约,中分天下,割鸿沟以西者为汉,鸿沟而东者为楚。项王许之,即归汉王父母妻子。军皆呼万岁。"①

于陆贾言,此实乃一失败游说。

可见,刘邦得天下之前,陆贾似无甚作为,其功绩主要在取天下之后。据《史记·郦生陆贾列传》,其一生的功绩主要有三:一是两次使南越。第一次是高祖时游说南越王赵佗去帝号,向汉称臣。第二次是文帝时再度出使,使赵佗再次去帝号,臣属于汉。二是劝说刘邦读《诗》《书》,使其明白"逆取顺守""文武并用"的道理,实现从马上得天下到下马治之的转变。三是在吕后专权、刘汉政权岌岌可危时,劝说丞相陈平与太尉周勃捐弃前嫌、团结一致,为日后诛吕安刘奠定基础。

一、两次出使南越,平定南疆,为汉王朝休养生息创造良好条件

所谓"南越国",乃秦末赵佗在岭南所建立之地方政权。辖区主要包括今广东、广西、越南等地,自古乃百越人所居。始皇为一统天下,于其二十八年(前219)至三十三年(前214),历时六年,征服统一岭南,并设桂林、象郡、南海三郡。桂林所辖,主要为今广西全境;南海则为今广东省;象郡则主要在今之越南境内。此三郡当时均由南海尉任嚣统治。后陈涉起事,天下亡秦。任嚣审时度势想割据南越,然计尚未实施,于秦二世二年(前208)病重,遂召龙川令赵佗合计。赵佗乃真定人(今河北正定),因从任嚣南征有功,任南海龙川令。任嚣曰:"闻陈胜等作乱,秦为无道,天下苦之,项羽、刘季、陈胜、吴广等州郡各共兴军聚众,虎争天下,中国扰乱,未知所安,豪杰畔秦相立。南海僻远,吾恐盗兵侵地至此,吾欲兴兵绝新道,自备,待诸侯变,会病甚。且番禺负山险,阻南海,东西数千里,颇有中国人相辅,此亦一州之主也,可以立国。郡中长吏无足与言者,故召公告之。"②(《史记·南越列传》)赵佗对于任嚣以逸代劳、封关

---

① [西汉]司马迁撰:《史记》,中华书局1959年版,第330-331页。
② [西汉]司马迁撰:《史记》,中华书局1959年版,第2967页。

割据之策深以为然。于是任嚣便诈作诏书，任赵佗为南海尉。任嚣病逝后，赵佗即令横浦、阳山、湟溪各关曰："盗兵且至，急绝道聚兵自守！"并袭杀秦所任命之官吏。秦亡后，又击破和兼并桂林和象郡，建立了南越国，自封为南越武王。

  南越与汉几乎同时建立，然刘邦派陆贾出使南越却在高帝十一年（前196），何也？势也。在高帝五年前，刘项尚在逐鹿中原，前途未卜，遑论染指南越。项羽败亡后，又内有异姓王离心离德，外有匈奴虎视眈眈，自是亦无暇南顾。到高帝十一年，异姓王已被剪灭待尽，与匈奴和亲之约业已达成。然连年征战，国弱民困，故武力统一南越尚力有不足。故《史记·南越列传》曰："高帝已定天下，为中国劳苦，故释佗弗诛。"① 然事实非"弗诛"，乃不能诛也，因心有余而力不足。故高帝五年（前202）"其以长沙、豫章、象郡、桂林、南海立番君芮为长沙王"②（《汉书·高帝纪》）。可知，高祖一则不愿承认赵佗南越王的合法性，另则又无可奈何，故只好自欺欺人以之属长沙王。

  因此，以外交手段游说南越归服便成了唯一选择。此即陆氏出使南越之真实背景。

  首次出使乃汉十一年。《史记·郦生陆贾列传》载：

"及高祖时，中国初定，尉他平南越，因王之。高祖使陆贾赐尉他印为南越王。陆生至，尉他魋结箕倨见陆生。陆生因进说他曰：'足下中国人，亲戚昆弟坟在真定。今足下反天性，弃冠带，欲以区区之越与天子抗衡为敌国，祸且及身矣。且夫秦失其政，诸侯豪杰并起，唯汉王先入关，据咸阳。项羽倍约，自立为西楚霸王，诸侯皆属，可谓至强。然汉王起巴蜀，鞭笞天下，劫略诸侯，遂诛项羽灭之。五年之间，海内平定，此非人力，天之所建也。天子闻君王王南越，不助天下诛暴逆，将相欲移兵而诛王，天子怜百姓新劳苦，故且休之，遣臣授君王印，剖符通使。君王宜郊迎，北面称臣，乃欲以新造未集之越，屈强于此。汉诚闻之，掘烧王先人冢，夷灭宗族，使一偏将将十万众临越，则越杀王降汉，如反覆手耳。'于是尉他乃蹶然起坐，谢陆生曰：'居蛮夷中久，殊失礼义。'因问陆生曰：'我孰与萧何、曹参、韩信贤？'陆生曰：'王似贤。'复曰：'我孰与皇帝贤？'陆生曰：'皇帝起

---

① ［西汉］司马迁撰：《史记》，中华书局1959年版，第2967页。
② ［东汉］班固撰：《汉书》，中华书局1962年版，第53页。

丰沛，讨暴秦，诛强楚，为天下兴利除害，继五帝三王之业，统理中国。中国之人以亿计，地方万里，居天下之膏腴，人众车舆，万物殷富，政由一家，自天地剖泮未始有也。今王众不过数十万，皆蛮夷，崎岖山海闲，譬若汉一郡，王何乃比于汉！'尉他大笑曰：'吾不起中国，故王此。使我居中国，何渠不若汉？'乃大说陆生，留与饮数月。曰：'越中无足与语，至生来，令我日闻所不闻。'赐陆生橐中装直千金，他送亦千金。陆生卒拜尉他为南越王，令称臣奉汉约。归报，高祖大悦，拜贾为太中大夫。"①

须指出，"尉他魋结箕倨见陆生"，亦即赵佗刚见陆贾时态度十分傲慢。之所以如此，乃其深知汉王朝内忧外患，无力南征。针对其如此心理，陆贾施展了其纵横家"口辩"才华，成功地进行了游说攻心。

首先，动之以情，用传统夷夏之辨和孝道文化对赵佗进行情感攻心。他说："足下是中原人，父母亲戚兄弟坟墓都在真定。现却违反天性，抛弃冠带，欲以区区南越与汉天子抗衡，马上就要大祸临头了。"

传统士大夫历来视以夏化夷为正道，以夷变夏为大逆不道。而赵佗居然"魋结""弃冠带"，自然是夷化，属大逆不道。且又置先人坟墓于不顾，有违华夏核心价值：孝道，更是大逆不道。在这陆贾以文化攻心，无疑会对曾受过中原文化熏陶的赵佗产生巨大心理压力。此亦其"蹶然起坐，谢陆生"，最终认错之重要原因。

其次，晓之以理，分析秦汉之际政治形势，晓以利害。一方面，陆贾说："秦失其政，天下豪杰并起，项羽自立为西楚霸王，可谓至强。然汉王最终诛灭之，一统天下，此非人力，亦是天意。"在此陆贾借鉴鬼谷子"捭阖"中的"捭"术，杂以"飞钳"中的"飞"术，对刘邦一统天下之聪明神武大肆渲染，无疑将对赵佗产生强烈心灵震慑。另一方面，陆贾又强调刘邦诛暴秦，剪项羽，统一天下，是上合天心，下合民意，在道义也先胜一着；而况赵佗不助天下诛暴秦，却乘机割据一隅，且汉统一天下后，却有不臣之意，实则与天心民意相背，在道义上又输了两着。这是剖析道义，晓之以理，赵佗不得不自觉理屈。最后，陆贾又明确指出：赵佗"欲以新造未集之越，屈强于此"，一旦汉遣将将兵攻南越，其结果是"则越杀王降汉也"。的确一针见血抓住南越立国未久、越人尚未完全归附这一隐忧，使赵佗胆战心惊。这实则是运用鬼谷子"揣情量权"之术，

---

① ［西汉］司马迁撰：《史记》，中华书局1959年版，第2697－2698页。

论说天下大势，同时又采用"言其害不言其利"的"阖"术，并兼用"摩"术中的"摩而恐之"，极言与汉为敌之灾祸。"于是尉他乃蹶然起坐"，即改变箕踞之失礼坐法，并承："居蛮夷中久，殊失礼义。"可见，陆贾晓之以理之游说起到了作用。

总之，通过动之以情，晓之以理，陆贾成功使赵佗接受了汉"南越王"封号，并同意"称臣奉汉约"。陆贾归汉后，高祖大悦，拜陆贾为大中大夫。

第二次出使在文帝年间。

《史记·南越列传》载：

"高后时，有司请禁南越关市铁器。佗曰：'高帝立我，通使物，今高后听谗臣，别异蛮夷，隔绝器物，此必长沙王计也，欲倚中国，击灭南越而并王之，自为功也。'于是佗乃自尊号为南越武帝，发兵攻长沙边邑，败数县而去焉。高后遣将军隆虑侯灶往击之。会暑湿，士卒大疫，兵不能逾岭。岁馀，高后崩，即罢兵。佗因此以兵威边，财物赂遗闽越、西瓯、骆，役属焉，东西万馀里。乃乘黄屋左纛，称制，与中国侔。"①

可见，吕后主政后，汉对南越政策由"剖符通使"变为"别异蛮夷"。如高后五年（前183）春实施绝关政策，下令："禁南越关市铁器""隔绝器物"，致使南越得不到金铁、田器、马、牛、羊等稀缺物质。对此，赵佗怪罪于长沙王。并先后派内史藩、中尉高、御史平等入朝游说，然吕后不仅拒不听取，且扣留三使不放，并平毁其在真定的先人墓冢，诛灭其亲属。为此，赵佗大怒，便自称"南越武帝"，且发兵攻打长沙国。高后七年（前181），吕后派隆虑侯周灶南征，但因瘟疫病盛行，无法度越五岭而耽搁。高后去世后，汉为休养生息，放弃征越计划。然赵佗却不肯善罢甘休，一则以"财物赂遗闽越、西瓯、骆"，扩大势力范围；另则多次用兵，攻打威胁着长沙国；同时违制"乘黄屋左纛，称制，与中国侔"。更有甚者，乘汉文帝新立，政权未稳，向汉提出"求亲昆弟""请罢长沙两将军"，企图要胁中央将长沙国所辖部分土地划归南越。在此背景下，文帝决定派使出使南越。

---

① ［西汉］司马迁撰：《史记》，中华书局1959年版，第2698页。

《史记·南越列传》记载：

"及孝文帝元年，初镇抚天下，使告诸侯四夷从代来即位意，喻盛德焉。乃为佗亲冢在真定，置守邑，岁时奉祀。召其从昆弟，尊官厚赐宠之。诏丞相陈平等举可使南越者，平言好畤陆贾，先帝时习使南越。乃召贾以为太中大夫，往使。因让佗自立为帝，曾无一介之使报者。陆贾至南越，王甚恐，为书谢，称曰：'蛮夷大长老夫臣佗，前日高后隔异南越，窃疑长沙王谗臣，又遥闻高后尽诛佗宗族，掘烧先人冢，以故自弃，犯长沙边境。且南方卑湿，蛮夷中闲，其东闽越千人众号称王，其西瓯骆裸国亦称王。老臣妄窃帝号，聊以自娱，岂敢以闻天王哉！'乃顿首谢，愿长为藩臣，奉贡职。于是乃下令国中曰：'吾闻两雄不俱立，两贤不并世。皇帝，贤天子也。自今以后，去帝制黄屋左纛。'陆贾还报，孝文帝大说。"①

可见，文帝即位后，为休养生息，遣"使告诸侯四夷从代来即位意"。并向丞相陈平征求出使南越人选，陈平便推荐陆贾。于是陆贾再拜为大中大夫，并第二次出使南越。为使出使成功，文帝做两件安抚工作：一是修复赵佗先人在真定之坟墓，"置守邑，岁时奉祀"；二是封赏赵佗尚在中原之兄弟，"尊官厚赐宠之"。同时还专门修信一封，答复了赵佗提出的两个问题。第一个问题："乃者闻王遗将军隆虑侯书，求亲昆弟，请罢长沙两将军。朕以王书罢将军博阳侯，亲昆弟在真定者，已遣人存问。修治先人冢。"②（《汉书·西南夷两粤朝鲜传》）明确告知赵佗已满足其"亲昆弟""修治先人冢"要求。第二个问题："前日闻王发兵于边，为寇灾不止。当其时长沙苦之，南郡尤甚，虽王之国，庸独利乎！必多杀士卒，伤良将吏，寡人之妻，孤人之子，独人父母，得一亡十，朕不忍为也。朕欲定地犬牙相入者，以问吏，吏曰'高皇帝所以介长沙土也'，朕不得擅变焉。"③（《汉书·西南夷两粤朝鲜传》）明确以高皇帝为挡箭牌拒绝赵佗提出"欲定地犬牙相入者"，亦即希望把岭南属长沙国的土地划归南越的要求。通观这封信，文帝措辞委婉，语气平缓，故《史记》解释为"喻盛德"，但其真实原因乃形势所迫。因为文帝由藩王入承大统，内有同姓王虎视眈眈，外有强敌匈奴

---

① ［西汉］司马迁撰：《史记》，中华书局1959年版，第2700页。
② ［东汉］班固撰：《汉书》，中华书局1962年版，第3849页。
③ ［东汉］班固撰：《汉书》，中华书局1962年版，第3850页。

骚扰，故根本无力南征，故只好说为天下百姓"朕不忍为"。而文帝的唯一要求是赵佗取消帝号。

陆贾到达南越后，据说"王甚恐"，"乃顿首谢，愿奉明诏，长为藩臣，奉贡职"，并下令国中："汉皇帝贤天子。自今以来，去帝制黄屋左纛。"①（《汉书·西南夷两粤朝鲜传》）亦即赵佗满足了文景去帝号之要求，但同时也给文帝修书一封，一则批评吕后"别异蛮夷"政策，另则将自己称帝之事辩解为"聊以自娱"。最后强调："老夫身定百邑之地，东西南北数千万里，带甲百万有馀，然北面而臣事汉，何也？不敢背先人之故。"②（《汉书·西南夷两粤朝鲜传》）在这赵佗说其臣服于汉之原因是"不敢背先人"，同样亦是言不由衷；其根本原因还在吕后之绝关令使南越急需之金铁、田器、马、牛、羊等稀缺资源，断绝了来源，对其经济造成严重打击。

总之，赵佗给汉文帝的信，态度依然较傲慢。然而，这依然是一次成功的出使，它达到了使赵佗去帝号、向汉称臣之根本目的。故当陆贾返朝时，汉文帝大悦。可见，陆贾再次不辱使命，对安抚南越，稳定汉王朝南部边境作出了巨大贡献。

二、进谏高祖改变统治策略，实现从逆取到顺守转变

史载：

"陆生时时前说称诗书。高帝骂之曰：'乃公居马上而得之，安事诗书！'陆生曰：'居马上得之，宁可以马上治之乎？且汤武逆取而以顺守之，文武并用，长久之术也。昔者吴王夫差、智伯极武而亡；秦任刑法不变，卒灭赵氏。乡使秦已并天下，行仁义，法先圣，陛下安得而有之？'高帝不怿而有惭色，乃谓陆生曰：'试为我著秦所以失天下，吾所以得之者何，及古成败之国。'陆生乃粗述存亡之徵，凡著十二篇。每奏一篇，高帝未尝不称善，左右呼万岁，号其书曰'新语'。"③（《史记·郦生陆贾列传》）

---

① ［东汉］班固撰：《汉书》，中华书局1962年版，第3851页。
② ［东汉］班固撰：《汉书》，中华书局1962年版，第3852页。
③ ［西汉］司马迁撰：《史记》，中华书局1959年版，第2699页。

显然，当陆贾"时时说诗书"时，高祖很反感。可见其依然没认识打天下与治天下之区别。当陆贾反驳道："居马上得之，宁可以马上治之乎"，并以商汤、周武、夫差、智伯、始皇父子等历史人物的成败作佐证时，高祖才对"逆取而以顺守之，文武并用，长久之术也"等治道有所感悟。于是对陆贾说："试为我著秦所以失天下，吾所以得之者何，及古成败之国。"陆贾于是写了一系列策论，共十二篇。高祖看后，连连称好，其左右大臣也高呼万岁，并最终将其命名为《新语》。

高祖君臣为何对《新语》有如此强烈反响？无疑与当时政治形势变化密不可分。高祖在位之前五年，主要在取天下，亦即与项羽逐鹿中原，治故天下尚未提上议程。高帝五年（前202）初，终于剪灭项羽，治天下提上议程。然而，此时高祖并未认识到"逆取顺守""文武并用"之重要。如被其钦定为首功之萧何，"于秦时为刀笔吏"①（《史记·萧相国世家》），显然是法家代表。而高祖本身不好儒生，常恶作剧"溺儒冠"亦是明证等。可见，此时其好的依然是法家而非儒家。然对群臣"饮酒争功，醉或妄呼，拔剑击柱"②（《史记·刘敬叔孙通列传》）等非礼行为亦无比厌烦，于是叔孙通乘机进言："夫儒者难与进取，可与守成。"③（《史记·刘敬叔孙通列传》）并最终制定朝仪，最终达到尊君之目的，使高祖感慨："吾乃今日知为皇帝之贵也。"④（《史记·刘敬叔孙通列传》）须指出，叔孙通"制礼仪"并未从统治思想高度解决治国方针问题，然其喻示重新审视儒学在国家治理中之地位是时候了，而这一历史使命责无旁贷地落在陆贾身上。正是陆贾"时时说诗书"，并上书《新语》，高祖才实现由以法治国到以儒、道（兼采法家）治国的转变，奠定了汉长治久安基础，具有重大的政治意义。

萧何死于惠帝二年（前193），受陆贾思想影响有多大尚无定论，但刘邦深受其影响却是史有明载。一据《史记·郦生陆贾列传》："陆生乃粗述存亡之徵，凡著十二篇。每奏一篇，高帝未尝不称善，左右呼万岁，号其书曰'新语'。"⑤另据严可均《全汉文》卷一引《古文苑》，刘邦晚年曾写过《手敕太子》诏书："吾遭乱世，当秦禁学，自喜，谓读书无益。洎践阼以来，时方省书，乃使人知

---

① ［西汉］司马迁撰：《史记》，中华书局1959年版，第2014页。
② ［西汉］司马迁撰：《史记》，中华书局1959年版，第2722页。
③ ［西汉］司马迁撰：《史记》，中华书局1959年版，第2719页。
④ ［西汉］司马迁撰：《史记》，中华书局1959年版，第2723页。
⑤ ［西汉］司马迁撰：《史记》，中华书局1959年版，第2699页。

作者之意。追思昔所行，多不是。"① 这与此前"乃公居马上而得之，安事诗书"形成鲜明对比。其转变直接原因显然与陆贾"时时前说称《诗》《书》"分不开。但从根本上说，乃是明白了"逆取顺守""文武并用"之理。故陆贾对汉初统治思想的形成和与贡献，其地位恐无人可代替。

后曹参代萧何为汉相国，举事无所变更，一尊高祖、萧何约束，亦即"萧规曹随"，而"萧规曹随"的本质便是仁义加无为。而这正是由陆贾替刘邦总结和率先提出，其奠定"文景之治"思想基础，功不可没。故明人钱福说："其书（指《新语》——引者）所论亦正，且多崇俭尚静等语，似亦有启文景萧曹之治者。"②（《新语序》）。

三、为诛吕安刘预筹方策

陆贾实则儒道兼修，善长明哲保身、相机待时。
如《史记·郦生陆贾列传》所载：

"孝惠帝时，吕太后用事，欲王诸吕，畏大臣有口者，陆生自度不能争之，乃病免家居。以好畤田地善，可以家焉。有五男，乃出所使越得橐中装卖千金，分其子，子二百金，令为生产。陆生常安车驷马，从歌舞鼓琴瑟侍者十人，宝剑直百金，谓其子曰：'与汝约：过汝，汝给吾人马酒食，极欲，十日而更。所死家，得宝剑车骑侍从者。一岁中往来过他客，率不过再三过，数见不鲜，无久慁公为也。'"③

高祖死后，惠帝即位，实权操之于吕后。吕后一心想封其娘家子弟为王，但遭到丞相王陵反对，其理由是高祖曾有约"非刘氏而王者天下共击之"，然得到陈平、周勃等重臣违心支持。陆贾自度无力与吕后抗争，便借口有病归隐田园。这无疑是践行儒家"天下有道则见，无道则隐"④（《论语·泰伯》）主张。

先秦儒家从孔子到孟子、荀子，无不希望"修齐治平"，有所作为。然屡屡碰壁后皆不得不闭门著书立说。与这些先贤相比，陆贾在政治实践更老到、豁

---

① ［清］严可均辑：《全汉文》，商务印书馆 1999 年版，第 5 页。
② ［明］钱福：《新语序》，见王利器撰《新语校注》，中华书局 2012 年版，第 194 页。
③ ［西汉］司马迁撰：《史记》，中华书局 1959 年版，第 2699–2700 页。
④ 程树德撰：《论语集释》，中华书局 2010 年版，第 540 页。

达，更收发自如。具体表现如下：一则积极有所作为，即使在不遇时亦无消极退出政治舞台，而是不露锋芒，静待时变，很有纵横家相机待时风格；另外，则更具有政治敏锐性与生存智慧，能在复杂环境中，游刃其间，并保全自己，而这恰是在政治斗争成功之关键。

那么，陆贾如何协调陈平与周勃关系，为后诛诸吕预筹方策的呢？

"吕太后时，王诸吕，诸吕擅权，欲劫少主，危刘氏。右丞相陈平患之，力不能争，恐祸及己，常燕居深念。陆生往请，直入坐，而陈丞相方深念，不时见陆生。陆生曰：'何念之深也？'陈平曰：'生揣我何念？'陆生曰：'足下位为上相，食三万户侯，可谓极富贵无欲矣。然有忧念，不过患诸吕、少主耳。'陈平曰：'然。为之奈何？'陆生曰：'天下安，注意相；天下危，注意将。将相和调，则士务附；士务附，天下虽有变，即权不分。为社稷计，在两君掌握耳。臣常欲谓太尉绛侯，绛侯与我戏，易吾言。君何不交驩太尉，深相结？'为陈平画吕氏数事。陈平用其计，乃以五百金为绛侯寿，厚具乐饮；太尉亦报如之。此两人深相结，则吕氏谋益衰。陈平乃以奴婢百人，车马五十乘，钱五百万，遗陆生为饮食费。陆生以此游汉廷公卿闲，名声藉甚。"①（《史记·郦生陆贾列传》）

可见，当刘氏江山岌岌可危时，右相陈平忧心如焚，却无计可施。是陆贾点醒其"天下安，注意相；天下危，注意将"，并提出交欢周勃，共扶刘汉之具体计谋。而陈平正是接受陆贾之谋，方有后来诛吕迎刘，文帝继位之发生。可见，在兴汉安刘过程中陆贾功不可没。

第二节 其 书

一、陆贾作品的数量和存世

陆贾之著作，《汉书·艺文志》记载："《楚汉春秋》九篇""陆贾二十三

---

① ［西汉］司马迁撰：《史记》，中华书局1959年版，第2699－2700页。

篇""陆贾《赋》三篇"。

学界一般认为,《汉书》中记载"陆贾二十三篇"指陆贾作品之总数,包括《楚汉春秋》九篇、《新语》十二篇以及赋三篇,故其总数应为二十四篇,为何与《汉书》所载之二十三篇不符?笔者大胆推断:或许是因古籍年代久远,手抄传承,以致有误所致。

然除《史记》所说之《新语》十二篇外,陆贾其他著作,现皆失传,给陆贾研究带了诸多困难。

现简谈下其失传的著作。

首先,《楚汉春秋》。

《后汉书·班彪列传上》记载:"汉兴定天下,太中大夫陆贾记录时功,作楚汉春秋九篇。"① 《汉书·艺文志》亦载:"楚汉春秋九篇。"② 班固注其为"陆贾所记"。《隋书·经籍志》则明言:"陆贾作《楚汉春秋》,以述诛锄秦、项之事。"③ 唐人司马贞在《史记索隐》亦云:"《楚汉春秋》,汉大中大夫楚人陆贾所撰,记项氏与汉高祖初起,及说惠、文间事。"④ 由上述可见,《楚汉春秋》实乃一记录秦亡汉兴之当代史著作。后其成为司马迁著《史记》之秦汉之际史事的重要依据,以致其本身湮没不彰。故刘知几说:"刘氏初兴,书唯陆贾而已。子长述楚汉之事,专据此书。"⑤(《史通·杂说上》)惜乎其在南宋时已散佚,今只存一些古辑本,如清代茆泮林、黄奭皆编过《楚汉春秋》辑佚。

其次,陆贾之赋。

陆贾之赋现只存目,余皆已失传。据《文心雕龙》云:"汉室陆贾,首发奇采,赋《孟春》而进《新语》,其辩之富矣。"⑥(《文心雕龙·才略》)故吾辈只知陆贾有一赋篇名叫《孟春》,其内容已全然不可知,惜哉!

然亦有不同看法。戴彦升在《陆子新语·序》中认为:陆贾除《新语》并无其他著作,《汉书》第二条云"陆贾二十三篇"即《新语》,因其当时对此本策论集并未取名,后高祖将其命为《新语》,故《汉书》只写陆贾策论之篇名而未写书名。戴氏主张二十三应是二十二之误记,因刘向校书每篇皆分为上下,如

---

① [南朝·宋] 范晔撰:《后汉书》,中华书局1965年版,第1325页。
② [东汉] 班固撰:《汉书》,中华书局1962年版,第1714页。
③ [唐] 魏徵等撰:《隋书》,中华书局1973年版,第956页。
④ [西汉] 司马迁撰:《史记》,中华书局1959年版,第2699-2700页。
⑤ [唐] 刘知己著、张振珮笺注:《史通笺注》,贵州人民出版社1985年版,第586页。
⑥ 周振甫著:《文心雕龙今译》,中华书局1986年版,第418页。

《晏子春秋》亦刘向所定,谏、问、杂皆分上下,以此类推,《新语》当亦分篇,恰二十二。要之,戴氏所言,不无道理。

二、陆贾作品的版本

《新语》现存版本,最早乃明弘治十五年(公元1502年)莆阳李庭梧之刻版,《四部丛刊》便是据此刻本影印。另外,尚有明万历五年(公元1577年)周予义之《子汇》本,万历十年(公元1582年)胡维新之刻本,万历十九年(公元1591年)范大冲之刊本等。而清代尚有严可均、宋翔风之校本。而近代唐晏之《陆子新语校注》则是依周予义刻之《子汇》本,并参校范大冲之天一阁本而重刻而成。而今人王利器1986年出版之《新语校注》,1996年再版,2012年又版,则是现存之最好本子,亦当前流行最广之本子。① 《楚汉春秋》之辑本,曾被清人茆泮林收在《汉学堂丛书》中之《十种古逸书》中,后又被黄奭收在《汉学堂丛书》里。民国时洪颐煊又将其纂辑并刻入《经典集林》第十卷。今人王利器发现洪本依然有某些错误,故又重新校对辩误,最终将其录在《新语校注》后,此应当是现存之最好辑本。

三、《新语》的成书时间

《新语》之成书于何时,司马迁之《史记·郦生陆贾列传》并未明确记载,此后班固之《汉书·陆贾传》及司马光之《资治通鉴》皆是沿习《史记》,皆未明载。故学界对此一直争议不断。清人唐晏在跋《新语校注》时云:"陆氏著此书去秦焚书才六年耳。"② 而秦焚书是始皇三十四年(前213),过了六年恰是汉高祖元年。如此可知,唐晏认为《新语》成书于高祖元年。而此时高祖与项氏正逐鹿中原,尚未得天下,显与"试为我著秦所以失天下,吾所以得之者何"相冲突,故显然有误。而孙次舟在《再评〈古史辨〉第四册》(附题《论〈尸子〉与〈新语〉》)一文中说:"考陆贾之奉命作《新语》,在高帝得天下之后(据《陆贾传》推之,当在六年)。"③ 孙氏明断《新语》作于高帝六年,惜并未

---

① 笔者本书《陆贾治道研究》便以王利器的《新语校注》(中华书局2012年版)为依据。以下《新语》原文引用均出自该书。
② [清]唐晏:《陆子新语校注序》,见王利器撰《新语校注》,中华书局2012年版,第223页。
③ 罗根泽编著:《古史辨》(第六册),上海古籍出版社1982年版,第119页。

细说，吾辈未知其所凭何据？而古永继在《陆贾思想并非"黄老"论——兼谈汉初"与民休息"政策的产生及黄老思想的实际流行》推测其成书时间当在高帝七年与九年之间。他说："班固《汉书·高帝纪》云：'天下既定，命萧何次律令，韩信申军法，张苍定章程，叔孙通制礼仪，陆贾造新语。'据考，萧何次律令、韩信申军法均在汉五年（前202）；张苍任相于汉六年（前201），其拟定章程当在此之后；叔孙通所制礼仪，成于汉七年（前200）。刘邦对儒家有好感从汉七年叔孙通制礼仪开始，在此之前则看不到他接受过儒术的任何迹象，而在汉九年（前198）以后却出现了一系列尊儒活动。因此，据上述《汉书》对诸事的记载顺序及对有关事件的分析，可以断定，《新语》的成书的具体时间，当在叔孙通制礼仪后的汉七年至九年这一期间。"① 古永继所论不无道理。

而王兴国认为："考《史记·陆贾列传》，司马迁叙述陆贾的生平事迹，都是严格地按时间顺序排比的，陆贾与刘邦的著名对话是排在汉高帝十一年他出使南越之后，因此我认为把它定为高帝十一年比较合理。还必须指出，陆贾虽然'以客从高祖定天下'，'居左右'，即与刘邦关系密切，但在他第一次出使南越以前，刘邦并未给他封什么官职。只有当他官拜大中大夫之后，才有可能议论于朝廷，而每奏一篇，也才可能出现'左右呼万岁'的局面。这一点也可以从侧面证明《新语》只可能写于汉高帝十一年而不可能更早。南宋著名理学家胡宏在《知言》中编了一段'假陆贾对汉高曰'的对话。这段对话的内容虽然是胡宏虚构的，但其时间却是具体的：其一，胡宏说'陆贾为汉高帝大中大夫时，时前说，称引《诗》《书》'；其二，胡宏叙述高帝听了陆贾的议论后的情况：'上曰："善。然吾老矣，不能用也。"明年丙午夏四月甲辰，帝崩于长乐宫。'丙午年正是高帝十二年。这说明胡宏认为，陆贾与高帝的著名对话是发生于高帝十一年，其时陆贾已任大中大夫。刘汝霖出版于1932年的《汉晋学术编年》，将陆贾上《新语》系于高帝'十一乙巳'（前196）。1983年人民出版社出版的由萧萐父、李锦全主编之《中国哲学史》一书所附《中国哲学史大事年表》亦将《新语》之作系于汉高帝十一年，这些都支持了我的说法。"②

笔者认为王兴国的推论当有道理。由于长安到南越路途遥远，当时交通又极为不便，且赵佗又"留与饮数月"，故此次出使所耗时间当不短，其时间极可能

---

① 古永继：《陆贾思想并非"黄老"论——兼谈汉初"与民休息"政策的产生及黄老思想的实际流行》，载《惠州大学学报》1994年第1期。

② 王兴国：《贾谊评传》，南京大学出版社1996年版，第353页。

跨过高祖十一年，因此，笔者大胆推测其进《新语》之时间极可能是高帝十二年。

四、《新语》的真伪问题

对《新语》之真伪争论，始于南宋，然多数学者以其为真。如明人钱福认为：其是"随时论奏，非若后世之著述次第成一家言也。其所分篇目，则固所称向辄条其篇目撮其旨意奏之者，必非其所自定。然其言既与迁传合，而篇次至于今不讹，且雄伟粗壮，汉中叶以来所不及，其为真本无疑"①（《新语序》）。清人严可均在其《铁桥漫语》卷五《新语序》、唐晏在其《新语校注·跋》中针对《四库全书总目提要》之质疑皆进行逐条驳斥。如唐氏辩驳："陆氏此书，见于汉。唐志及《崇文总目》，流传有序，决无可疑。乃《四库提要》独引《汉书·司马迁传》，迁取此书作《史记》之言，而是书之文不见《史记》为疑，不知《史记》载赵高指鹿为马事，正本之此书也。《提要》又以此书引《谷梁传》，谓《谷梁传》武帝时方出，不知陆氏著此书去秦焚书才六年耳。其所读者，未焚之《谷梁传》也，至武帝则为再出矣，故所引者今本无之也。《提要》又疑自南宋以后不见著录，则杨铁崖序《山居新语》固引及此书，且云而今见在，则不得云南宋后无之也。《提要》之疑全无影响，而今世和之者多，不得不为分辨之如此。"②（《新语校注·跋》）唐氏之批驳显有道理，然其某些观点尚值商榷。如说《新语》成书时"去秦焚书才六年"，亦即高帝元年，不知其所本何据，显然有误。20世纪30年代初，学界曾就《新语》真伪展开过一次讨论，胡适、罗根泽、余嘉锡等人力主其真，而梁启超、张西堂、孙次舟等则力证其伪（参见《古史辨》第四、六册），争论热烈，惜乎无疾而终。而哲学史家张岱年则显然赞同前者，说："《新语》是陆贾的著作，这是应当肯定的。"③ 王兴国也认可前者，说"我认为前者观点是正确的"④。

须指出，南宋以前，尚无为质疑《新语》真伪。其所见之史籍有：《汉书·艺文志》《七录》《隋书·经籍志》《旧唐书·经籍志》和《新唐书·艺文志》。却不见于《崇文总目》《郡斋读书志》《书录》。然到南宋王伯厚之《汉书艺文志

---

① 王利器撰：《新语校注》，中华书局2012年版，第194页。
② 王利器撰：《新语校注》，中华书局2012年版，第204页。
③ 张岱年：《中国哲学史史料学》，生活·读书·新知三联书店1982年版，第140页。
④ 王兴国：《贾谊评传》，南京大学出版社1996年版，第364页。

考证》以及黄震之《黄氏日钞》又再次出现。故笔者大胆推测，其在唐时已失传，到南宋时方又重现。此无疑便成了人们质疑其真伪之根本原因。如黄震说："此其大略也，往往多合于理，而又黜神仙之妄，言墨子之非，则亦有识之言矣。然其文烦细，不类陆贾豪杰所言。贾本以诗、书革汉高帝马上之习，每陈前代行事，帝辄称善，恐不如此书组织以为文。又第五篇云：'今上无明正圣主，下无贞正诸侯，组奸臣贼子之党。'考其上文，虽为鲁定公而发，岂所宜畜于大汉方隆之日乎？若贾本旨谓天下可以马上得，不可以马上治之意，十二篇成无焉，则此似非陆贾之本真也。"① 明确提出：《新语》"非本真"。此后，多有学者认可黄氏之论，力主《新语》乃伪托之作。持此论者有清代《四库提要》编者、近代张西堂、现代孙次舟等，其逐条提出各种疑点。而清代唐晏、严可均，现代余嘉锡、胡适、罗根泽、王利器等，则逐条反驳，力证《新语》确系陆贾所著。双方交锋主要集中在如下六点：②

（1）证伪派认为：《新语·道基》篇末援引"《谷梁传》曰"，与一般认为之"《谷梁传》至汉武帝时始出"之观点，在时间上存在抵牾。

主真派驳斥说：《谷梁传》虽于武帝时才立于学宫，但其传于民间则远早于武帝时。陆贾所见之《谷梁传》乃原本未立学宫前之流传本。至于《谷梁传》至武帝时始出之说，纯系《四库提要》编者主观臆造。

（2）证伪派质疑：《汉书·司马迁传》云司马迁兼取《战国策》《楚汉春秋》和《新语》等作《史记》，为何唯《新语》之文不见于《史记》？

主真派驳斥道：取《新语》作《史记》之说本无有根据。《汉书·司马迁传》："故司马迁据《左氏》、国语，采世本、战国策，述楚汉春秋，接其后事，讫于大汉。其言秦汉，详矣。"③ 可见，《汉书》只是提到了《楚汉春秋》，并未说根据《新语》写作《史记》。此错皆因《四库全书》编者误信前人只说，未翔实考证。

（3）证伪派质疑：王充《论衡·本性》云："陆贾曰：'天地生人也，以礼义之性。人能察己所以受命则顺，顺之谓道。'"④ 今本《新语》为何并无此文？

---

① ［南宋］黄震著：《慈溪黄氏日钞分类古今纪要》，清乾隆二十五年（1760），新安汪佩锷刻本，第五十六卷。
② 证伪派观点见于《四库全书总目提要》、张西堂著《谷梁真伪考·上篇附记》、罗根泽编《古史辨》第六册诸书文中；主真派的观点见于唐晏注释《新语注释》、严可均著《铁桥漫稿·新语叙》、余嘉锡著《四库全书提要辨正》、胡适著《胡适文集》、王利器著《新语校注》等书文中。
③ ［东汉］班固撰：《汉书》，中华书局1962年版，第2717页。
④ 黄晖撰：《论衡校释》，中华书局1990年版，第124页。

主真派驳斥说：既然陆贾所著不止《新语》，尚有其他著作，故王充所引不在今本《新语》之中，则可能在陆氏所著已失传之其他书中。

（4）证伪派质疑：班固《汉书·艺文志》著录陆贾书，其篇数为二十三篇为何与《隋唐志》有异？

主真派驳斥说：《汉书·艺文志》作二十三篇，极可能指陆氏作品之总数，并非专指《新语》之篇数。

（5）证伪派认为：《新语·本行》篇曰："案纪图录以知性命，表定《六艺》以□□□。""表定六艺"当为董仲舒所为，而非陆贾。

主真派驳斥说："表定六艺"一语，乃承上文"夫子陈蔡之厄""夫子当于道"而言，所指乃孔子，非贾自谓，与董氏"罢黜百家，独尊儒术"毫不相干。

（6）证伪派认为：从文字上看，《新语》行文烦细，不像陆贾豪杰之言。

主真派驳斥说：以"其文烦细""无此事对偶文"等作伪书之证，无凿实证据，仅是根据文风推测，明显牵强附会。

笔者认为余嘉锡、胡适、王利器等人之主张很有道理，今本《新语》为陆氏所作当确凿无疑，笔者依托其系统其研究陆贾治道不是问题。

第三节　其　　学

陆贾思想主要集中在文学、史学、哲学三方面，但贯穿三者之红线却是治国之道亦即"治道"，但学界鲜有从治道视角系统研究其思想。陆贾之文学思想主要体现其对汉赋之贡献与影响，而此特征在《新语》随处可见。陆贾善长铺陈、明于音律、善用排比、注重对偶，文辞瑰丽多姿，体现出奇辞雄辩特点，等等，皆与汉赋何其相通。

一、文学思想

陆贾著有《楚汉春秋》九篇、赋三篇及《南越行记》，均已亡佚，今仅存《新语》。故要窥探其文学成就，只能从《新语》中发掘。王充将陆贾与司马迁、扬雄等文学家相提并论，说："汉世文章之徒，陆贾、司马迁、刘子政、杨子云，其材能若奇，其称不由人。"①(《论衡·书解》)班固亦说："近者，陆子优游，《新语》以兴。董生下帷，发藻儒林。刘向司籍，辨章旧闻。扬雄覃思，《法言》《太玄》，皆及时君之门闱，究先圣之壶奥，婆婆乎术艺之场，休息乎篇籍之囿，以全其质而发其文，用纳乎圣德，烈炳乎后人，斯非亚与！"②(《汉书·叙传·答宾戏》)可见，实亦将其与西汉几大文学家并列。而《汉书·艺文志》著录战国至西汉赋作，分屈原斌之属、荀卿赋之属、陆贾赋之属、杂斌之属四类，陆贾俨然为其中一类之始祖。刘勰则说："秦世不文，颇有杂赋。汉初词人，顺流而作。陆贾扣其端，贾谊振其绪，枚马播其风，王扬骋其势，皋朔已下，品物毕图。"③(《文心雕龙·诠赋》)，又："汉室陆贾，首发奇采，赋《孟春》而进《新语》，其辩之富矣。"④(《文心雕龙·才略》)可见，在刘勰眼中，陆贾亦俨然为汉赋之开创者。而《新语》某种程度上亦为我们提供了佐证。如姜书阁曰："陆贾《新语》实全用骈用韵，无异于赋。"⑤而周振甫认为《新语》其文，骈散结合，其中某些既骈偶且押韵，估计陆贾之赋，当与它相近。并引《新语·道基》一段为例，云其"既是骈对，又是押韵，跟后来的赋体有相似处，不知是不是陆贾开创出来的赋体"⑥。

由上述可知，陆贾之文学思想主要体现其对汉赋之贡献与影响。何谓赋？《汉书·艺文志》载："传曰：'不歌而诵谓之赋，登高能赋可以为大夫。'"⑦赋乃由《楚辞》发展而来，主要流行于两汉，吸收荀子《赋篇》体制，多采用纵横家之夸张手法，所形成一种兼有诗歌与散文特征之文学体裁。其有大赋与小赋之分，前者多描述宫廷生活，后者多抒发个人情感。其内容可分为五类：渲染宫殿城市，描写帝王游猎，叙述旅行经历，抒发不遇之情，杂谈禽兽草木。而前两者为其代表。

刘勰在《文心雕龙》强调："铺才逦文，体物写志"是赋之特征。"铺才逦文"乃其形式，"体物写志"是其内容。要之，赋之特征概而言之包括不歌而诵、铺采璃文、主客问答等。

而这些特征在《新语》随处可见。陆贾善长铺陈、明于音律、善用排比、

---

① 黄晖撰：《论衡校释》，中华书局1990年版，第1156页。
② ［东汉］班固撰：《汉书》，中华书局1962年版，第4236页。
③ 周振甫著：《文心雕龙今译》，中华书局1986年版，第77页。
④ 周振甫著：《文心雕龙今译》，中华书局1986年版，第418页。
⑤ 姜书阁著：《骈文史论》，人民文学出版社1986年版，第144页。
⑥ 周振甫著：《中国文章学史》，中国文联出版公司1994年版，第102页。
⑦ ［东汉］班固撰：《汉书》，中华书局1962年版，第1755页。

注重对偶，文辞瑰丽多姿，体现出奇辞雄辩特点等，皆与汉赋其何其相通。

首先，注重铺陈。程千帆曾曰："盖敷陈乃赋之本义。"① 早在两汉，扬雄就将赋之特征归纳为"必推类而言，极丽靡之辞，闳侈钜衍，竞于使人不能加也"②（《汉书·扬雄传》）。刘勰亦云："赋者，铺也，铺采攡文，体物写志也。"③（《文心雕龙·铨赋》）可见，赋实乃运用铺陈排比之手法描摹状物，故多有体制宏大、铺张扬厉、纵横捭阖等风格。要之，注重铺陈乃赋之重要特点。而《新语》恰有此特点。如《新语·怀虑》："怀异虑者不可以立计，持两端者不可以定威。故治外者必调内，平远者必正近。纲天下，劳神八极者，则忧不存于家。养气治性，思通精神，延寿命者，则志不于外。据土子民，治国治众者，不可以图利，治产业，则教化不行，而政令不从。苏秦、张仪，身尊于位，名显于世，相六国，事六君，威振山东，横说诸侯，国异辞，人异意，欲合弱而制强，持横而御纵，内无坚计，身无定名，功业不平，中道而废，身死于凡人之手，为天下所笑者，乃由辞语不一而情欲放佚故也。"④ 须指出：《新语》乃散文，自然难以将"铺"发挥得淋漓尽致，况其又是策论，主旨为阐释义理，而非描绘物象，故其与汉赋稍异，然本段却极尽铺陈之手法，并不亚于后世"体物写志"之汉赋。再如《新语·至德》："是以君子之为治也，块然若无事，寂然若无声，官府若无吏，亭落若无民，闾里不讼于巷，老幼不愁于庭，近者无所议，远者无所听，邮无夜行之卒，乡无夜召之征，犬不夜吠，鸡不夜鸣，耆老甘味于堂，丁男耕耘于野，在朝者忠于君，在家者孝于亲；于是赏善罚恶而润色之，兴辟雍庠序而教诲之，然后贤愚异议，廉鄙异科，长幼异节，上下有差，强弱相扶，小大相怀，尊卑相承，雁行相随，不言而信，不怒而威，岂待坚甲利兵、深牢刻令、朝夕切切而后行哉？"⑤ 在此，陆贾为吾辈铺陈描述一幅儒家太平盛世图：无论官府与闾里，或在朝或在家，或卒或民，或老或幼，甚至动物或犬或鸡，皆有触及，如同一幅《清明上河图》般水墨画。此种细描精雕、极尽夸张之能事之铺陈手法与司马相如《上林赋》惊人相似。在《上林赋》中，司马相如以极尽夸张之铺陈手法，曲尽其妙地描绘出八川争艳、群兽毕集、离宫别馆、美玉良石等上林绝世美景，形似一幅美妙绝伦的工笔画。而陆贾在《新语·至德》中所描

---

① 程千帆著：《闲堂文薮》，齐鲁书社1984年版，第130页。
② [东汉]班固撰：《汉书》，中华书局1962年版，第3521页。
③ 周振甫著：《文心雕龙今译》，中华书局1986年版，第75页。
④ 王利器撰：《新语校注》，中华书局2012年版，第144页。
⑤ 王利器撰：《新语校注》，中华书局2012年版，第132页。

述的太平盛世图内容虽与其所不同，但手法却是一样，皆极尽铺陈渲染之能事，力求字字珠玑、句句夺人。由此亦见二者何其相通。

其次，明于音律。《汉书·艺文志》："传曰：'不歌而诵谓之赋。'"① 可见，赋乃脱离"歌"此种音乐形式之诵读方式，故很注重语言音韵节律，力求朗朗上口。故项永琴说："汉赋作者凭借直觉，运用汉语的自然声韵，创造出赋的语言美感。"② 在《新语》中，用韵之例不胜枚举。如《新语·术事》："立事者不离道德，调弦者不失宫商，天道调四时，人道治五常，周公与尧、舜合符瑞，二世与桀、纣同祸殃。"③ 在此，用韵之字有"商""常""殃"三字。又如《新语·怀虑》："故气感之符，清洁明光，情素之表，恬畅和良，调密者固，安静者详，志定心平，血脉乃强，秉政图两，失其中央，战士不耕，朝士不商，邪不奸直，圆不乱方，违戾相错，拨？难匡。"④ 在此，压韵之字有"光""良""详""强""央""商""方""匡"八字，一气呵成，朗朗上口。再如《新语·辅政》："故智者之所短，不如愚者之所长。文公种米，曾子驾羊。相士不熟，信邪失方。察察者有所不见，恢恢者何所不容。朴质者近忠，便巧者近亡。"⑤ 其压韵之字有"长""羊""方""亡"四字。总之，正因为注重用韵，使《新语》音韵和谐，读之铿锵，无形中更增添其"驰辩如波涛"之气势。

再次，善用排比。排比亦是节律的一种表现形式，在汉赋中运用极广，能无形中平添行文之气势。《新语》中排比句比比皆是。如《新语·思务》："故仁者在位而仁人来，义者在朝而义士至。是以墨子之门多勇士，仲尼之门多道德，文王之朝多贤良，秦王之庭多不详。故善者必有所主而至，恶者必有所因而来。夫善恶不空作，祸福不滥生，唯心之所向、志之所行而已矣。"⑥《新语·明诚》："恶政生恶气，恶气生灾异。螟虫之类，随气而生；虹霓之属，因政而见。治道失于下，则天文变于上；恶政流于民，则螟虫生于野。"⑦ 以上两例皆排比整齐，节律一致，铺陈华丽，美不胜收；然皆穷形尽相，曲折尽意，致使辞意丰厚，章节错落，艺术表现力极强。又如《新语·辅政》："故怀刚者久而缺，持柔者久而长，躁疾者为厥速，迟重者为常存，尚勇者为悔近，温厚者行宽舒，怀促急者

---

① ［东汉］班固撰：《汉书》，中华书局1962年版，第1755页。
② 项永琴：《从汉赋研究看陆贾〈新语〉》，《山东大学学报（哲学社会科学版）》2000年第3期。
③ 王利器撰：《新语校注》，中华书局2012年版，第48页。
④ 王利器撰：《新语校注》，中华书局2012年版，第132页。
⑤ 王利器撰：《新语校注》，中华书局2012年版，第62页。
⑥ 王利器撰：《新语校注》，中华书局2012年版，第193页。
⑦ 王利器撰：《新语校注》，中华书局2012年版，第173页。

必有所亏,柔懦者制刚强,……"①再如《新语·思务》:"夫长于变者,不可穷以诈。通于道者,不可惊以怪。审于辞者,不可惑以言。远于义者,不可动以利。……"②皆如水流泉涌不择地而出,且句句切实,使人无招架之功。总之,无论内容,抑或形式,其排比皆如出一辙,充分体现《新语》同汉赋何其相通。

又次,注重对偶。《文心雕龙·丽辞》强调:"偶意共逸韵俱发。"③而《新语》大量使用对偶,力求节律整齐,富有感染力。如《新语·道基》:"故曰:张日月,列星辰,序四时,调阴阳,布气治性,次置五行,春生夏长,秋收冬藏,阳生雷电,阴成霜雪,养育群生,一茂一亡,润之以风雨,曝之以日光,温之以节气,降之以殒霜,位之以众星,制之以斗衡,苞之以六合,罗之以纪纲,改之以灾变,告之以祯祥,动之以生杀,悟之以文章。"④其骈词俪语皆自然所致,率性而发,磊落如珠,工整却不呆板,有高屋建瓴之雄辩却无居高临下之威严。

最后,《新语》语言变化良多,有散文句,有韵文句,有或韵或散,亦韵亦散之句,皆纷呈叠集,形成高下急徐、鳞次而现之声调美。如《新语·至德》:"昔者晋厉、齐庄、楚灵、宋襄,秉大国之权,杖众民之威,军师横出,陵轹诸侯,外骄敌国,内刻百姓,邻国之雠结于外,群臣之怨积于内,而欲建金石之统,继不绝之世,岂不难哉?故宋襄死于泓水之战,三君弑于臣子之手,皆轻师尚威,以至于斯,故《春秋》重而书之,嗟叹而伤之。三君强其威而失国,急其刑而自贼,斯乃去事之戒、来事之师也。"⑤其中有四字一句、五字一句、六字一句、七字一句、八字一句、九字甚至十字一句,变化多端,且时押韵,时不押韵,皆错落有致,如乱石穿空,一气呵成。再如《新语·慎微》:"是以君子居乱世,则合道德,采微善,绝纤恶,修父子之礼,以及君臣之序,乃天地之通道,圣人之所不失也。故隐之则为道,布之则为文,诗在心为志,出口为辞,矫以雅僻,砥砺钝才,雕琢文彩,抑定狐疑,通塞理顺,分别然否,而情得以利,而性得以治,绵绵漠漠,以道制之,察之无兆,遁之恢恢,不见其行,不睹其仁,湛然未悟,久之乃殊,论思天地,动应枢机,俯仰进退,与道为依,藏之于身,优游待时。故道无废而不兴,器无毁而不治。孔子曰:'有至德要道以顺天

---

① 王利器撰:《新语校注》,中华书局2012年版,第61页。
② 王利器撰:《新语校注》,中华书局2012年版,第182页。
③ 周振甫著:《文心雕龙今译》,中华书局1986年版,第314页。
④ 王利器撰:《新语校注》,中华书局2012年版,第2—3页。
⑤ 王利器撰:《新语校注》中华书局2012年版,第136页。

下.'言德行而其下顺之矣。"①亦分别有三字、四字、五字、六字、七字句,甚至九字句,皆率性而为,变化无穷,且内含排比、对偶,富有韵律美。

总之,《新语》擅用铺陈笔法,且经纬交织,宫商杂陈,整齐悠扬,如众星拱月般服务于作者所持意旨,故气势恢弘,说服力极强。且整齐中寓有疏落荡漾,富丽却不伤芜靡,时时处处皆洋溢大江东去,惊涛拍岸之势,却又不失雍容儒雅,闲庭信步之韵味。而铺陈中引经据典,援引古事,有如滚滚波涛,层层推进,气势雄浑,极心纵横捭阖之能事。但陆贾终究是以"马下治天下"为旨归,与汉赋"劝百讽一"之目的不可同日而语。据《史记·郦生陆贾列传》称,陆贾"每奏一篇,高帝未尝不称善,左右呼万岁"②,此轰动效应固与其思想"足开卯金刀溺冠之撷蒙"③(《陆贾新语序》)密切相关,然不可否认,其文形式之美亦于无形之中平添推波助澜之功。

由上述可知,《新语》既纵横恣睢,又从容和缓,文辞谨严,卓尔不群,堪称汉初文坛之奇葩。其骈词骊句、和谐音韵,皆折射着陆赋之时代容光,体现纵横家骋辞雄辩之风格。

然此种风格之形成亦有原因。

首先,时代原因。战国时纵横家们以游说为业,为游说成功,多重言辞修饰,《鬼谷子》中有《权》一篇,专门讲如何注重语言修饰,以求游说成功。而《战国策》是专门记载纵横家游说之史书,其文骋辞雄辩,堪称中国文学史之奇葩。其语言特点主要如下:善用寓言,巧于比喻,长于铺张渲染,体现出奇辞雄辩之特点。善用寓言,如苏代以"鹬蚌相争",说赵惠王不应伐燕,以免强秦坐收其利;陈轸用"画蛇添足",劝楚国将军昭阳要见好就收,不要惹祸上身。巧于比喻,如苏秦以"宁为鸡口,勿为牛后",讽喻韩王不要事秦称臣;邹忌从妻妾和客人的"徐公不如君之美也"之奉承之辞,讽喻齐王要善于纳谏,广开言路。长于铺张渲染,如苏秦说齐王合纵,极力夸张渲染齐国之强,临淄之富,排比对偶层出不穷,文辞瑰丽多姿,如此等等。

秦亡汉兴,但纵横之风一直持续到汉武帝时,直到汉武帝"罢黜百家,独尊儒术",明令不用"申、商、韩非、苏秦、张仪之言"④(《汉书·武帝纪》)时,此风才逐步淡出西汉政治舞台。陆贾处秦末汉初之际,当是时汉中央政权虽已建

---

① 王利器撰:《新语校注》中华书局 2012 年版,第 21 页。
② [西汉] 司马迁撰:《史记》,中华书局 1959 年版,第 2699 页。
③ [明] 范大冲:《陆贾新语序》,见王利器撰《新语校注》,中华书局 2012 年版,第 197 页。
④ [东汉] 班固撰:《汉书》,中华书局 1962 年版,第 156 页。

立，但异性诸侯王依然虎视眈眈，策士们依然可在诸侯王中兜售其纵横长短之术，以牟名利，故纵横之流风依然盛行。而此后当异姓诸侯被剪除，同姓诸侯王却又相继被封，其势依然甚强，故策士依然有活动空间，纵横之风依旧盛行。所谓淮南策士、梁园宾客是也，其言行皆有纵横之色彩。故汉初文学家深受纵横之风浸染，有纵横家余韵。作为汉初文人，陆贾概莫能外。

其次，陆贾名为儒生，实乃亦一个纵横家。主要表现如下：首先，两次出使南越，凭三寸不烂之舌，使南越臣服于汉。其次，游说刘邦，进献《新语》，使其实现从"马上得天下"到"下马治之"转变。最后，当"诸吕擅权，欲劫少主"，刘氏江山岌岌可危时，游说陈平，调协陈平、周勃关系，为兴汉安刘立下汗马功劳。可见陆贾实乃一成功纵横家，故其文纵横色彩浓郁也就在所难免了。

二、史学思想

陆贾乃汉初有深远影响之当代史家。首先，编纂了秦亡汉兴之史学著作《楚汉春秋》，开秦史研究之先河，为司马迁撰写《史记》时全盘照抄，以至《楚汉春秋》湮没不彰。正如班固曰："春秋之后，七国并争，秦兼诸侯，有战国策。汉兴伐秦定天下，有楚汉春秋。故司马迁据左氏、国语，采世本、战国策，述楚汉春秋，接其后事，讫于大汉。其言秦汉，详矣。"①（《汉书·司马迁传》）而刘知己也云："刘氏初兴，书唯陆贾而已。子长述楚汉之事，专据此书。"②（《史通·制言》）可见，"《楚汉春秋》可谓二十四史之先祖"③，定下了秦史研究之基调，对于秦后史学创立，立下第一功。其次，真实地记载楚汉之际的事情，其"史德""足为史家楷模"④。如对刘邦、项羽这对政敌，陆贾并没有"成王败寇"偏见而为尊者讳，而是如实记载项羽"仁而爱人"等英雄事迹及刘邦"溺儒冠"等流氓行为，故王利器曰："则其史德，亦足以风人矣。"⑤ 正因"其史德，亦足以风人"，故其鉴戒史学意识不仅上承孔孟且下启司马迁、班固、司马光等史家，成为传统史学之宝贵遗产。

因《楚汉春秋》湮没不彰，吾辈无从从中窥探陆贾之史学思想。但笔者研

---

① ［东汉］班固撰：《汉书》，中华书局1962年版，第2737页。
② ［唐］刘知己著、张振珮笺注：《史通笺注》，贵州人民出版社1985年版，第268页。
③ 李存山著：《秦后第一儒——陆贾》，载《孔子研究》1992年第3期。
④ 项永琴著：《试论陆贾在学术、思想领域的创造性贡献》，载《烟台师范学院学报》2004年第3期。
⑤ 王利器撰：《新语校注》，中华书局2012年版，第13页。

究《新语》却意外发现其在历史本体论、认识论、方法论、目标论及编纂观等方面，皆有深刻的独到见解，毫不夸张地说，其实乃一具有历史哲学意味之史家，具体贡献如下：

（一）"圣人显仁义"之本体论

历史本体论即历史发展之依据何在。在《新语·道基》篇中，陆贾回顾历史发展之基本进程，揭示其本质特征，表明其历史本体论。在陆贾看来，人类历史乃一不断趋于文明、创制文明之过程。然其文明进步根源和依据何在？陆贾认为有二：一是"圣人成之"，即"圣人"是历史创造之主体。人类历史之发展亦即先圣、中圣、后圣在物质文明、制度文明、精神文明中做出卓越贡献之历程。二是"显仁义"，即圣人在创造历史中显现仁义。他说："所以能统物通变，治情性，显仁义也。"①（《新语·道基》）即圣人之所以能创造历史是因为其能对外统观万物进行变通，对内修炼心性，并在此过程中显现仁义。可见，仁义乃贯穿圣人创造历史过程之主线，是其创造历史之基本准则。换言之，仁义是圣人创造历史之依据。由此可见，陆贾之历史本体论实乃"圣人显仁义"。

为此，一方面，陆贾一再论证"圣王"合体之重要性。所谓"圣"即"内圣"，亦即对内修身，提高道德修养；"王"即"外王"，拥有最高权力。陆贾明确提出："上明而下清，君圣而臣忠。"②（《新语·术事》）可见，在陆贾之"圣王"史观中，对内提高道德修养，对外拥有权力是创造历史之关键。但现实生活中二者却常分离，如孔子即典型只"圣"而不"王"，最终徒叹奈何。陆贾说："故孔子遭君暗臣乱，众邪在位，政道隔于三家，仁义闭于公门，故作公陵之歌，伤无权力于世，大化绝而不通，道德施而不用，故曰：无如之何者，吾未如之何也已矣。"③（《新语·辩惑》）须指出，孔子"无如之何已矣"，固然有"众邪在位"因素，但从根本上乃因其"不在其位"，即不在最高位："王位"，只"圣"而不"王"，故"无以齐其政"，无法施展其治国才华。另外只"王"不"圣"也不行，典型如秦二世。陆贾说："德盛者威广，力盛者骄众。齐桓公尚德以霸，秦二世尚刑而亡。"④（《新语·道基》）秦二世虽有"王"位，最终却"尚刑而亡"，原因就在"道德不存乎身"，说白了只"王"而不"圣"。反之，齐桓公

---

① 王利器撰：《新语校注》，中华书局2012年版，第27页。
② 王利器撰：《新语校注》，中华书局2012年版，第55页。
③ 王利器撰：《新语校注》，中华书局2012年版，第96页。
④ 王利器撰：《新语校注》，中华书局2012年版，第34页。

"尚德"且有拥有君位,既"圣"且"王",故能称霸天下,创造历史。可见"圣王"合体对创造历史何等重要。

另一方面,陆贾也一再强调"怀仁杖义""显仁义"之重要性。陆贾明确提出:"治以道德为上,行以仁义为本"①(《新语·本行》),"夫谋事不并仁义者后必败,殖不固本而立高基者后必崩"②(《新语·道基》),"故圣人卑宫室而高道德,恶衣服而勤仁义"③(《新语·本行》),等等,一再强调君王"功不能自存",治国失败,原因乃"道德不存乎身,仁义不加于下也"④(《新语·本行》)。亦即对内没有加强道德修养,以致对外未能施加"仁义"。最后,以史为鉴,以"虞舜""太公"等行仁义而成功,"知伯"、秦二世等悖离仁义而灭亡,从正反两方面佐证"怀仁杖义""显仁义"之重要性。

(二)"分别纤微,忖度天地"之认识论

陆贾多次谈到历史认识。首先强调历史认识很重要。如在《新语·资质》中举例说:扁鹊在卫国碰到有人病重,欲帮其医治,却被拒绝。其家人找来巫医,结果病人死掉。陆贾感叹道:"夫扁鹊天下之良医,而不能与灵巫争用者,知与不知也。"⑤(《新语·资质》)可见,正确地认识之重要。它是治国成败之关键,亦是以史为鉴之关键。其次,批判厚古薄今历史认识观,批评其是"求远而失近,广藏而狭弃"。最后,强调正确历史认识之获取非常容易。陆贾说:"此天下易知之道,易行之事也,岂有难哉?"⑥(《新语·慎微》)在这"此"即历史认识,陆贾指出获取历史认识并不难。须指出,其本意本非认为认识历史非常容易,而是有的放矢,针对"自古刘项不读书",刘邦文化水平低,鼓励其好好学习历史,最终以史为鉴。

那么,如何认识历史呢?陆贾从历史哲学高度对其认识论进行了探讨。

陆贾说:"故圣人怀仁杖义,分明纤微,忖度天地,危而不倾,佚而不乱者,仁义之所治也。"⑦(《新语·道基》)即圣人以史为鉴,"分别纤微,忖度天地"才认识到国家之所以"危而不倾,佚而不乱"是因为以仁义治理国家。在这

---

① 王利器撰:《新语校注》,中华书局2012年版,第159页。
② 王利器撰:《新语校注》,中华书局2012年版,第34页。
③ 王利器撰:《新语校注》,中华书局2012年版,第167页。
④ 王利器撰:《新语校注》,中华书局2012年版,第164页。
⑤ 王利器撰:《新语校注》,中华书局2012年版,第124页。
⑥ 王利器撰:《新语校注》,中华书局2012年版,第104页。
⑦ 王利器撰:《新语校注》,中华书局2012年版,第29页。

"仁义"既是国家治理的根本之道,也是历史发展之基本法则。整个人类社会亦即一讲仁义、施仁政而兴;弃仁义,施暴政而亡之历史。而"分别纤微,忖度天地"之目的乃探求历史发展之法则。故历史认识就是在"仁义"学说指导下,圣人"分别纤微,忖度天地"即从"纤微"亦微观,及"天地"亦即宏观两方面全面分析考察各种情形,寻求历史法则之过程。可见"分别纤微,忖度天地"即陆贾之历史认识论。

那么,如何"分别纤微,忖度天地",认识历史发展之法则?

首先,不"情欲放溢"。《新语·资质》:"凡人莫不知善之为善,恶之为恶;莫不知学问之有益于己,怠戏之无益于事也。然而为之者情欲放溢,而人不能胜其志也。"①陆贾认为其实为政者最初亦能以史为鉴,明辨何谓善恶,知道好学有益而怠戏有害,但最终会违背它,就在"情欲放溢"即放纵情欲,蒙蔽良心。故要"分别纤微,忖度天地"首先须不为情欲所累。

陆贾以苏秦、张仪为例。说二人曾经"身尊于位,名显于世,相六国,事六君,威振山东",结果"功业不平,中道而废,身死于凡人之手,为天下所笑者",其主要原因之一"乃由辞语不一,而情欲放佚故也",亦即"情欲放溢"。

其次,不为"众邪"谣言所惑。陆贾充分意识到"众邪"谣言之危害,说:"夫众口毁誉,浮石沈木。群邪相抑,以直为曲。视之不察,以白为黑。夫曲直之异形,白黑之殊色,乃天下之易见也,然而目缪心惑者,众邪误之。"②(《新语·辨惑》)在此陆贾明确指出:虽然是非曲直一目了然,但人主却分不清是非,认不清历史真相,根源就在其为"众邪"谣言所惑。接着陆贾又以赵高指鹿为马,愚弄秦二世;曾母闻三意乱,投杼而逃;鲁定公听信邪臣,不用孔子为例,说明邪臣谣言对人们辨别是非,认清历史真相干扰何其之大。最后陆贾强调:"夫流言之并至,众人之所是非,虽贤智不敢自毕,况凡人乎?"③(《新语·辨惑》)故要"分别纤微,忖度天地",认清历史真相,就须不为"众邪"谣言所惑。

要之,要想取得正确历史认识并不容易。为此就须坚持"分别纤微,忖度天地"之认识论。唯如此方可"正心一坚,久而不忘""执一统物,虽寡必众",获得正确历史认识。

---

① 王利器撰:《新语校注》,中华书局2012年版,第129页。
② 王利器撰:《新语校注》,中华书局2012年版,第85页。
③ 王利器撰:《新语校注》,中华书局2012年版,第88页。

(三)"因则权行"之方法论

方法论即人们认识世界、改造世界之根本方法。它指导人们用什么样的方式、方法观察事物及处理问题。陆贾从历史哲学的高度,提出自己独特之历史方法论。《新语·术事》云:"故制事者因其则,服药者因其良。书不必起仲尼之门,药不必出扁鹊之方,合之者善,可以为法,因世而权行。"① 亦即对待历史要因应、把握其基本准则,并在此基础上依据事物具体情况权变执行;只要认识准确即可,不一定非要符合孔子等权威人士之主张。简称"因则权行"。它是认识历史、创造历史之根本方法,故其即陆贾之历史方法论。其要求把"仁义"与"道"看作认识历史、创造历史之基本准则,但并不主张恪守教条,而是具体问题具体分析,进行权变。这与先秦儒家"执经达权"之治道方法论一脉相承,是其在历史领域中运用和进一步发展。②

那么,如何做到"因则权行"呢?首先,应把握坚持仁义道德之历史规则,陆贾认为历史现象尽管纷繁复杂,但其却有"共性""共相"亦即基本规则。他说:"事以类相从,声以音相应,道唱而德和,仁立而义兴。"③(《新语·术事》)"事以类相从,声以音相近"说明人类社会有其"共性"即通行之历史法则,"道唱而德和,仁立而义兴"亦即这种历史法则即仁义道德。陆贾认为,人类社会之历史即讲仁义道德而兴,弃仁义道德而亡之发展史。其次,在把握、坚持仁义道德原则时又要具体问题具体分析,适当变通。如陆贾特别推伊尹、管仲等王霸之才,说:"是以伊尹负鼎,……克夏立商,诛逆征暴,除天下之患,辟残贼之类,然后海内治、百姓宁。"④(《新语·慎微》)"故管仲相桓公,……尊其君而屈诸侯,权行于海内,化流于诸夏。"⑤(《新语·慎微》)其实伊尹、管仲等人都曾一臣事二主,于道德皆有点瑕疵,而陆贾却对其大加颂扬,正体现其历史观能"权行",进行变通之一面。

---

① 王利器撰:《新语校注》,中华书局2012年版,第51页。
② 何谓经?《中庸》:"凡为天下国家有九经,曰:修身也、尊贤也、亲亲也、敬大臣也、体群臣也、子庶民也、来百工也、柔远人也、怀诸侯也。"可见,"经"指基本之管理原则。何谓权?《论语·子罕》:"可与共学,未可与适道;可与适道,未可与立;可与立,未可与权。"可见,"权"指随机应变之管理技巧。故所谓"执经达权"指在管理过程中既坚持管理原则,又具体问题具体分析,灵活变通。故"因则权行"实是"执经达权"治道方法论在历史领域中运用,是其进一步发展。
③ 王利器撰:《新语校注》,中华书局2012年版,第55页。
④ 王利器撰:《新语校注》,中华书局2012年版,第101页。
⑤ 王利器撰:《新语校注》,中华书局2012年版,第147页。

（四）"善言古者合之于今"之目标论

陆贾说："善言古者合之于今，能述远者考之于近。故说事者上陈五帝之功，而思之于身，下列桀、纣之败，而戒之于己。"①（《新语·术事》）须指出："今""近"，指现实政治，而"身""己"则指统治者个人政治利益；而"合""考""思""戒"亦即"符合""服务""帮助""鉴戒"。可见，研究、探讨"古""远""五帝之功""桀纣之败"等历史，是为服务于"今""近""身""己"等现实政治，是以古鉴今。故"善言古者合之于今"乃陆贾之史学目标论。

在陆贾看来，历史学与政治学密不可分的。历史学研究过去之政治，其任务乃揭示成败得失之经验教训，为现实政治提供资鉴。换言之，历史学亦即政治学。故史学之基本功用在鉴戒。故陆贾一再说："斯乃去事之戒，来事之师也。"②（《新语·至德》）又说："追治去事，以正来世。"③（《新语·本行》）那么，为什么能以古鉴今呢？陆贾说："故古人之所行者，亦与今世同。"④（《新语·术事》）"万世不易法，古今同纪纲。"⑤（《新语·术事》）亦即历史的发展是有规则的，古今并无多大区别。故可以以古鉴今。那么，如何以古鉴今呢？陆贾在《新语·无为》以虞舜、周公、始皇为例，说虞舜、周公用礼乐而无为而治，而秦始皇"设刑法""筑长城""征大吞小"却天下大乱。最后陆贾以古（虞舜、周公、始皇）鉴今得出："道莫大于无为，行莫大于谨敬。"⑥（《新语·无为》）又说："故无为者乃有为者也。"（《新语·无为》⑦）可见，只有实施"无为"政治，休养生息，汉王朝方能避秦之失，长治久安。

而《新语》本身就"善言古者合之于今"，以古鉴今之结果。据《史记·郦生陆贾列传》载，当陆贾以"居马上得之，宁可马上治之乎"折服汉高祖时，高祖提出："试为我著秦所以失天下，吾所以得之者何，及古成败之国。"⑧ 于是"陆生乃粗述存亡之微，凡著十二篇，高帝未尝不称善，左右呼万岁，号其书曰

---

① 王利器撰：《新语校注》，中华书局2012年版，第43页。
② 王利器撰：《新语校注》，中华书局2012年版，第136页。
③ 王利器撰：《新语校注》，中华书局2012年版，第159页。
④ 王利器撰：《新语校注》，中华书局2012年版，第48页。
⑤ 王利器撰：《新语校注》，中华书局2012年版，第50页。
⑥ 王利器撰：《新语校注》，中华书局2012年版，第68页。
⑦ 王利器撰：《新语校注》，中华书局2012年版，第68页。
⑧ ［西汉］司马迁撰：《史记》，中华书局1959年版，第2699页。

《新语》"①。可见在刘邦和陆贾看来，史学研究之目的在总结治国成败，为汉王朝寻求"长久之术也"，亦即以古鉴今。亦可见，"善言古者合之于今"乃陆贾之史学目标论。

（五）"设道者易见晓而达不能之行"的编纂观

陆贾说："故设道者易见晓，所以通凡人之心，而达不能之行。"②（《新语·慎微》）何谓"道"？陆贾说："道者，人之所行也。夫大道履之而行，则无不能，故谓之道。"③（《新语·慎微》）可见，"道"即治道规律，是人们在遵守并无往而不胜的源泉。何谓"设道者"？即贯彻治道规律的人，可是为政者，亦可是历史编纂者，在此，笔者取后者意。本句大意为历史编纂者贯彻历史发展之治道规律时应该简易通俗，既与普通人心思相通又有其想说而没说出的见识。简称为"设道者易见晓而达不能之行"。显然，它体现着陆贾之史学编纂意识，故是其史学编纂观。一方面，它要求史学论著编纂语言要"矫以雅僻，砥砺钝才，雕琢文彩"，即要"通凡人之心"。此实强调要有"史才"。另一方面，它要求其观点一定要鲜明，"抑定狐疑，通塞理顺，分别然否"，亦即要"达不能之行"。此实强调要有"史识"，强调历史编纂要有见识，有独到见解。应该说陆贾是一个有"史识"的史学家。如其对"杀身成仁"和"避世修身"观点，并不认可。而传统儒家则相反。如《论语·卫灵公》："志士仁人，无求生以害仁，有杀身以成仁。"④ 显然孔子对"杀身成仁"评价极高。而孔子曾说："道不行，乘桴浮于海。"⑤（《论语·公冶长》）孟子则说："穷则独善其身，达则兼善天下。"⑥（《孟子·尽心上》）显然孔孟对不得志时"避世修身"是认可的。而陆贾则说："故杀身以避难则非计也，怀道而避世则不忠也。"⑦（《新语·慎微》）显然对盲目"杀身成仁"及消极"避世修身"皆批评，强调君子在乱世既要勇于进取，坚守仁义，又要懂得策略、保护自己。这充分体现陆贾独特的"史识"。

综上所述，陆贾乃一具有历史哲学意味之当代史家。无论在历史本体论、认识论、方法论、目标论及历史编纂观等方面皆有深刻的独到见解。

---

① ［西汉］司马迁撰：《史记》，中华书局1959年版，第2699页。
② 王利器撰：《新语校注》，中华书局2012年版，第106页。
③ 王利器撰：《新语校注》，中华书局2012年版，第106页。
④ 程树德撰：《论语集释》，中华书局2010年版，第1073页。
⑤ 程树德撰：《论语集释》，中华书局2010年版，第299页。
⑥ ［清］焦循撰：《孟子正义》，中华书局1987年版，第891页。
⑦ 王利器撰：《新语校注》，中华书局2012年版，第109页。

三、哲学思想

（一）"天人合策"之本体论

《新语·道基》篇开篇："传曰：'天生万物，以地养之，圣人成之。'功德参合，而道术生焉。"① 何谓"参"？《荀子·天论》："天有其时，地有其财，人有其治，夫是之谓能参。"可见在天地人三才中，人之功德与天地齐等，故谓之"参"。而天地人各有其道，谓之天道、地道、人道。而地道可归于天道，故概而言之，可分为两类：天道和人道。而二者分别分辖不同领域，陆贾明确指出："天道调四时，人道治五常。"②（《新语·术事》）亦即天道调理自然界四时运行，人道治理人类社会人伦秩序。何谓天道？陆贾说："故曰：张日月，列星辰，序四时，调阴阳，布气治性，次置五行，春生夏长，秋收冬藏，阳生雷电，阴成霜雪，……改之以灾变，告之以祯祥，动之以生杀，悟之以文章。"③（《新语·道基》）可见，天道亦即自然万物运行之规律。何谓人道？陆贾说："于是先圣乃仰观天文，俯察地理，图画乾坤，以定人道，民始开悟，知有父子之亲，君臣之义，夫妇之别，长幼之序。于是百官立，王道乃生。"④（《新语·道基》）须指出：在此"人道"之主要内容即"王道"，即所谓"父子之亲，君臣之义，夫妇之别，长幼之序"等人类社会有序运行之规律。而这恰是"仰观天文，俯察地理"之结果，可见，人道不过是对天道之效法。亦即其在《新语·明诚》所云："《易》曰：'天垂象，见吉凶，圣人则之。'……"⑤ 简称"圣人则天"。最后其明确说："天人合策，原道悉备"⑥。（《新语·道基》）亦即天道与人道运行策略是合一的，所有道都在其中，其本质亦即传统之"天人合一"思想。故"天人合策"实是陆贾哲学之本体论。

陆贾"天人合策"思想内含"天人感应"与"天人相分"两方面内容：

（1）"天人感应"。首先，天与人性相通相应。《新语·术事》："故性藏于

---

① 王利器撰：《新语校注》，中华书局2012年版，第1页。
② 王利器撰：《新语校注》，中华书局2012年版，第2-3页。
③ 王利器撰：《新语校注》，中华书局2012年版，第1页。
④ 王利器撰：《新语校注》，中华书局2012年版，第10页。
⑤ 王利器撰：《新语校注》，中华书局2012年版，第175页。
⑥ 王利器撰：《新语校注》，中华书局2012年版，第21页。

人，则气达于天，纤微浩大，下学上达，事以类相从，声以音相应。"① 此显然与邹衍所云"类同相召，气同相合，声比相应"感应原理一脉相承，后被董仲舒继承与发展，董仲舒说："天两有阴阳之施，身亦两有贪仁之性。"②（《春秋繁露·深察名号》）"天亦有喜怒之气、哀乐之心，与人相副。以类合之，天人一也。"③（《春秋繁露·阴阳义》）显然三者都认为天性与人性相通相应，天人是合一的。其次，治道与天亦相通相应。陆贾说："治道失于下，则天文变于上；恶政流于民，则螟虫生于野。"④（《新语·明诫》）并明确提出："改之以灾变，告之以祯祥。"⑤（《新语·道基》）可见"治道"与"天文"相通，并能通过"灾变""祯祥"感应；而董仲舒之天人感应论、"灾异谴告"说正与此一脉相承，他说："国家将有失道之败，而天乃先出灾害以谴告之，不知自省，又出怪异以警惧之，尚不知变，而伤败乃至。"⑥（《汉书·董仲舒传》）

显然，陆贾之"天人感应"思想是以其"天人合策"为其理论基础，反映天道与人道、自然和社会之间确有某些共同规律。但过分强调此种同一，甚至抹煞其本质区别，必然导致或将自然规律机械搬用到人类社会，或将人类社会之道德属性强加给自然界，最终变成谬误。

（2）"天人相分"。在天人关系上陆贾虽有过于强调其同一性之不足，但其对二者区别亦并非没有关注，相反某些论述尚颇为精彩。如：首先，指出天道与人道适用范围不同，他说："天道调四时，人道治五常。"⑦（《新语·术事》）亦即天道主要调节四季运行，人道则主要调节人伦秩序。其次，明确提出兴亡由人、治乱非天之主张，他说："尧、舜不易日月而兴，桀、纣不易星辰而亡，天道不改而人道易也。……故世衰道失，非天之所为也，乃君国者有以取之。"⑧（《新语·明诫》）可见兴衰败亡责任不在天而在国君自己。他又说："故安危之要，吉凶之符，一出于身；存亡之道，成败之事，一起于善行。"⑨（《新语·明诫》）在此，陆贾再一步指出：安危、吉凶、成败主要还在国君是否修身，是否

---

① 王利器撰：《新语校注》，中华书局2012年版，第55页。
② [清] 苏舆撰、钟哲点校：《春秋繁露义证》，中华书局1992年版，第363－364页。
③ [清] 苏舆撰、钟哲点校：《春秋繁露义证》，中华书局1992年版，第418页。
④ 王利器撰：《新语校注》，中华书局2012年版，第173页。
⑤ 王利器撰：《新语校注》，中华书局2012年版，第2－3页。
⑥ [东汉] 班固撰：《汉书》，中华书局1962年版，第2498页。
⑦ 王利器撰：《新语校注》，中华书局2012年版，第48页。
⑧ 王利器撰：《新语校注》，中华书局2012年版，第170、173页。
⑨ 王利器撰：《新语校注》，中华书局2012年版，第170页。

言行得当。最后，明确反对"天人感应"。如在《怀虑》中批评"论不验之语，学不然之事，图天地之形，说灾变之异"① 是"异圣人之意，惑学者之心，移众人之志"②，这显然与荀子"天人相分"思想一脉相承，与其前面所强调"天人感应"观点相矛盾。为何会如此？笔者推测，大概与其乃两大儒荀子与董仲舒之过渡环节不无关系，故其学说既有前者"天人相分"之影响，又有后者"天人感应"之萌芽。

（二）"观天察地"之认识论

陆贾说："于是先圣乃仰观天文，俯察地理，图画乾坤，以定人道，民始开悟，知有父子之亲，君臣之义，夫妇之别，长幼之序。于是百官立，王道乃生。"③（《新语·道基》）"民始开悟，知有父子之亲，君臣之义，夫妇之道，长幼之序"亦即百姓对人道有正确认识。陆贾指出：百姓之所以知道、认识"人道"是因为先圣"定人道"，而先圣"定人道"之依据乃"仰观天文，俯察地理"，是"观天察地"之结果。故"观天察地"乃陆贾之认识论。须指出，陆贾之认识论有两层含义：其一，认识是人对"天地"亦即外界世界之反映；其二，要认识世界即须"观察"，亦即发挥人之主观能动性。可见陆贾之认识论乃一由物到人之认识论，与马克思唯物主义认识论英雄所见略同。

陆贾"观天察地"之认识论有如下三层含义：

（1）政治实践是认识之动力。陆贾说："民知畏法，而无礼义；于是中圣乃设辟雍庠序之教，以正上下之仪，明父子之礼，君臣之义，使强不凌弱，众不暴寡，弃贪鄙之心，兴清洁之行。"④（《新语·道基》）在此陆贾指出：中圣之所以要"设辟雍庠序之教"，让百姓"明父子之礼、君臣之义"亦即对"父子之礼，君臣之义"有正确认识，根源乃"民知畏法，而无礼义"之治国实践困境。换言之，是治国实践之需要，是针对"民知畏法，而无礼义"治理困境，如何达到"使强不凌弱，众不暴寡，弃贪鄙之心，兴清洁之行"治国目的需要。可见政治实践是认识的动力。

（2）政治实践是认识之最终目的。为此陆贾来历批评那么脱离社会实践之所谓"求道者"。他说："由人不能怀仁行义，分别纤微，忖度天地，乃苦身劳

---

① 王利器撰：《新语校注》，中华书局 2012 年版，第 153 页。
② 王利器撰：《新语校注》，中华书局 2012 年版，第 153 页。
③ 王利器撰：《新语校注》，中华书局 2012 年版，第 10 页。
④ 王利器撰：《新语校注》，中华书局 2012 年版，第 19 – 20 页。

形，入深山，求神仙，弃二亲，捐骨肉，绝五谷，废诗、书，背天地之宝，求不死之道，非所以通世防非者也。"①（《新语·慎微》）须指出，此所指之"求不死之道"的"道"即"神仙之术"，是一种脱离社会实践完全不可实现之虚无缥缈认识，陆贾认为追求此种认识是"非所以通世防非者也"，是完全错误的。他又说："夫播布革，乱毛发，登高山，食木实，视之无优游之容，听之无仁义之辞，忽忽若狂痴，推之不往，引之不来，当世不蒙其功，后代不见其才，君倾而不扶，国危而不持，寂寞而无邻，寥廓而独寐，可谓避世，而非怀道者也。故杀身以避难则非计也，怀道而避世则不忠也。"②（《新语·慎微》）陆贾认为："播布革，乱毛发，登高山，食木实"这类人只能算是避世者，"非怀道者也"，因为"当世不蒙其功，后代不见其才，君倾而不扶，国危而不持"；换言之，他们"求道"对现实政治实践毫无益处，最后陆贾指责他们"怀道而避世则不忠"。可见在陆贾看来，求道或者说追求认识，其目的还是服务现实政治实践，换言之，政治实践是认识之最终目的。

（3）政治实践是检验真理之唯一标准。陆贾说："夫世人不学《诗》《书》，存仁义，尊圣人之道，极经艺之深，乃论不验之语，学不然之事，图天地之形，说灾变之异，乖先王之法，异圣人之意，惑学者之心，移众人之志，指天画地，是非世事，动人以邪变，惊人以奇怪，听之者若神，视之者如异；然犹不可以济于厄而度其身，或触罪□□法，不免于辜戮。故事不生于法度，道不本于天地，可言而不可行也，可听而不可传也，可□翫而不可大用也。"③（《新语·怀虑》）在此，陆贾对当时流行之"灾变之异""不验之语"进行批评，指责其"异圣人之意，惑学者之心"；并指出尽管其可使"听之者若神"，亦即使人感觉神乎其神，但最终却"然犹不可以济于厄而度其身，或触罪□□法，不免于辜戮"亦即最终会在现实政治实践中碰壁。在此，陆贾实则已涉及什么是检验真理之唯一标准。在陆贾看来，政治实践是一种政治认识是否正确之唯一标准，这与马克思主义认识论所强调的"实践是检验真理的唯一标准"是一致的。

须指出，陆贾所强调之认识主要是政治认识，其所强调之实践亦主要是政治实践或者说治理实践，此其认识论之显著特点。

---

① 王利器撰：《新语校注》，中华书局2012年版，第106页。
② 王利器撰：《新语校注》，中华书局2012年版，第109页。
③ 王利器撰：《新语校注》，中华书局2012年版，第153–154页。

（三）"统物通变"之辩证法

陆贾在《道基》中刻画了一幅人类社会发展史，即一幅由先圣、中圣、后圣分别在物质文明、制度文明、精神文明中作出卓越贡献之演进史。那么，圣人为何能作出如此大的贡献呢？他总结说："所以能统物通变，治情性，显仁义也。"①（《新语·道基》）即圣人之所以能创造历史乃因其能对外统观万物，进行变通，并在此过程中显现仁义。换言之，"统物通变"贯穿圣人创造历史过程之始终，是其创造历史之根本原因。故其实则是陆贾哲学之辩证法。为此，陆贾在矛盾观、联系观、发展观皆提出了独特看法。

1. 矛盾观

《新语·道基》中内含有不少关于矛盾之论述。

首先，矛盾普遍存在。陆贾指出：天下万物：上至日月星辰、春夏秋冬四时变化，下至"跂行喘息，蜎飞蠕动之类，水生陆行，根著叶长之属"，都是由于"气感相应而成者也"②（《新语·道基》）。在此，"气"即阴阳二气，亦即矛盾。陆贾认为天下万物皆因阴阳二气这对矛盾而产生，故矛盾内含天下万物之间，无处不在，此即矛盾之普遍性。人类社会也不例外，陆贾在《新语》提出多对社会矛盾，如：德与刑、仁与威、义与利、善与恶、福与祸及有为与无为等。在所有这些矛盾中，陆贾又紧紧抓住德与刑这对主要矛盾，得出"以仁义为本""无为为用"之治道思想。

其次，矛盾既有对立也有统一。一方面，某些矛盾是无法调和。他说："忠进谗退，直立邪亡，道行奸止，不得两张。"③（《新语·道基》）"不得两张"亦即无法调和，意即告诫人主：忠与谗、直与邪、道与奸等矛盾是不可调和，故一定要去邪任贤。另一方面，某些矛盾是可调和的，他以大禹治水为例："禹乃决江疏河，通之四渎，致之于海，大小相引，高下相受，百川顺流，各归其所。"④（《新语·道基》）在此，"大小""高下"等矛盾却相反相成，互相补充。

最后，矛盾双方可互相转化。须指出，陆贾并非单纯揭露矛盾，而是着眼其同一性，强调其相互转化。他以始皇父子盲目有为为例，说："事逾烦天下逾乱，

---

① 王利器撰：《新语校注》，中华书局2012年版，第27页。
② 王利器撰：《新语校注》，中华书局2012年版，第8页。
③ 王利器撰：《新语校注》，中华书局2012年版，第32页。
④ 王利器撰：《新语校注》，中华书局2012年版，第15页。

法逾滋而天下逾炽，兵马益设而敌人逾多。"①（《新语·无为》）在此陆贾提示：一味有为，盲目蛮干，就会由好转坏，适得其反。他又说："故怀刚者久而缺，持柔者久而长，躁疾者为厥速，迟重者为常存，尚勇者为悔近，温厚者行宽舒，怀急促者必有所亏，柔懦者制刚强。"②（《新语·辅政》）此进一步说明刚与柔、躁疾与迟重等矛盾对立面都会物极必反，相互转化。最后，陆贾一再强调要从己、从内、从小、从近做起，促进事物转化。说："夫建大功于天下者必先修于闺门之内，垂大名于万世者必先行之于纤微之事。"③（《新语·慎微》）"行之于亲近而疏远悦，修之于闺门之内而名誉驰于外。"④（《新语·道基》）"故求远者不可失于近，治影者不可忘其容。"⑤（《新语·术事》）"修之于内，著之于外；行之于小，显之于大。"⑥（《新语·慎微》）"故治外者必调内，平远者必正近。"⑦（《新语·怀虑》）。不难看出，陆贾对大小、远近、内外之间之辩证转化理解是清醒的，意在告诫人主按照这种由内到外、由近及远、由小到大模式加强道德修养，便可以像"汤武之君""伊吕之臣"那样促进矛盾转化，最终"以寡服众，以弱制强"取得成功。

2. 联系观

陆贾十分重视事物之间的普遍联系。他用"通"表示事物之间之联系。

陆贾说："修父子之礼，以及君臣之序，乃天地之通道，圣人之所不失也。"⑧（《新语·慎微》）在此，"通"即普遍性。陆贾把"父子之礼""君臣之序"等治道说成是"天地之通道"，亦即天地之间的普遍规律。而规律亦即内在的、本质的、必然的普遍联系。可见，陆贾认为人类社会存在某种普遍联系。他又说："故设道者易见晓，所以通凡人之心，而达不能之行。"⑨（《新语·慎微》）亦即为政者或者说历史编纂者贯彻治道规律时应"通凡人之心"亦即应该简易通俗，让普通人皆产生心灵共鸣。为何能如此？因为"道"是人类社会之普遍规律，亦即普遍联系，故不同的人皆能产生心灵共鸣。

---

① 王利器撰：《新语校注》，中华书局2012年版，第71页。
② 王利器撰：《新语校注》，中华书局2012年版，第61页。
③ 王利器撰：《新语校注》，中华书局2012年版，第101页。
④ 王利器撰：《新语校注》，中华书局2012年版，第29页。
⑤ 王利器撰：《新语校注》，中华书局2012年版，第55页。
⑥ 王利器撰：《新语校注》，中华书局2012年版，第101页。
⑦ 王利器撰：《新语校注》，中华书局2012年版，第144页。
⑧ 王利器撰：《新语校注》，中华书局2012年版，第21页。
⑨ 王利器撰：《新语校注》，中华书局2012年版，第106页。

为此陆贾以历史规律为例说人类社会发展亦有其普遍联系。他在《新语·术事》篇中说："善言古者合之于今，能述远者考之于近。故说事者上陈五帝之功，而思之于身，下列桀、纣之败，而戒之于己，则德可以配日月，行可以合神灵。"①为何要"善言古者合之于今"呢？因可古为今用。为何可古为今用？陆贾说："故古人之所行者，亦与今世同。"②（《新语·术事》）亦即古今之间具有某种相同的普遍联系，这种普遍联系即历史发展普遍规律亦即道。故陆贾说："道近不必出于久远，取其致要而有成。《春秋》上不及五帝，下不至三王，述齐桓、晋文之小善，鲁之十二公，至今之为政，足以知成败之效，何必于三王？故古人之所行者，亦与今世同。立事者不离道德，调弦者不失宫商，天道调四时，人道治五常，周公与尧、舜合符瑞，二世与桀、纣同祸殃。……文王生于东夷，大禹出于西羌，世殊而地绝，法合而度同。故圣贤与道合，愚者与祸同，怀德者应以福，挟恶者报以凶，德薄者位危，去道者身亡，万世不易法，古今同纪纲。"③（《新语·术事》）在此，陆贾明确提出"万世不易法，古今同纪纲"的观点，实是看到历史发展有普遍规律，此即其普遍联系。须指出，陆贾强调这点，其目的还是为现实政治服务，意在告诫统治者，无论是古人还是今人，也无论出自东夷还是西羌，治国还是遵循其共同、普遍法度，亦即其治道规律，亦即"立事者不离道德"等，遵循它，便可如尧舜、周公一样成圣人；反之，就如桀纣、秦二世一样成为千古罪人。

总之，陆贾强调"通"，主张现实社会及古今历史之间存在普遍联系，意在强调其中存在普遍的治道规律，其核心亦即"治以道德为上、行以仁义为本"。故说到底，陆贾谈普遍联系，"此务为治者也"亦即为治国实践服务。

3. 发展观

首先，天下万物是运动变化的。陆贾在《新语·道基》中指出天下万物都是"气感相应而成者也"，亦即都是阴阳二气感应而生。他又说："阳生雷电，阴成霜雪，养育群生，一茂一亡，润之以风雨，曝之以日光，温之以节气，降之以殒霜。"④（《新语·道基》）可见雷电、雪霜等天下万物皆因阴阳二气感应而生，同样何曾不也是因为二者感应而运动变化呢。

其次，人类社会是变化发展的。与认为天下万物是运动变化略有不同，陆贾认为：人类社会则不但是运动变化的，更是变化发展的。

---

① 王利器撰：《新语校注》，中华书局2012年版，第43页。
② 王利器撰：《新语校注》，中华书局2012年版，第48页。
③ 王利器撰：《新语校注》，中华书局2012年版，第48、50页。
④ 王利器撰：《新语校注》，中华书局2012年版，第3页。

陆贾认为：人类社会是一个由先圣到中圣再到后圣的进化过程。其中先圣的功绩主要在物质文明，如："天下人民，野居穴处，未有室屋，则与禽兽同域。于是黄帝乃伐木构材，筑作宫室，上栋下宇，以避风雨。"①（《新语·道基》）而中圣的功绩主要在制度文明，如："民知畏法，而无礼义；于是中圣乃设辟雍庠序之教，以正上下之仪，明父子之礼、君臣之义，……"②（《新语·道基》）而后圣的主要功绩在精神文明，如："礼义不行，纲纪不立，后世衰废；于是后圣乃定《五经》，明《六艺》，……以绪人伦，……以节奢侈，正风俗，通文雅。"③（《新语·道基》）总之，人类社会是不断进化，是一个由先圣创造物质文明到中圣创造制度文明再到后圣创造精神文明的历程。④

为此陆贾对"厚古薄今"思想进行批判："世俗以为自古而传之者为重，以今之作者为轻，淡于所见，甘于所闻，惑于外貌，失于中情。"⑤（《新语·术事》）在陆贾看来，"厚古薄今"实是"淡于所见，甘于所闻"亦即轻视所见，迷信传闻。并明确提出"厚今薄古"主张，说："善言古者合之于今，能述远者考之于近。"⑥（《新语·术事》）最后，陆贾强调要因时变通。他说："故制事者因其则，服药者因其良。书不必起仲尼之门，药不必出扁鹊之方，合之者善，可以为法，因世而权行。"⑦（《新语·术事》）在此，陆贾明确提出"因世而权行"

---

① 王利器撰：《新语校注》，中华书局2012年版，第13页。
② 王利器撰：《新语校注》，中华书局2012年版，第19－20页。
③ 王利器撰：《新语校注》，中华书局2012年版，第21页。
④ 《易传》成书于何时，尚有争议，或曰战国，或曰汉代。故其与《新语》成书时间孰先孰后尚难定论，但二者的社会发展观却惊人相似，存在互相影响，却是不争事实。如《易传·系辞》："古者包牺氏之王天下也，仰则观象于天，俯则观法于地，观鸟兽之文，与地之宜，近取诸身，远取诸物，于是始作八卦，以通神明之德，以类万物之情。作结绳而为罔罟，以佃以渔，盖取诸离。包牺氏没，神农氏作，斲木为耜，揉木为耒，耒耨之利，以教天下，盖取诸益。日中为市，致天下之民，聚天下之货，交易而退，各得其所，盖取诸噬嗑。神农氏没，黄帝、尧、舜氏作，通其变，使民不倦；神而化之，使民宜之。易穷则变，变则通，通则久。是以自天祐之，吉无不利。黄帝、尧、舜垂衣裳而天下治，盖取诸乾、坤。"从罔罟到耒耜的设计造物，同时也反映了先民设计造物的演进史。"作结绳而为罔罟，以佃以渔，盖取诸离。"即包牺氏以绳设计创造捕兽、捕鱼之网与罟源自《离》卦，其间接反映先民设计创造渔猎工具之历史。"包牺氏没，神农氏作，斲木为耜，揉木为耒，耒耨之利，以教天下，盖取诸益。"即神农用木设计创造耒耨则源自《益》卦，间接反映了先民设计创造农耕工具之历史。可见，由罔罟到耒耜之设计造物史其实就是由渔猎时代进入农耕文明之演进史。换言之，人类社会之历史其实是一部由渔猎文明到农耕文明的演进史。可见人类社会是向前发展，《易传》坚持了历史进化论。这与陆贾的社会发展观惊人相似。陆贾认为：人类社会是一个由先圣创造物质文明到中圣创造制度文明再到后圣创造精神文明的进化过程。二者都强调应顺应时代进步进行变通，前者强调"易穷则变"，后者强调"统物通变"，都是强调"穷则思变""革故鼎新"，而非墨守陈规、食古不化。
⑤ 王利器撰：《新语校注》，中华书局2012年版，第45页。
⑥ 王利器撰：《新语校注》，中华书局2012年版，第43页。
⑦ 王利器撰：《新语校注》，中华书局2012年版，第51页。

主张，充分体现其历史进化论，是先秦法家"论世之事，因为之备"①（《韩非子·五蠹》）观点的继承与发展。

须指出：陆贾哲学思想的核心是政治哲学，即治国之道，简称治道。其哲学思想无论是本体论、认识论还辩证法皆为治国服务。正如戴彦升曰："道基篇原本天地，历述先圣，终论仁义。"②"原本天地，历述圣人"亦即谈天、谈地、谈人，亦即谈哲学。"终论仁义"最终是为了谈仁义，而仁义是陆贾治道之核心，故仁义代称治道，故谈哲学最终是为谈治道。可见，陆贾哲学最终是"此务为治者也"，为治国服务的。况陆贾是政治家，《新语》是政论，故陆贾哲学之核心乃治道无疑在情理之中。下面再以其"道"为例具体论证之。

《新语》中的道是治道，而非万物本源。熊铁基说："第一篇《新语·道基》。这一篇名表明，作者认为'道'是天地万物的本源。这就是老子'天地之始''万物之母'的意思。"③ 我认为这一论断不确切。《新语·道基》篇的首句："传曰：'天生万物，以地养之，圣人成之。'功德参合，而道术生焉。"④ 在这里"道术"不仅后于天地而生，而且后于圣人，是圣人人为的结果，因此，它无疑是指人道、治道，这与老子的先天地生，作为"天地之母""万物之始"的"道"有天壤之别，绝不可能是天地万物的本源。况《新语》是篇政论，它并不关注形而上的本源、本体之"道"，它关注是形而下的治道，故综观其全文，其"道"基本为治道。

总之，《新语》乃政论，其里面的"道"主要是治道、人道，而非"形而上"之本源、本体之道。无论是"道基"之"道"、"道术生焉"之"道"，皆指治道。窥一斑见全豹，足见陆贾哲学之核心乃治道。

总之，陆贾无论其文学思想、史学思想、哲学思想皆是围绕治道展开。治道乃其哲学思想之核心，其为策论便是明证。而其文学思想所体现汉赋之特质，主要是为提高游说语言感染力，使其治道易为人主接受。其史学思想亦主要是为以史为鉴，为其治道提供史学支撑，使其治道易于为人主接受、采纳。一句话，无论其文、史、哲思想皆是为治国服务，即所谓"此务为治者也"。故治道不仅是陆贾哲学思想的核心，也是整个陆贾思想的核心。

---

① ［清］王先慎撰：《韩非子集解》，中华书局1998年版，第442页。
② 王利器撰：《新语校注》，中华书局2012年版，第1页。
③ 熊铁基著：《秦汉新道家略论稿》，上海人民出版社1984年版，第69页。
④ 王利器撰：《新语校注》，中华书局2012年版，第1页。

第二章　治道属性辨析

"无为"是汉初主流思潮，而陆贾又是这种思潮的重要代表，且"有启文景萧曹之治者"。而长期以来，绝大多数学者认为汉初无为政治源自黄老道家，而陆贾"无为"自然应属于黄老道家。其实尚值商榷。因此，重新厘清其"无为"思想渊源及属性，对厘定其治道的属性有重要价值，同时也对重新审视儒学在汉初政治中的地位有重要启迪。

众所周知，后人对陆贾的评论主要集中在其学派属性上，或谓之儒家，或谓之道家，或谓之杂家。

首先，儒家说：认为陆贾与《新语》应当归入儒家。主要代表有金春峰等。金春峰在《汉代思想史》认为陆贾等"宣扬儒家的仁义德治，批判法家片面崇尚法治和黄老清净无为的思想，同时又吸收融合法家和黄老"①，尽管其书《新语》中渗透了不少的黄老道家思想，但其主体仍是儒家的仁义德治思想。可见，金春峰实将陆贾归入儒家。丁原明在论文《汉初儒家对原始儒学的综合与拓展》中以陆贾和贾谊为代表，论述汉初儒学的继承和发展。显然，亦将陆贾归为儒家。而项永琴在其论文《论陆贾在汉代经学史上的地位》中独具慧眼，从表达思想上诠释陆贾思想的特点，认为其是以"仁义"解经，奠定了"独尊儒术"的基础，可见亦将其归入儒家。古永继在其文《陆贾思想并非"黄老"论——兼谈汉初"与民休息"政策的产生及黄老思想的实际流行》说："陆贾思想中虽含有道家色彩，但在整体上其主要倾向仍是儒家，因而它在当时的影响自然更多的是儒家而非黄老。"② 可见认为陆贾思想主体是儒家，应将其归入儒家。而本人在《陆贾的"无为"观及其思想史意义》一文中，认为：其"无为"是以儒家"道德导向无为"为主干，道家"自然无为"、法家"法术势无为"为补充。

---

① 金春峰著：《汉代思想史》，中国社会科学出版社1997年版，第64页。
② 古永继著：《陆贾思想并非"黄老"论——兼谈汉初"与民休息"政策的产生及黄老思想的实际流行》，载《惠州大学学报》1994年第1期。

显然是针对"无为"这一点，以小见大，论证陆贾及其思想的主体属性应属于儒家。①

其次，道家说：认为陆贾与《新语》应当归入道家。主要代表有熊铁基等。熊铁基说："我们又认为，以道为指导思想，把'道法自然'的思想创造性地用之于人生和政治，是新道家的主要特点……《新语》正是有这样的特点。"②"把'道法自然'的思想创造性地用之于人生和政治"即"无为"，可见，熊铁基也认为陆贾"无为"源自道家，并因此断定《新语》是汉初新道家的代表作，陆贾是汉初新道家的代表。祝瑞开在《两汉思想史》认为"陆贾融合儒、法、道各家思想，而以道家思想为主"③，并断定陆贾与《新语》主体属性应归属于道家。

最后，杂家说：认为陆贾与《新语》应当归入杂家。主要代表有石介、欧阳修、胡适等。宋人石介在《汉论》中指出，陆贾之思想并不纯乎儒，而是霸王道杂之。宋人梅尧臣、欧阳修等编《崇文总目》，元人脱脱等编《宋史·艺文志》亦将其人其书归入了杂家。近人胡适在《述陆贾的思想》中指出：陆贾思想接近荀子、韩非子，同时又融入了道家的"无为"思想。既有儒家思想，又有法家和道家思想，故"乃是一种'杂家'之言"④。

但无论认为陆贾思想属于儒家、道家，抑或杂家，绝大多数学者认为，《新语》中的"无为"思想来源于黄老道家，并不少人以此断定陆贾属于道家。如徐复观说："他（陆贾）把儒家的仁义与道家的无为之教，结合在一起，开两汉儒道并行互用的学风。"⑤孙次舟指出："然今本《新语》有《新语·无为》一篇。无为者，道家之说也。"⑥孙本意为证明《新语》乃伪书，但显然与徐复观一样坚持陆贾"无为"的道家属性。而萧萐父也说："陆贾《新语》所提供的以道兼儒的'无为'原则，虽尚粗浅而未形成体系，但符合形势需要，反映了时代思潮。"⑦但当代也有个别学者对此提出异议，如周桂钿说："因此，陆贾鉴于秦始皇的多欲残暴，根据仁义之道，提出无为而治的思想，虽与汉初盛行的黄老道家思想相通，却并无师承关系。陆贾的这一思想，与其说来源于黄老，不如说

---

① 参见徐平华著《陆贾的"无为"观及其思想史意义》，载《现代哲学》2014年第1期。
② 熊铁基著：《秦汉新道家略论稿》，上海人民出版社1984年版，第77页。
③ 祝瑞开著：《两汉思想史》，上海古籍出版社1989年版，第51页。
④ 王云五、蔡元培、胡适编：《张菊生先生七十生日纪念论文集》，商务印书馆1937年版，第85页。
⑤ 徐复观著：《两汉思想史》（第2卷），华东师范大学出版社2001年版，第64页。
⑥ 孙次舟著：《论陆贾〈新语〉的真伪》，上海古籍出版社1982年版，第120页。
⑦ 萧萐父著：《秦汉之际的学术思潮简论》，上海人民出版社1984年版，第6-7页。

来源于儒家。"① 再如王兴国说:"陆贾的无为思想固然与道家有关,但与原始道家的无为已有本质的区别,它更接近法家的无为。……从陆贾、贾谊反复强调仁义和礼制这一点来说,他们的无为论又更加接近儒家。"② 可见,王兴国虽不否认陆贾"无为"有道家渊源,但认为其主体属性却是法家与儒家。

须指出:对陆贾的学派属性争议主要源自其"无为"的属性争议。故重新厘定其"无为"属性便是厘定其治道属性的前提,无疑有重要学术价值。

第一节 儒家"道德导向无为"为主干

一提起无为而治,一般认为这只是道家主张,其实这是一种误解,无为而治其实是儒、道、法三家共同理想。从现代管理学角度看就是用最小管理成本达到最大管理效果。三者区别主要在于何为最小。黎红雷说:"道家所理解的最小是'道法自然',因而主张以清静无事来达到无为而治;法家所理解的最小是君主集权,因而主张以专制手段来达到无为而治;儒家所理解的最小是'为政以德',因而主张以道德导向来达到无为而治。"③ 所谓道家的"无为",即主张"道法自然",遵循治道规律,清静无事来实现无为而治,故本人将其概括为"自然无为"。其中清静无事,不扰民是其核心内容,即老子所说:"我无事,而民自富。"④(《老子·第五十七章》)"道法自然",按治道规律办事是其本源和前提,如老子说:"人法地,地法天,天法道,道法自然。"⑤(《老子·第二十五章》)"寡欲"是其保障,如老子说:"我无欲而民自朴。"⑥(《老子·第五十七章》)"复归于朴"是其最终目标,正如老子说:"为天下谷,常德乃足,复归于朴。"⑦(《老子·第二十八章》)所谓法家的"无为",即主张"抱法""处势""运术",以专制集权方式实现无为而治。故本人将其概括为"法术势无为"。其

---

① 周桂钿著:《秦汉思想史》,河北人民出版社2000年版,第53页。
② 王兴国著:《贾谊评传》,南京大学出版社1996年版,第413-414页。
③ 黎红雷著:《儒家管理哲学》,广东高等教育出版社1997年版,第237页。
④ [三国] 王弼注、楼宇烈校释:《老子道德经注校释》,中华书局2008年版,第150页。
⑤ [三国] 王弼注、楼宇烈校释:《老子道德经注校释》,中华书局2008年版,第64页。
⑥ [三国] 王弼注、楼宇烈校释:《老子道德经注校释》,中华书局2008年版,第150页。
⑦ [三国] 王弼注、楼宇烈校释:《老子道德经注校释》,中华书局2008年版,第74页。

中驾驭群臣是其核心，如韩非子言："明君无为于上，群臣竦惧乎下。"①（《韩非子·主道》）"抱法""处势"乃前提条件，如韩非子言："抱法处势则治，背法去势则乱。"②（《韩非子·难势》）君主集权乃终极目标。这些主张后被黄老道家吸纳。所谓儒家"无为"，即主张以道德导向实现无为而治，故本人将其概括为"道德导向无为"。其中"为政以德"乃核心，如孔子云："为政以德，譬如北辰居其所而众星共之。"③（《论语·为政》）加强道德修养、为臣民楷模乃途径，如孔子强调："修己以敬"④（《论语·宪问》）、"其身正，不令而行；其身不正，虽令不从"⑤（《论语·子路》）。"任官得人"乃前提，如孔子曰："舜有臣五人而天下治。"⑥（《论语·泰伯》）"安人"乃最终目标，如孔子曰："修己以安人……修己以安百姓。"⑦（《论语·宪问》）

而黄老道家"无为"则一方面继承老庄道家"道法自然"，清静无事主张，如：《黄帝四经》说："□苛事，节赋敛，毋夺民时，治之安。"⑧（《经法·君正》）另一方面它又有接近法家"无为"的一面，如：主张阴阳刑德，重视刑和法，如：《黄帝四经》说："法度者，正之至也。而以法度治者，不可乱也。而生法度者，不可乱也。精公无私而赏罚信，所以治也。"⑨（《经法·君正》）"刑德相养，逆顺若成。"⑩（《十大经·姓争》）其"无为"与儒家"无为"之区别主要体现在以下几方面：前者是"自然无为"，后者是"道德导向无为"；前者视"无为"之前提为君主抱法、处势、驾驭群臣，后者则认为是制作礼乐、任官得人；前者比较重视刑、法，后者重视德、礼；前者有为主要体现在君主运用"无为"权术、驾驭群臣，后者则主要体现在加强道德修养，为臣民楷模。

而《新语》的"无为"主要源自先秦儒家"道德导向无为"，而非黄老道家"自然无为"。的确，其是受到黄老道家影响，但主干却是儒家，而非黄老道家。整个《新语》主旨是儒家的"仁义为本，道德为上"，它贯穿其始终。正如《新

---

① ［清］王先慎撰：《韩非子集解》，中华书局 2003 年版，第 27 页。
② ［清］王先慎撰：《韩非子集解》，中华书局 2003 年版，第 392 页。
③ 程树德撰：《论语集释》，中华书局 2010 年版，第 61 页。
④ 程树德撰：《论语集释》，中华书局 2010 年版，第 1041 页。
⑤ 程树德撰：《论语集释》，中华书局 2010 年版，第 901 页。
⑥ 程树德撰：《论语集释》，中华书局 2010 年版，第 552 页。
⑦ 程树德撰：《论语集释》，中华书局 2010 年版，第 1041 页。
⑧ 陈鼓应注译：《黄帝四经今注今译——马王堆出土汉墓帛书》，商务印书馆 2007 年版，第 73 页。
⑨ 陈鼓应注译：《黄帝四经今注今译——马王堆出土汉墓帛书》，商务印书馆 2007 年版，第 71 页。
⑩ 陈鼓应注译：《黄帝四经今注今译——马王堆出土汉墓帛书》，商务印书馆 2007 年版，第 265 页。

语·本行》首句说:"治以道德为上,行以仁义为本。"① 故唐晏说:"此篇义主本诸身而加乎民。"② 即儒家所说"修己安人";因为"君子之德风,小人之德草"③(《论语·颜渊》)。通过道德教化,就可无为而治。下面将从以下三方面来论证其儒家"无为"的渊源。

一、"无为"的渊源:儒家的仁义,而非黄老道家的道

司马谈在《论六家要旨》中说到黄老道家的基本特点:"其术以虚无为本,以因循为用。""虚无"在这指的是道,"因循"则指的是"无为"。由此可知,黄老道家有两个重要特点:一是坚持道的宇宙本体论地位;二是认为"无为"是道的运用。为此熊铁基也说:"道家著作特点是:一方面是讲'道'讲得比较多,另一方面(也是更主要的)承认道是宇宙的本体,是万物的本源。我们又认为,以道为指导思想,把'道法自然'的思想创造性用之于人生和政治,是新道家的主要特点,《新语》正是这样的特点。"④其意是说道是宇宙本体;"无为"是"道法自然"思想在人生和政治中的运用,《新语》正体现这一特点。可见,熊先生对司马谈所归纳的黄老道家的两大特点完全赞同。对此,本人也深表赞同,但如果说《新语》正体现这一特点,则不敢苟同,下面将从以下三方面论证。

(一)《新语》中的"道"主要不是万物的本源、本体,而是治道

"道基"即治道的基础,即仁义,在这,"道"是指"治道"。熊铁基说:"第一篇《道基》。这一篇名表明,作者认为'道'是天地万物的本源。这就是老子'天地之始'、'万物之母'的意思。"⑤ 我认为这一论断不确切。其理由如下:

(1)"道术生焉"之"道"是指治道。《新语·道基》篇的首句:"传曰:'天生万物,以地养之,圣人成之。'功德参合,而道术生焉。"⑥ 在此,"道术"不仅后于天地而生,而且后于圣人,是圣人人为之结果,故它无疑是指人道、治

---

① 王利器撰:《新语校注》,中华书局2012年版,第142页。
② 王利器撰:《新语校注》,中华书局2012年版,第142页。
③ 程树德撰:《论语集释》,中华书局2010年版,第866页。
④ 熊铁基著:《秦汉新道家略论稿》,上海人民出版社1984年版,第77页。
⑤ 熊铁基著:《秦汉新道家略论稿》,上海人民出版社1984年版,第69页。
⑥ 王利器撰:《新语校注》,中华书局2012年版,第1页。

道，此与老子之先天地生，作为"天地之母""万物之始"之道有天壤之别，绝不可能是天地万物之基础和本源。

（2）"仁者道之纪"是指"仁"是治道之纲纪，此"道"依然是治道。熊铁基引用陆贾所说"仁者道之纪，义者圣之学"①（《新语·道基》）来论证"道"是仁义的基础，仁义是"道"的派生。② 此话也不确切。此"纪"应是纲要、纲纪之意。荀子《劝学》篇："礼者，法之大要，类之纲纪。"③ "纲纪"和"大要"相对，说明其意相近，它和"仁者道之纪"之"纪"意思一样，故"仁者、道之纪"应这样理解：仁是"道"之基础、纲要，而非"道"是仁之纲要和本源。另外，陆贾又说："夫谋事不并仁义者后必败，殖不固本而立高基者后必崩。"④（《新语·道基》）"仁义"和"高基"、"必败"和"必崩"两两相对，而"必败"与"必崩"意相同，那么"仁义"与"高基"意也应一致，这也可以论证：仁义是治道之基础、纲要，熊先生上面之解释不确切。因此，"仁者道之纪"之"道"依然是治道。

（3）《新语》毕竟是政论，其关注的是治道，形而上之本源、本体，并非其致思之焦点，这就不难理解其"道"主要是治道。

由上述可知："道基"即"道之基"亦即"治道之基础"，它后面实则省略了两个字："仁义"。因此，"仁义"就是"道基"，并不是说"道，基也"。"道是基础"，"道是仁义之基础"。这正如王兴国说："新语第一篇名叫《道基》，就是认为仁义是道的基础。"⑤

（二）"无为"源自仁义

（1）"无为"是道（治道）的一种。陆贾说："道莫大于无为，行莫大于谨敬。何以言之？昔舜治天下也，……然而天下大治。"⑥（《新语·无为》）在此，陆贾解释说为什么"道莫大于无为"，因为无为就可以达到"天下大治"。显而易见，在这，"道"还是指治道。故"道莫大于无为"亦即最大的治道是"无为"。在陆贾看来："无为"只是道（治道）中最重要的一种，道（治道）还包

---

① 王利器撰：《新语校注》，中华书局2012年版，第39页。
② 熊铁基著：《秦汉新道家》，上海人民出版社2001年版，第70页。
③ ［清］王先谦撰：《荀子集解》，中华书局1988年版，第12页。
④ 王利器撰：《新语校注》，中华书局2012年版，第34页。
⑤ 王兴国著：《贾谊评传》，南京大学出版社1996年版，第428页。
⑥ 王利器撰：《新语校注》，中华书局2012年版，第68页。

括德治、法治等。而黄老道家则认为道是本体，而"无为"是其用，是其根本属性。

（2）"无为"本于仁义。陆贾说："阳气以仁生，阴节以义降。"①（《新语·道基》）可见，仁义是阴阳产生的依据。而阴阳二气却是构建万物的始基，正如老子所说："道生一，一生二，二生三，三生万物。万物负阴而抱阳，冲气以为和。"②（《老子·第四十二章》）故说到底，仁义便成了天下万物产生的依据，故其便具有了本体论意义。陆贾又说："守国者以仁坚固，佐君者以义不倾，君以仁治，臣以义平。"③（《新语·道基》）即仁义同样是"治国平天下"的依据和基础，也即治道的依据和基础。可见，仁义作为治道基础，不过是仁义本体在治国中的延伸。既然仁义是治道的依据和基础，而无为而治作为治道中的一种，自然也是以仁义为基础，也自然是仁义本体在治国中的运用，即"无为为用"。因为无为而治而使百姓安居乐业本身就是仁义的最大体现。故与其说《新语》中的"无为"思想是"道法自然"思想创造性地用之于人生和政治，还不如说是儒家仁义本体在政治领域中的延伸和体现。可见，"无为"本自仁义。

（三）仁义、道、"无为"的关系

老庄主张绝仁弃义，但某些黄老道家也谈仁义。如《文子》主张：持以道德，辅以仁义，说："道灭而德兴，中世守德而不怀，下世绳绳唯恐失仁。故君子非义无以活，失义则失其所以活，小人非利无以活，失利则失其所以活，故君子惧失义，小人惧失利，观其所惧，祸福异矣。"④（《文子·微明》）可见，由道到德再到仁，人类社会是不断退化的，仁义是道蜕化的产物，是不得已的治术。而《文子》认为："无为"则是从道疏导出来，是道在治国中的体现，其源自道。故"无为"是道派生出来的，是最佳的治道。可见，"无为"与仁义是道与术的关系。但在陆贾思想中，"道"即治道，与"无为"都是以"仁义为本"，是仁义在治国中的运用，故仁义与道（治道）、"无为"是体用、源流关系。而"无为"则是最大的道（治道），是道（治道）的一种，隶属于道（治道）；换言之，道（治道）包含"无为"。故"无为"与道（治道）是隶属或者说被包含关系。

---

① 王利器撰：《新语校注》，中华书局2012年版，第35页。
② [三国] 王弼注、楼宇烈校释：《老子道德经注校释》，中华书局2008年版，第29页。
③ 王利器撰：《新语校注》，中华书局2012年版，第35页。
④ 王利器撰：《文子疏义》，中华书局2000年版，第327页。

二、"无为"的属性：主要是儒家的"道德导向无为"，并非黄老道家的"自然无为"

《新语》中的"无为"是一种"道德导向无为"，并非"自然无为"。整个《新语》的主旨就是儒家的"仁义为本，道德为上"。正如《新语·本行》首句说："治以道德为上，行以仁义为本。"下面将从以下两方面来论证其儒家渊源。

（一）从来源上看，陆贾"无为"思想来源先秦儒家

《新语·无为》篇说："昔舜治天下也，弹五弦之琴，歌《南风》之诗，寂若无治国之意，漠若无忧天下之心，然而天下大治。周公制作礼乐，郊天地，望山川，师旅不设，刑格法悬，而四海之内，奉供来臻，越裳之君，重译来朝。"①

首先，本篇中无为而治的圣人是儒家的舜与周公，而非黄老道家的黄帝、老子。

其次，从思想来源看，它也主要来自先秦儒家，而非黄老道家。孔子说："无为而治者其舜也与？夫何为哉？恭己正南面而已矣。"②（《论语·卫灵公》）这不也和陆贾的"昔舜治天下也，弹五弦之琴，歌《南风》之诗，……然而天下大治"意思一样吗？又如孟子说："禹之行水也，行其所无事也。如智者亦行其所无事，则智亦大矣。"③（《孟子·离娄下》）"行其所无事"不也与陆贾的"寂若无治国之意，漠若无忧民之心"意相近吗？可见，陆贾的"昔虞舜治天下，……然天下治"简直就是孔孟二人原话的综合。

最后，更重要的是综观《新语》通篇，很少引用黄帝、老庄语，正如清人云："今但据其书（指陆贾的《新语》）论之，则大旨皆崇王道，黜霸道，归本于修身用人。其称引《老子》唯《思务》篇，引'上德不德'一语，余皆以孔氏为宗。"④（《四库全书总目提要》）

总之，由以上三点可知：陆贾的"无为"思想主要来源于先秦儒家，当是无疑了。正如周桂钿说："因此，陆贾鉴于秦始皇的多欲残暴，根据仁义之道，提出无为而治的思想，虽与汉初盛行的黄老道家思想相通，却并无师承关系。陆

---

① 王利器撰：《新语校注》，中华书局2012年版，第68页。
② 程树德撰：《论语集释》，中华书局2010年版，第1062页。
③ ［清］焦循撰：《孟子正义》，中华书局1987年版，第587页。
④ ［清］纪昀总纂：《四库全书总目提要》，河北人民出版社2000年版，第1026页。

贾的这一思想，与其说来源于黄老，不如说来源于儒家。"①

（二）从实现无为而治的条件看，陆贾的"无为"思想也与先秦儒家的相通

首先，陆贾说："故尧、舜之民，可比屋而封，桀、纣之民，可比屋而诛。何者？化使其然也。"②（《新语·无为》）这是强调"化"即道德教化在无为而治中的作用，认为它是无为而治的必备条件，这与先秦儒家"德治"思想一脉相承。虽然《黄帝四经》也说"先德后刑以养生"③（《十大经·观》），但其"德"主要是指奖赏，而不是道德教化。

其次，陆贾说："周公制作礼乐，郊天地，望山川，师旅不设，刑格法悬，而四海之内，奉供来臻，越裳之君，重译来朝。"④（《新语·无为》）陆贾把"制作礼乐"当作无为而治的前提条件之一，这同样也和先秦儒家"礼治"思想一脉相承。

再次，陆贾又说："尧以仁义为巢，舜以稷、契为杖，故高而益安，动而益固……秦以刑罚为巢，故有覆巢破卵之患，以李斯、赵高为杖，故有倾仆跌伤之祸，何者？所任者非也。"⑤（《新语·辅政》）这和《论语》所说的"舜有臣五人而天下治"⑥（《论语·泰伯》）相似，二者都反映儒家无为而治的另一前提之一——"任官得人"。

最后，陆贾强调君主有为的内容是：加强道德修养、为臣民楷模，也和先秦儒家相通。他说："故上之化下，犹风之靡草也。……故孔子曰：'移风易俗。'岂家令人视之哉？亦取之于身而已矣。"⑦（《新语·无为》）这和孔子所说的"君子之德风，小人之德草。草上之风，必偃"⑧（《论语·颜渊》）惊人相似，二者都是强调君主加强道德修养的重要性。他又说："君明于德，可以及于远；臣笃于义，可以至于大。……故安危之要，吉凶之符，一出于身，存亡之道，成

---

① 周桂钿著：《秦汉思想史》，河北人民出版社2000年版，第53页。
② 王利器撰：《新语校注》，中华书局2012年版，第75页。
③ 陈鼓应注译：《黄帝四经今注今译——马王堆出土汉墓帛书》，商务印书馆2007年版，第106页。
④ 王利器撰：《新语校注》，中华书局2012年版，第68页。
⑤ 王利器撰：《新语校注》，中华书局2012年版，第59页。
⑥ 程树德撰：《论语集释》，中华书局2010年版，第552页。
⑦ 王利器撰：《新语校注》，中华书局2012年版，第77-78页。
⑧ 程树德撰：《论语集释》，中华书局2010年版，第866页。

败之事，一起于善行。"①（《新语·明诚》）"此二者（伊尹、曾子），修之于内，著之于外；行之于小，显之于大。"②（《新语·慎微》）这些皆与孔子的"其身不正，虽令不从"③（《论语·子路》）意相近，都是强调君主应为臣民楷模。可见，"无为"并不是什么都不做，君主应在加强道德修养、为臣民楷模方面有为，这也是无为而治的前提条件之一。

从以上四方面比较不难看出：陆贾的"无为"思想和先秦儒家何其相通，完全不同于黄老道家。

三、"无为"的目标：与儒家的大同理想相似，而不同于黄老道家的治理模式

《黄帝四经》是黄老道家最重要的经典，虽然它里面并没有专门章节论述理想社会的治理模式，但研读《经法》篇还是不难提炼出其治理模式。它说："而以法度治者，不可乱也。而生法度者，不可乱也。精公无私而赏罚信，所以治也。口苛事，节赋敛，毋夺民时，治之安。"④（《经法·君正》）"号令发必行，俗也。男女劝勉，爱也。动之静之，民无不听，时也。受赏无德，受罪无怨，当也。贵贱有别，贤不宵（肖）衰（差）也。衣备（服）不相逾，贵贱等也。国无盗贼，诈伪不生，民无邪心，衣食足而刑伐（罚）必也。以有余守，不可拨也。以不足功（攻），反自伐也。"⑤（《经法·君正》）

由上述可知，《黄帝四经》社会治理模式的内容有以下几点：主张因循无为不扰民，注重贵贱、贤不肖等级名分，强调号令统一及阴阳刑德。"口苛事，节赋敛，毋夺民时，治之安。"这不是主张清静无为不扰民吗？"贵贱有别，贤不宵（肖）衰（差）也。衣备（服）不相逾，贵贱等也。"这不是注重等级名分吗？"号令发必行，俗也。""受赏无德，受罪无怨，当也。""衣食足而刑伐（罚）必也。"这同样不是在强调号令统一及"阴阳刑德"吗？可见，《黄帝四经》的治理模式已完全不同于老子的"使民复结绳而用之，甘其食，美其服，

---

① 王利器撰：《新语校注》，中华书局 2012 年版，第 170 页。
② 王利器撰：《新语校注》，中华书局 2012 年版，第 101 页。
③ 程树德撰：《论语集释》，中华书局 2010 年版，第 901 页。
④ 陈鼓应注译：《黄帝四经今注今译——马王堆出土汉墓帛书》，商务印书馆 2007 年版，第 71-73 页。
⑤ 陈鼓应注译：《黄帝四经今注今译——马王堆出土汉墓帛书》，商务印书馆 2007 年版，第 60 页。

安其居，乐其俗。邻国相望，鸡犬之声相闻，民至老死，不相往来"①（《老子·八十章》）的"小国寡民"模式："小国寡民"模式是建立在倒退史观上，主张绝仁弃义回归原始氏族社会；而《黄帝四经》坚持进化史观，立足于战国时现实社会基础，里面有"阴阳刑德"、等级名分等。

陆贾说："是以君子之为治也，块然若无事，寂然若无声，……，岂待坚甲利兵、深牢刻令、朝夕切切而后行哉？"（《新语·至德》）

同样，陆贾的"无为"理想治理模式也完全不同于老子的"小国寡民"模式。和《黄帝四经》一样，陆贾的模式也是坚持进化史观，但立足的却是秦汉大一统的现实社会，里面有忠孝教化、尊卑差等。它和《黄帝四经》相似之处在于二者都主张"无为"、不扰民，主张区分等级名分。但二者也有明显差别，主要体现在对刑、法、教化和战争等态度。《黄帝四经》非常注重刑、法，也不回避战争，它说"衣食足而刑伐（罚）必也"②（《经法·君正》），"精公无私而赏罚信，所以治也"③（《经法·君正》）。这不是强调刑罚在治国中的重要作用吗？"而以法度治者，不可乱也。而生法度者，不可乱也。"④（《经法·君正》）"号令发必行，俗也"⑤（《经法·君正》），这不也是强调法在治国中的作用吗？它又说"以有余守，不可拔也。以不足功（攻），反自伐也"⑥（《经法·君正》），这同样不也是并不回避战争吗？这和它的"作争者凶，不争亦毋以成功"⑦（《十大经·姓争》）思想一脉相承。但它对于道德教化却是忽视的，这段话根本就没有提到教化。为何如此呢？我想这主要是因为其受法家影响较大，法家治道的核心是强调法治、刑罚，忽视教化，奖励耕战；故此，有人称黄老道家为道法家是有一定道理。而陆贾的治理模式则明显非常重视教化，对于刑、法和战争的作用虽不全面否定，但基本是不主张的。他说："兴辟雍庠序而教诲之"，这不是强调教化吗？虽然他也说"赏善罚恶而润色之"，亦即不否定"罚恶"，但最终还是说"岂待坚甲利兵、深牢刻令、朝夕切切而后行哉？"亦即对"深牢刻令"基本是否定的。他又说"乡无夜名之征"，这不是在否定战争吗？为什么陆贾的治理模式会如此呢？因为其"无为"思想基本源自先秦儒家。总之，《新

---

① ［三国］王弼注、楼宇烈校释：《老子道德经注校释》，中华书局2008年版，第153－154页。
② 陈鼓应注译：《黄帝四经今注今译——马王堆出土汉墓帛书》，商务印书馆2007年版，第63页。
③ 陈鼓应注译：《黄帝四经今注今译——马王堆出土汉墓帛书》，商务印书馆2007年版，第68页。
④ 陈鼓应注译：《黄帝四经今注今译——马王堆出土汉墓帛书》，商务印书馆2007年版，第71页。
⑤ 陈鼓应注译：《黄帝四经今注今译——马王堆出土汉墓帛书》，商务印书馆2007年版，第74页。
⑥ 陈鼓应注译：《黄帝四经今注今译——马王堆出土汉墓帛书》，商务印书馆2007年版，第79页。
⑦ 陈鼓应注译：《黄帝四经今注今译——马王堆出土汉墓帛书》，商务印书馆2007年版，第82页。

语》的理想社会治理模式与《黄帝四经》的确有某些相似之处，但相异之处非常明显，是大异而小同。

其实，陆贾的理想治理模式与儒家的大同理想颇有相似之处。儒家大同理想主要集中在《礼记·礼运》中，正如王兴国说："陆贾说的'贤愚异议，廉鄙异科'，不是与《礼运》中的'选贤举能'相通吗？陆贾说的'近者无所议，远者无所听'，'不言而信'，不就是《礼运》所说的'讲信修睦'吗？陆贾说的'老者息于堂，丁壮者耕于田，在朝者忠于君，在家者孝于亲……强弱相扶，小大相怀'，不是与《礼运》所说的'男有分，女有归，人不独亲其亲，不独子其子，使老有所终，壮有所用，幼有所长，矜寡孤寡废疾者，皆有所养'也是相通的吗？"① 王兴国的分析非常有道理。因此，与其说陆贾的理想社会治理模式与《黄帝四经》的相同，还不如说它与《礼记·礼运》中的大同理想相似更合理。这也说明陆贾的"无为"思想主要源于儒家，而非黄老道家。

基于以上几点理由，笔者认为《新语》中的"无为"思想主要源自儒家，而非黄老道家。当然，自荀子以儒家为本，融纳百家后，春秋以来"道术将为天下裂"的局面开始有所改变，百家开始"百虑而一致"，走向由分到合的思想统一进程，汉初儒、法、道各家无不体现这一特点，陆贾也不例外。但长期以来，学术界似乎公认汉初"无为"政治是源自黄老道家，而陆贾的"无为"思想自然应属于黄老道家。本人一反传统，认为陆贾的"无为"思想主要源自儒家，这就为我们重新审视汉初"无为"政治的思想渊源提供了全新视角：汉初无为而治思想大概是儒、道两家（可能还包括汉初新法家）以秦为鉴而提出的相似的治国方略，真可谓不谋而合、英雄所见略同。因此，当把"文景之治"归功于黄老道家时，也不应记上儒家一功。

第二节 道家"自然无为"和法家"法术势无为"为补充

自荀子以儒家为本，融纳百家后，春秋以来"道术将为天下裂"局面开始有所改变，百家开始"百虑而一致"，走向由分到合的思想统一进程，汉初儒、法、道各家无不体现这个特点，陆贾也不例外。故看到陆贾"无为"思想主体

---

① 王兴国著：《贾谊评传》，南京大学出版社1996年版，第391页。

属于儒家"道德导向无为"时,也不应否定其实际也融纳了道家、法家"无为"的合理成分,即以"自然无为"和"法术势无为"做补充。

一、以道家"自然无为"为补充

(一)陆贾提出要无为而治就须"履道而行",按治道规律办事,它实源自道家"自然无为"中的"道法自然"思想

"秦非不欲治也",之所以会"事逾烦天下逾乱,法逾滋而天下逾炽,兵马益设而敌人逾多",事与愿违,表面看来就在"举措太众、刑罚太极故也";但从根本上说其实还在没能按治道规律办事,亦即违背了陆贾所强调的"履道而行"。

何谓"履道而行"? 陆贾说:"道者,人之所行也。夫大道履之而行,则无不能,故谓之道。"①(《新语·慎微》)强调按治道规律办事没有办不到的。"道"是道家最重要的概念,它主要有两层含义,一是万物的本源。如老子说:"道生一,一生二,二生三,三生万物。万物负阴而抱阳,冲气以为和。"②(《老子·第四十二章》)另层含义即规律。如老子说:"人法地,地法天,天法道,道法自然。"③(《老子·第二十五章》)"道法自然"即道效法自然,按规律办事。可见,陆贾"履道而行"与"道法自然"一脉相承,其"道"即规律。而陆贾是政治家,关注的主要是治道、王道,而并非万物本源、本体之道;④故"履道而行"的"道"即治道规律。"大道履之而行,则无不能"即按照治道规律办事没什么事办不到。故当然包括无为而治。可见"履道而行"是无为而治的前提,只有按治道规律办事方能无为而治。

陆贾"履道而行"方能"无为",与法家有直接渊源,但最终是源自道家。陆贾说:"夫大道履之而行,则无不能"与韩非所说的"夫缘道理以从事者无不能成"⑤(《韩非子·解老》)惊人相似,皆强调按规律办事,没有什么办不成。陆贾又说:"秦始皇设刑罚,为车裂之诛,以敛奸邪,……事逾烦天下逾乱,法

---

① 王利器撰:《新语校注》,中华书局2012年版,第106页。
② [三国]王弼注、楼宇烈校释:《老子道德经注校释》,中华书局2008年版,第29页。
③ [三国]王弼注、楼宇烈校释:《老子道德经注校释》,中华书局2008年版,第64页。
④ 无论是"道基"的"道"、"道术生焉"的"道"、"仁者道之纪"的"道",还是"道莫大于无为"的"道",都是指治道。见拙作《陆贾"无为"思想的属性辨析及其价值》,载《求索》2009年第8期。
⑤ [清]王先慎撰:《韩非子集解》,中华书局1998年版,第136页。

逾滋而天下逾炽,兵马益设而敌人逾多"与韩非的"夫弃道理而忘举动者,虽上有天子诸侯之势尊,而下有猗顿、陶朱、卜祝之富,犹失其民人而亡其财资也"①(《韩非子·解老》)也一脉相承,都是强调一旦违背治道规律,就会事与愿违,更遑论无为而治。可见,陆贾"夫大道履之而行,则无不能"的无为而治本源与前提与法家有直接渊源。但韩非的"道"源自老子,其《解老》《喻老》两篇,专门阐释老子的微言大义。他说:"万物各异理而道尽。稽万物之理,故不得不化。"②(《韩非子·解老》)可见"道"是综合万物之理的总规律。要之,通过对老子的"道"改造,韩非的"道"已没有"道生万物"之本源之义,却只有"道法自然"之规律含义,并在此基础上提出:"夫缘道理以从事者无不能成。"③(《韩非子·解老》)而老子说:"道常无为而无不为。侯王若能守之,万物将自化。"④(《老子·第三十七章》)因为"道常无为",故"无为"是"道"之根本特性,是"道"在治道中之延伸。故"无为"即"道法自然",按规律办事,亦即韩非所讲的"缘道理以从事";而"无不为"即亦韩非所说的"无不能成"。故"夫缘道理以从事者无不能成",显然与老子说的"道常无为而无不为"一脉相承,都是强调按治道规律(无为)办事没有什么做不到,其实也都源自"道法自然"。因为要"无不为"或"无不能成",取得好管理效果,就须"道法自然",按治道规律办事,不妄为。正如黎红雷所说:"'人法地,地法天,天法道,道法自然'(《老子·第二十五章》),……从管理的角度讲,就要求管理者必须遵循社会管理客观规律,一切顺其自然,才能取得良好的管理效果。"⑤ 总之,既然陆贾"夫大道履之而行,则无不能"与韩非的"夫缘道理以从事者无不能成"有直接渊源,而后者又源自老子的"道法自然",可见,前者最终实源自"道法自然",源自道家。

(二)陆贾提出要无为而治就须"寡欲",这也主要源自道家

陆贾强力批评"秦始皇骄奢靡丽""齐桓公好妇人之色""楚平王奢侈纵恣",导致妄为进而天下大乱。这与老子所说"祸莫大于不知足;咎莫大于欲

---

① [清]王先慎撰:《韩非子集解》,中华书局1998年版,第136页。
② [清]王先慎撰:《韩非子集解》,中华书局1998年版,第147页。
③ [清]王先慎撰:《韩非子集解》,中华书局1998年版,第136页。
④ [三国]王弼注、楼宇烈校释:《老子道德经注校释》,中华书局2008年版,第421页。
⑤ 黎红雷著:《儒学管理哲学》,广东高等教育出版社1997年版,第20-21页。

得"①(《老子·第四十六章》)一脉相承。在陆贾看来，统治者之所以不能"无为"而要有为甚至妄为，就在其多欲，因此，要实现无为而治就须"寡欲"。这与道家有重要渊源。老子说："见素抱朴，少私寡欲。"②(《老子·第十九章》)"我无欲，人自朴。"强调通过"寡欲"便可无为而治。须指出，"寡欲"也并非道家专利，儒家也有。孟子说："养心莫善于寡欲。"③(《孟子·尽心下》)但二者"寡欲"的目的不同，老子是为了"无为"或者说不妄为，最终无为而治，用儒家的话说是"外王"；孟子则是为了存心养性，用儒家的话说是"内圣"。在"寡欲"程度上，儒、道也有区别，儒家对于正当合理欲望并不一概反对，如孟子说："非其道，则一箪食不可受于人；如其道，则舜受尧之天下，不以为泰，子以为泰乎？"④(《孟子·滕文公下》)可见孟子并非禁欲主义者，而是主张以义制欲。而道家某种程度走向禁欲主义。如老子认为："祸莫大于不知足；咎莫大于欲得。"⑤(《老子·第四十六章》)可见，陆贾所强调要"履道而行"就须"寡欲"之观点，主要源自道家而非儒家。

陆贾又提出"家不藏不用之器"的具体"寡欲"主张，这与老子的"不贵难得之货"⑥(《老子·第三章》)一脉相承。他首先批评："怀璧玉，要环佩"等是"夸小人之目""疲百姓之力"。明确提出："故舜弃黄金于崭岩之山，捐珠玉于五湖之渊，将以杜淫邪之欲，绝琦玮之情。"⑦(《新语·术事》)这与老子的"不贵难得之货，使民不为盗；不见可欲，使心不乱。是以圣人之治，虚其心，实其腹，弱其志，强其骨。常使民无知无欲。使夫知者不敢为也。为无为，则无不治"⑧(《老子·第三章》)一脉相承，都是强调统治者不应喜好珠玉等难得之货。这显然与儒家有所不同。儒家并不必然否定难得之货，有时还认为其是区别等级身份的信物，比如儒家君子有佩玉习惯，《论语·乡党》说："去丧，无所不佩。"⑨即君子除去在丧事中，大带上没有不佩一切备用的玉器的。可见陆贾"家不藏不用之器"的"寡欲"主张主要源自道家而非儒家。

---

① [三国]王弼注、楼宇烈校释：《老子道德经注校释》，中华书局2008年版，第48页。
② [三国]王弼注、楼宇烈校释：《老子道德经注校释》，中华书局2008年版，第314页。
③ [清]焦循撰：《孟子正义》，中华书局1987年版，第1017页。
④ [清]焦循撰：《孟子正义》，中华书局1987年版，第427页。
⑤ [三国]王弼注、楼宇烈校释：《老子道德经注校释》，中华书局2008年版，第48页。
⑥ [三国]王弼注、楼宇烈校释：《老子道德经注校释》，中华书局2008年版，第235页。
⑦ 王利器撰：《新语校注》，中华书局2012年版，第45页。
⑧ [三国]王弼注、楼宇烈校释：《老子道德经注校释》，中华书局2008年版，第235-239页。
⑨ 程树德撰：《论语集释》，中华书局2010年版，第677页。

二、以法家"法术势无为"为补充

(一) 陆贾对法家"法术势无为"中的"抱法"前提进行扬弃

一方面,陆贾对其极刑主义进行严厉批判,说:"秦始皇设刑罚,为车裂之诛,以敛奸邪"导致"法逾滋而天下逾炽",与无为而治背道而驰。在"无为"体系中陆贾更看重是"化"亦即教化,他说:"故尧、舜之民,可比屋而封,桀、纣之民,可比屋而诛。何者? 化使其然也。"①(《新语·无为》) 这说明其以儒家"道德导向无为"为主干。但另一方面,他并没有因此忽视法律的作用,他在《新语·无为》篇中明确提出:"夫法令所以诛暴也。"② 但与此同时他又说:"故曾、闵之孝,夷、齐之廉,此宁畏法教而为之者哉?"③(《新语·无为》) 可见其"无为"是以法家"无为"为补充。但综观《新语》陆贾对法与刑在治理中的重要作用谈论并不少。如高度评价"皋陶乃立狱制罪"的功绩,说:"于是民知轻重,好利恶难,避劳就逸;于是皋陶乃立狱制罪,悬赏设罚,异是非,明好恶,检奸邪,消佚乱。"④(《新语·道基》) 并强调:"夫持天地之政,操四海之纲,屈申不可以失法,动作不可以离度"⑤(《新语·明诫》)、"制事者因其则"⑥(《新语·慎微》)、"立法不明还自伤"⑦(《新语·至德》),等等。为什么陆贾如此重视法的作用呢? 因为他看到无为而治并非什么制度都不要,因为无规矩不成方圆,若无制度约束,不但难以无为而治,甚至天下大乱。因此要无为而治,首先须依法"诛暴",此乃"无为"之前提。尤其当奸民群起时,"无为"则无疑会养奸成患,更遑论无为而治。

而陆贾"以法为辅",实现无为而治主张与法家有一定渊源。须指出:在如何评价法在无为而治中的作用,法家与老庄道家完全对立,与早期儒家也有较大区别。老子完全否定法的作用,明确提出:"法令滋彰,盗贼多有。"⑧(《老子·

---

① 王利器撰:《新语校注》,中华书局2012年版,第75页。
② 王利器撰:《新语校注》,中华书局2012年版,第75页。
③ 王利器撰:《新语校注》,中华书局2012年版,第75页。
④ 王利器撰:《新语校注》,中华书局2012年版,第18页。
⑤ 王利器撰:《新语校注》,中华书局2012年版,第172页。
⑥ 王利器撰:《新语校注》,中华书局2012年版,第51页。
⑦ 王利器撰:《新语校注》,中华书局2012年版,第139页。
⑧ [三国]王弼注、楼宇烈校释:《老子道德经注校释》,中华书局2008年版,第104页。

第五十七章》）直到黄老道家时才开始吸纳法家"无为"的重法观点，如《黄帝四经》说："法者，正之至也。而以法度治者，不可乱也。"①（《经法·君正》）而儒家孔孟也并不看重法在"无为"中的作用，如孔子："道之以政，齐之以刑，民免而无耻；道之以德，齐之以礼，有耻且格。"②（《论语·为政》）因为"道之以德，齐之以礼"可使人民"有耻且格"，即有羞耻感且人心归服，实则是通过道德教化实现无为而治。反之"道之以政，齐之以刑"只能使"民免而无耻"，即只能使百姓逃避受罚，但却无羞耻心，亦即只能使百姓口服心不服，当然无法无为而治。可见孔子坚持儒家"道德导向无为"，虽然并没有否定法在治理中的作用，但至少并没有看到其在无为而治中的应用地位。而法家高度重视法在"无为"中的地位，如法家先驱管仲说："法者，天下之程式也，万事之仪表也。"③（《管子·明法解》）慎到则主张君主只要"握法处势"便可"无为而治天下"。韩非则明确提出："为治者用众而舍寡，故不务德而务法。"④（《韩非子·显学》）即强调以法治国，反对以德治国。须指出：韩非之学，固出于老子。言君之道，静退以为宝，而以赏罚为要。又言上乃无为、无事，治国之要。故陈沣曰：韩非之学，出于老子而流为惨烈者，其意以为先用严刑，使天下不敢犯，然后可以清静而治。可见，韩非试图通过严刑峻法实现无为而治。故陆贾的"夫法令所以诛暴也"⑤（《新语·无为》）主张与韩非的严刑主义有本质区别，但与其"法者，宪令著于官府，刑罚必于民心，赏存于慎法，而罚加乎奸令者也"⑥（《韩非子·定法》）一脉相承，都是强调法与刑的"诛暴"或者说罚奸功能，认为其是无为而治的重要的保障。可见陆贾的"夫法令所以诛暴也"主张与法家无疑有重要渊源。

（二）陆贾还继承了法家"法述势无为"中的重"势"观点

对于"势"先秦儒、道、法三家同样是有重大区别。《论语》记载："子曰：'道不行，乘桴浮于海！'"⑦（《论语·公冶长》）孟子则说："乐其道而忘人之

---

① 陈鼓应注译：《黄帝四经今注今译——马王堆出土汉墓帛书》，商务印书馆2007年版，第71页。
② 程树德撰：《论语集释》，中华书局2010年版，第68页。
③ 李山译注：《管子》，中华书局2009年版，第168页。
④ ［清］王先慎撰：《韩非子集解》，中华书局2003年版，第461页。
⑤ 王利器撰：《新语校注》，中华书局2012年版，第75页。
⑥ ［清］王先慎撰：《韩非子集解》，中华书局2003年版，第397页。
⑦ 程树德撰：《论语集释》，中华书局2010年版，第299页。

势。故王公不致敬尽礼，则不得亟见之。"①（孟子·尽心上）荀子则明确提出："《传》曰：'从道不从君。'"②（《荀子·臣道》）可见儒家其实是强调道高于势，不能为了势位牺牲道义，说白了不能牺牲道义而当官。而早期道家对"势"基本是排斥。如庄子则明确表达出对势位的不屑，如当楚威王派使者请庄子出山当官，庄子明确表示"吾将曳尾于涂中"③（《庄子·秋水》），即情愿做一只生前在污泥曳尾的龟也不愿当官。而法家则与此相反，非常看重"势"。如韩非子说："势者，胜众之资也。"④（《韩非子·八经》）即权势是制服民众的资本。有了这个资本便可治理天下，令行禁止，没有的话，治国就是空话一句。最后他明确提出："抱法处势则治，背法去势则乱。"⑤（《韩非子·难势》）可见，在法家看来，"势"或者说权威异常重要，它是人主治理天下的把柄，自然也是无为而治的前提条件之一。为此韩非进一步提出"势足缶贤"的观点：

"尧为匹夫不能治三人；而桀为天子能乱天下。……由此观之，贤智未足以服众，而势位足以缶贤者也。"⑥（《韩非子·难势》）

贤人政治一直是儒家的理想政治，而韩非在此明确提出"贤智未足以服众，而势位足以缶贤者也"的主张，可见势位的重要性，它是无为而治的重要前提。

而陆贾说："故孔子遭君暗臣乱，众邪在位，政道隔于三家，仁义闭于公门，故作公陵之歌，伤无权力于世，大化绝而不通，道德施而不用，故曰：无如之何者，吾末如之何也已矣。夫言道因权而立，德因势而行，不在其位者，则无以齐其政，不操其柄者，则无以制其刚。诗云：'有斧有柯。'言何以治之也。"⑦（《新语·辩惑》）在陆贾的圣人系列中，孔子作为后圣是与舜、周公并列的有德之人，但后者实现无为而治的治国理想，而前者却一筹莫展，陆贾认为关键就在于后者有德且有位，前者有德无位，位在这即"势"，即势位。这与韩非所强调的"贤智未足以服众，而势位足以缶贤者也"主张一脉相承，都是强调"处势"是无为而治的前提条件。由此不难看出陆贾的"重势"主张与法家有重要渊源。

---

① ［清］焦循撰：《孟子正义》，中华书局1987年版，第888页。
② ［清］王先谦撰：《荀子集解》，中华书局2003年版，第250页。
③ ［清］郭庆藩撰：《庄子集释》，中华书局2003年版，第604页。
④ ［清］王先慎撰：《韩非子集解》，中华书局2003年版，第431页。
⑤ ［清］王先慎撰：《韩非子集解》，中华书局2003年版，第392页。
⑥ ［清］王先慎撰：《韩非子集解》，中华书局2003年版，第388页。
⑦ 王利器撰：《新语校注》，中华书局2012年版，第96页。

第三节 "统纳致用"为旨归

陆贾以儒家"道德导向无为"为主干，以道家"自然无为"、法家"法术势无为"为补充，改造"无为"，最终目的是为了去掉先秦"无为"不切实际的理想成分，将其改造成能适应时代发展，满足治国实践需要，具有可操作的治国之术，故"统纳致用"是其最终旨归，具体体现在如下三方面：

一、统纳儒道法，形成"履道为基、仁义为本、循法为辅、无为为用"的术化致用的"无为"理论体系

先秦道家"无为"所重的是"治之道"，关注是"循道而行"的内在合理性，故其偏重对"无为"的形而上论证，过于玄远，对形而下的具体操作却疏于探究。其优点在于强调"道法自然""循道而行"，亦即按规律办事，其不足在于忽略治理者主观能动的发挥，"蔽于天而不知人"。

先秦儒家"无为"偏重于"治之德"，关注的是君主道德楷模的树立及其相应影响，其优点是克服道家"无为""蔽于天而不知人"的不足，看到"道德导向"在"无为"中的重要作用，对"无为"如何落实于致用作出重大探索，其不足还在"博而寡要，劳而少功"，缺乏效率。故韩非说："且舜救败，期年已一过，三年已三过，舜有尽，寿有尽，天下过无已者，以有尽逐无已，所止者寡矣。"①（《韩非子·难一》）可见，韩非子认为"道德导向无为"缺乏效率，很难做到无为而治。而司马谈则说："以为人主天下之仪表也，主先而臣随。如此则主劳而臣逸。"②（《史记·太史公自序·论六家要旨》）可见，在司马谈看来，儒家的"道德导向"是"主劳而臣逸"，根本不是无为而治。

先秦法家"无为"所重的则是'治之术'，关注的是切实的治国效率，强调以"抱法""处势"，专制集权方式提高效率，实现无为而治。其优点在是为"无为"术化致用开辟了有效途径，其不足在于忽略甚至排斥"治之德"，使

---

① ［清］王先慎撰：《韩非子集解》，中华书局1998年版，第350页。
② ［西汉］司马迁撰：《史记》，中华书局1959年版，第3289页。

"无为"缺乏伦理基础，导致刻薄寡恩，最终事与愿违。

由此可知，道儒法三家"无为"皆有优点与不足，因此"无为"要想术化致用，落实于治国实践，就须在统纳扬弃三家基础进行术化致用方面的理论创新。陆贾成功肩负这一历史使命，形成"履道为基、仁义为本、循法为辅、无为为用"的术化致用的"无为"理论体系。

（一）"履道为原"

"履道为原"即按治道规律办事是无为而治的本原。首先陆贾继承老子"道法自然"主张。在先秦道家，"道法自然"就要"无为"，"无为"就是"循道而行"，按规律办事。但其"无为"还比较笼统抽象，泛泛而谈，不仅治天下主张"无为"，而且取天下也强调"无为"，正如老子说："以无事取天下。"①（《老子·第五十七章》）。这显然过于理想化，不符合历史事实，因为历朝历代几乎都是以有为方式取天下。陆贾充分认识到这点，提出"统物通变""逆取顺守"来限制"无为"的使用时空，以便真正"履道而行"。他说："故曰，圣人成之。所以能统物通变，治情性，显仁义也。"②（《新语·道基》）可见，圣人是从实际出发，统察天文、地理、人文，进行变通，确立与时代相适应的治国之策，并在其中显现出仁义。为此他以先圣、中圣、后圣为例，说其之所以能在物质文明、制度文明、精神文明中分别作出卓越贡献，就是能因应各自时代需要，"统物通变"。那么具体汉初如何"统物通变"呢？他明确向刘邦提出："居马上得之，宁可以马上治之乎？且汤武逆取而以顺守之，文武并用，长久之术也。昔者吴王夫差、智伯极武而亡；秦任刑法不变，卒灭赵氏。乡使秦已并天下，行仁义，法先圣，陛下安得而有之？"③（《史记·郦生陆贾列传》）在此陆贾强调"逆取顺守""文武并用"是"长久之术"，亦即"履道而行"，按规律办事；同样也是对汤、武、秦等古今治乱"统物通变"所得出结论。所谓"逆取顺守"即取天下有为：尚武、尚刑，治天下"无为"：尚文、尚德。可见，陆贾已抛弃老庄无条件讲"无为"的片面性，认为讲"无为"是有具体时代要求：一般来说取天下有为、尚刑，治天下"无为"、尚仁义。而陆贾劝谏刘邦时恰是大乱之后，急需实现从"逆取"到"顺守"转变之时。而"行仁义"、清净无事、与民

---

① ［三国］王弼注、楼宇烈校释：《老子道德经注校释》，中华书局2008年版，第101页。
② 王利器撰：《新语校注》，中华书局2012年版，第27页。
③ ［西汉］司马迁撰：《史记》，中华书局1959年版，第2699页。

休养生息,则是"顺守",是时代需要。这也是陆贾提出"道莫大于无为""无为为用"政治主张的时代背景。可见,陆贾"无为"的逻辑进程是从"履道而行"到"统物通变"再到"逆取顺守"最后到"无为"。如果说"履道而行"还稍有点哲学上的玄奥,但经历了"统物通变"再到"逆取顺守"这两个环节的补充改造,"无为"作为治道不只有"道"的管理哲学依据,更有现实需要和历史佐证。由此可见陆贾"无为"已突破老庄只从"治之道"论证"循道而行"的内在合理性的局限,着重面向历史与现实寻找依据,这就有效避免老庄不论时空讲"无为"可能与"履道"背离的局限,也才会有陆贾"每奏一章,高帝未尝不称善,左右呼万岁"局面出现。这正如徐复观所说:"像刘邦这种才气卓越的人,不是空言腐论所能掀动的。"① 也正是有了这种修正,才去掉老庄"无为"不切实际的理想主义成分,使之适应了现实政治的需要,才能促进"无为"和王权政治的磨合,为其最终确立为汉初国策做好了准备。

(二)"仁义为基""无为为用"

陆贾看到法家"无为""任法""处势"却不讲道德的偏颇,提出"仁义为本"的主张,他说:"治以道德为上,行以仁义为本。"②(《新语·本行》)从此为"无为"确立伦理基石,以克服法家"无为"所导致的刻薄寡恩,使君民易于接受,也使其作为治道合法性的权威不言而喻。前已述,《新语》第一篇《道基》其"道"指治道,而非天地万物之本源。故"道基"即"道之基"亦即"治道的基础",其后面实则省略了两个字"仁义"。因此,"仁义"亦即"道基"即治道的基础。③ 而陆贾说:"守国者以仁坚固,佐君者以义不倾,君以仁治,臣以义平。"④(《新语·道基》)意在佐证仁义是治道之基础。既然仁义是治道之基础,而无为而治作为治道中的一种,自然亦以仁义为基础,是仁义在治国中的运用,即"无为为用",因为"无为"方能与民休养生息,故是仁义之最大体现。

但先秦儒家对"无为"论述不多,且不占重要地位,真正突出"无为"的重要性,提出"仁义为本,无为为用",把"仁义"与"无为"紧密结合起来,却始自陆贾。从现代政治学的角度看,"仁义"与"无为"的结合其实也就是治

---

① 徐复观著:《两汉思想史》(第2卷),华东师范大学出版社2001年版,第62页。
② 王利器撰:《新语校注》,中华书局2012年版,第159页。
③ 参见拙作《陆贾无为的属性辨析及其价值》,载《求索》2009第8期。
④ 王利器撰:《新语校注》,中华书局2012年版,第35页。

道的合法性与合理性结合，公平与效率结合，它使儒家治道具有很强的现实操作性，促进了"无为"和王权政治磨合，并有启"文景之治"，对儒学独尊产生深远影响。

（三）"循法为辅"

我们都知道陆贾奏对高祖的名言："文武并用，长久之术也。"并认为其是"霸、王道杂之"的汉家制度的先声①，意在强调治国必须运用赏罚、文武、王霸两种手段，不能搞单打一，后其成为汉代，及至2000年来统治者治国的不二法门。它要求治国儒法并用，不能因秦独任刑法而亡而否定法在治国中的作用，否则就无法"履道而行"，就会违背治理规律，故"循法"其实也就是"履道"的表现之一。故"循法为辅"其实就是按管理规律办事，是"履道为原"，是源自"道"。但与法家独任刑法，不要文教不同，陆贾的"循法"是建立在仁义基础上，说："夫法令所以诛暴也"，"诛暴"本身就是仁义的体现。故庞朴先生对"义"的解读为：合理的杀。而陆贾的"循法"最终指向是无为而治，这也是他为什么在《新语·无为》篇特别强调"法令"的"诛暴"功能的原因。但法令只是保善惩恶于已然之后，是为"无为"确立一个良好的社会环境，故其是"无为"的保障、辅助，即"循法为辅"。

那么，道、仁义、"无为"、法四者是种什么样的关系呢？在陆贾思想中，道即治道亦即"修、齐、治、平"规律，"无为"作为治道中的一种，及仁义作为"无为"的伦理基础，法作为"无为"的制度保障都源自道，故道是后三者的本源，前者与后三者是源流关系。既然仁义是治道基础，"无为"作为治道一种，自然以"仁义为本"，是仁义在治国中的运用和体现，故仁义与"无为"的是体用关系。而法也是以仁义为基础，体现仁义，二者也是体用关系；而法同样也是"无为"的保障、辅助，它与"无为"是手段与目标的关系。故四者关系可如此概括：道是"无为"的本原，仁义是"无为"的基础，法是"无为"的保障，"无为"则是道、仁义、法的最终目标。②

综上所述，陆贾通过统纳儒道法，扬弃三家"无为"的优劣，最终形成"履道为原、仁义为本、循法为辅、无为为用"的术化致用"无为"理论体系。

---

① 其实"文武并用"并非陆贾首倡，它实来自于《黄帝四经》的阴阳刑德思想。《黄帝四经》说："先德后刑以养生。"（《十大经·观》）"文武并行，则天下从矣。"（《经法·君正》）

② 须指出：这里所强调的"仁义为基"，指仁义是治道的伦理基础，没有本源、本体意义。故与本章第一节所论仁义与道、无为三者关系有较大区别。

"履道为原"（中经"统物通变""逆取顺守"），使"无为"既有道的内在合理性渊源，又有现实与历史的依据；"仁义为本"为"无为"提供伦理基础；"循法为辅"为"无为"提供了制度保障，三者共同为"无为为用"即"无为"落实于治国实践提供三个稳固的支点。

二、统纳"无为"与有为，形成具体术化致用的"无为"操作体系

老子主张"我无为，而民自化"①（《老子·第五十七章》），淡化或忽略人的主动性。庄子以"是故至人无为，大圣不作，观于天地之谓也"②（《庄子·知北游》）回避或超脱了人的主观努力。而陆贾则明确提出："无为者，乃有为者也。"③（《新语·无为》）可见，先秦"无为"与有为之间分歧与论争在此已被消解调和。"无为"并非不为，并非什么都不做，而是有所为，有所不为，有所为是有所不为的前提，是保障有所不为的落实，最终实现无为而治。为此陆贾提出要无为而治，须在"处势""履道""加强教化""循法"等方面有为，并形成无为的具体操作系统，最终使先秦无为由理想术化致用为可操作的实践系统。

首先，须"处势"，这是无治而治的前提。孔子与舜、周公都是有德有才的圣人，为何后两者能实现无为而治，而孔子却徒叹奈何，原因就在孔子有德无位，即无势，而后两者既有德又有位，即又有势。如此不难看出"处势"的重要性。

其次，须"履道而行"。秦始皇父子有势，却最终二世而亡，更遑论无为而治，原因就在没能"履道而行"，按规律办事，做到"逆取顺守"，实现从有为取天下到"无为"治天下转变，故会"事逾烦天下逾乱，法逾滋而天下逾炽，兵马益设而敌人逾多"。故"履道而行"是无为而治的另一前提。而要做到"履道而行"就须"寡欲"。

再次，须加强道德教化，落实"道德导向无为"。这是实现无为而治的核心与关键。为此就须一则制作礼仪，这是前提；二则任官得人，任用贤人治国，这是保障；三则加强道德修养，为臣民楷模，这是有为的重要内容。

最后，须"循法为辅"。人性有善恶，道德教化并不能使所有人向善，对于

---

① ［三国］王弼注、楼宇烈校释：《老子道德经注校释》，中华书局2008年版，第106页。
② ［清］郭庆藩撰：《庄子集释》，中华书局2003年版，第735页。
③ 王利器撰：《新语校注》，中华书局2012年版，第68页。

害群之马必须以法令惩治，如此方能保善安良，为无为而治提供良好社会环境。故"循法为辅"是"无为"的保障。

总之，陆贾通过统纳"无为"与有为，提出"无为者，乃有为者也"的主张，说明"无为"并非不为，而是有所为有所不为，只有在"处势""履道""加强教化""循法"等方面有为，方能术化为可致用的操作系统，为"无为"提供保障体系，才能避免先秦诸子空谈"无为"，无法践行的不足，保障"无为"的最终落实。

三、由道到事，形成致用的"无为"政策体系

老子说："道常无为而无不为"，强调"无为即道"，故"无为"有浓厚的形而上的超越性和抽象性。而陆贾提出"道莫大于无为"①（《新语·无为》），即最大的治道是"无为"，在此，道已没有道家形而上的本源本体之义，而主要指治道规律，"无为"也没有高深莫测的玄奥性，而是实实在在的人间治道。为此陆贾在《新语·慎微》中批评"夫播布革，乱毛发，登高山，食木实"的道家无为避世隐士是"当世不蒙其功"，因此指责其"可谓避世，而非怀道者也"。可见，陆贾"无为"已没有老庄"无为"消极避世的玄奥，而强调更多的是积极入世的事功。它要求将"无为"治道落实治国实践，转化为治事，成为具体可操作性的治国政策与措施。

首先，要"重德轻刑"。在陆贾在《新语·至德》中提出"设刑者不厌轻，为德者不厌重"②的主张，即"重德轻刑"。显然，这源自儒家"道德导向无为"，因为"道德导向"必然要求"重德"，"无为"必然反对滥杀，即要"轻刑"。

其次，要不扰民。陆贾在《新语·至德》描述理想社会治理模式③是"官府若无吏""邮无夜行之卒、乡无夜召之征""丁男耕耘于野"，即要求政府减少徭役、兵役，与民休养生息，即不扰民。这同样是"无为为用"治道在治国实践中贯彻的结果，因为"无为"必然要求清静无事不扰民。

---

① 王利器撰：《新语校注》，中华书局2012年版，第68页。
② 王利器撰：《新语校注》，中华书局2012年版，第131页。
③ 陆贾的理想社会治理模式显然不同于老子的"小国寡民"模式，也不同于黄道家模式，而与《礼记·礼运》中的大同理想相似。（见拙作《陆贾"无为"思想的属性辨析及其价值》，载《求索》2010年第8期。）

再次，不"轻师尚威"。陆贾在《新语·至德》明确指出：晋厉、齐庄、楚灵、宋襄诸君之所以败亡，就在"皆轻师尚威"。这显然同样源自"无为为用"。因为"轻师尚威"即过度有为，甚至是妄为，与"无为为用"背道而驰，是"内刻百姓"，必然危及长治久安。

又次，"不与民争利"。陆贾在《新语·至德》批评：鲁庄公"与民争田渔薪菜之饶"，导致"上困于用，下饥于食"，并得出"不民争利"的政策主张。这同样还是"无为为用"治道在治国实践中的体现，因为"与民争利"即人主多欲有为，必然会扰乱民众生产生活，与清净无为背道而驰导致国危。反之，统治者不与民争利，则可与民休养生息而长治久安。

最后，须"不兴不事之功"。陆贾在《新语·本行》篇中明确提出：筑"高台百仞""采珠玑"等都是"疲百姓之力"，给人民带来无限痛苦。为此，陆贾提出"不兴不事之功"的政策主张，这显然也源自"无为为用"，因为"无为"必然要求"不兴不事之功"，如此方能与民休养生息。

由上述可知，陆贾通过从事功方面对"道莫大于无为"改造，使"无为"之道转化"无为"之事，最终完成由"无为"治道到清静"无为"治事，即"无为"的政策措施的转变。主要表现：重德轻刑，不扰民，不"轻师尚威"，不与民争利，"不兴不事之功"五方面，但其实质都是"无为为用"的具体体现，从此"无为"成为实实在在的具体政策措施，并最终实现"无为"的治国理念术化为致用的治国之术的目标。

须指出，如何将先秦理想化的"无为"治国理念改造成能满足现实治国实践需要的治国之术是汉初的时代课题。陆贾以儒家"道德导向无为"为主干，以道家"自然无为"、法家"法术势无为"为补充，以"统纳致用"为旨归，对解决这一难题起了重要作用，同时为我们重新审视汉初"无为"政治的思想渊源及儒学在汉初政治的地位提供了新视角。

陆贾是汉初提出"无为"治国的第一人，促成刘邦实现从逆取到顺守，从有为治国到"无为"治国的转变。《史记·郦生陆贾列传》："陆生时时前说称诗书。高帝骂之曰：'乃公居马上而得之，安事诗书！'陆生曰：'居马上得之，宁可以马上治之乎？且汤武逆取而以顺守之，文武并用，长久之术也。……，高帝不怿而有惭色，乃谓陆生曰：'试为我著秦所以失天下，吾所以得之者何，及古成败之国。'陆生乃粗述存亡之徵，凡著十二篇。每奏一篇，高帝未尝不称善，左右呼万岁，号其书曰'新语'。"①而《新语·无为》是《新语》的重要篇章，是陆贾治道的核心，既然"每奏一篇，高帝未尝不称善"，说明刘邦对"无为"是高度认可的，并最终实现从有为取天下到"无为"治天下的转变。至此"无为"作为一种思潮开始与王权政治首次融合并结盟，而陆贾在其中起到了关键作用。

陆贾有启"文景萧曹之治"。曹参代萧何为相，清静无事，举事无所变更，惠帝怪其不治事，引起了二人对治国方略的讨论。《史记·曹相国世家》："参曰：'陛下言之是也。且高帝与萧何定天下，法令既明，今陛下垂拱，参等守职，遵而勿失，不亦可乎？'惠帝曰：'善。君休矣！'"②由上述可知，"文景萧曹之治"其实就是按刘邦的既定方针办事，这种既定方针就是陆贾为之设计的"无为为用"国策。明人钱福说："其书……有启文景萧曹之治者。"③（《〈新语〉序》）这话是有道理的。

而"文景之治"某种程度应归功于陆贾对先秦"无为"的扬弃改造。陆贾以儒家"道德导向"为主干，以道家"自然无为"、法家"法术势无"为补充，以术化致用为旨归，将先秦理想化的"无为"治国理念改造成能满足现实治国实践需要，切实可行的治国之术，大大促进了汉初"无为"思潮与王权政治结盟。首先，对上层社会的影响："无为为用"作为一种治国方针，影响了汉初诸帝的决策，并"有启文景萧曹之治者"。其次，对下层社会的影响："无为为用"作为一种制度精神也严重影响汉代乡里制度，促进了汉代乡村自治。④

"文景之治"不能仅仅归功于道家，儒家在其中也起了重要作用。长期以来，学术界似乎公认汉初"无为"政治是源自黄老道家，而陆贾的"无为"思想自然应属于黄老道家。而"其书……有启文景萧曹之治者"⑤。本书一反传统，认为陆贾的"无为"思想是以儒家"道德导致无为"为主干，以道家"自然无为"、法家"法术势无为"为补充，这就为我们重新审视汉初"无为"政治的思想渊源及儒学在"文景之治"中的地位提供了全新视角：汉初"无为"思想大

---

① ［西汉］司马迁撰：《史记》，中华书局1959年版，第2699页。
② ［西汉］司马迁撰：《史记》，中华书局1959年版，第2030页。
③ 王利器撰：《新语校注》，中华书局2012年版，第193页。
④ 秦代是乡官制度的初步确立期，在中国乡里制度史上，其乡里制度有两大显著特征：最忽视教化，最缺乏自治精神；两汉则是乡官制发展的最充分的时期，表现出勃勃生机和活力；相对其他朝代，汉代乡里制度有两个与秦代恰恰相反的显著特征：一是非常注重教化，为历代之最；二是自治色彩浓厚，也为历代之最。而这种显著变化显然是受到陆贾的"仁义为本"与"无为为用"影响。
⑤ 王利器撰：《新语校注》，中华书局2012年版，第193页。

概是儒、道两家（还包括汉初新法家）以秦为鉴而提出的相似治国方略，对"文景之治"都产生了不同程度的影响，故"文景之治"仅仅归功于黄老道家是不妥的，儒家的"道德导向无为"在其中起到了重要作用。

儒学在汉初绝非在野思潮，它已和王权磨合、结盟。而长期以来，学术界多认为儒学在汉初处被黜地位，直到汉武帝"罢黜百家，独尊儒术"，才突然由被黜变为独尊。既然"文景之治"不能仅仅归功于道家，儒家在其中起了重要作用。这就为我们重新审视儒学在汉初的地位提供了新视角：儒学在汉初绝非在野思潮，它已和王权磨合、结盟，"独尊儒术"只不过汉初儒学与王权磨合、结盟发展的最终结果，而陆贾在其起到了重要作用，忽略其作用是不应该的。

总之，通过对陆贾"无为"思想的属性辨析，陆贾治道属性便明白无疑了，它实以儒家治道为主干，同是吸纳了法、道各家治道的精华，反映汉初儒家以儒学为本、统纳百家、统一思想、尝试与王权结盟的努力。故陆贾治道属性主体属儒家，其思想属性主体是儒学当无疑了。

第三章　治道合法性的依据

当前,陆贾治道思想研究的重点主要是其"仁义为本"的治理理念、"无为为用"的治理模式,却鲜有从天·民·史三维向度研究其治道合法性依据。首先,天乃其治道合法性的本源。其论证具体进程是:天是万物本源,推演到天是人性本源,再推演至天是治道本源,最后推演到天是仁义与无为的本源。从此,仁义与无为等治道在汉初政治中取得不容挑战的神圣地位。其次,民乃治道合法性的旨归。无论是"仁义为本"的治道理念,还是"无为为用"的治道模式,或是重德轻刑、不扰民、不"轻师尚威"、不与民争利、"不兴不事之功"的具体治国政策,其最终目的还在"安民""得民",故民是陆贾治道合法性的终极旨归或者终极标准。最后,史乃治道合法性佐证。陆贾并非空言倡导"仁义为本""无为为用""圣贤为杖"等治道,而更是以史为鉴,论证其合法性、合理性,故历史成了治道合法性的佐证。总之,"天·民·史"乃其治道合法性的三维向度,其有启"亦有启文、景、萧、曹之治者",同样亦有启今天和谐社会的构建。①

须指出,中国传统治道的核心是"和谐",所谓"礼之用,和为贵"②(《论语·学而》),其不但是儒家治道的终极目标,也是"夫阴阳、儒、墨、名、法、道德,此该务为治也"③的终极目标。即便是兵家,也强调"止戈为武",最终也是为化干戈为玉帛,亦即和谐。故一言以蔽之,传统治道即和谐治理,简称"和治"。所谓"和治"即借鉴中国传统文化中的和谐智慧进行国家治理、社会治理、身心治理所形成的独具中国本土特色的治理理论,主要包括"和为贵"

---

① 参见拙作《传统"和治"及其在构建和谐社会中的价值》,载《前沿》2010年第8期。
② 程树德撰:《论语集释》,中华书局2010年版,第46页。
③ [西汉]司马迁撰:《史记》,中华书局1959年版,第3288—3289页。

的治道目标、"尚中贵和"的治道方法、"仇必和而解"的治道保障等。①

须指出,传统"和治"是中国传统治道的精华,也是陆贾治道的精华。无论是其"仁义为本""无为为用"或是"圣贤为用"的治道保障,最终目标还是致太平,实现天下和谐。而陆贾可贵之处在于不但提出"仁义为本"等致太平的治道主张,更在于从天·民·史三维向度探索致太平的依据,亦即其治道合法性依据。这奠定了汉初治道法理基础,有启"文景之治",何曾不亦有启今天和谐社会的构建。

第一节 天:治道合法性的本源

治道本源即治道的依据源自何处。儒家认为这要追溯到天,天是中华文化中最重要概念,主要有三重含义:人格神,自然,天赋道德。孔子在"天人合一"基础上提出"则天说":"大哉,尧之为君也!巍巍乎!唯天为大,唯尧则之。"②(《论语·泰伯》)即天至高至大,亦只有像尧这样的君主才能效法天。故黎红雷说:"总结上述各种含义,孔子所谓'唯天为大,唯尧则之',就是要求管理者效法天,以天为'则',即把天当作管理规范(准则、规则、法则)的来源。"③故天是国家治理之道的终极依据,即治道本源。而孟子则提出"事天说":"尽其心者,知其性也。知其性,则知天矣。存其心,养其性,所以事天也。"④(《孟子·尽心上》)亦即天道与人性可以合而为一,故治国者须存心养性,以人德配天德,"天人合德",方能获得和保有治理资格。故天是治理权力合法性的终极依据,亦即治道本源。荀子则提出"应天说":"天行有常,不为尧存,不

---

① 传统"和治"包括三方面的内容:(一)"和为贵"的治道目标。孔子说:"礼之用,和为贵。"(《论语·学而》)孟子说:"天时不如地利,地利不如人和。"(《孟子·公孙丑下》)可见"和为贵"是传统"和治"的治道目标。(二)"尚中贵和"的治道方法。中国传统文化非常强调"尚中贵和",如此方能无"过犹不及",最终"和则安人"。故"尚中贵和"是传统"和治"的治道方法。(三)"仇必和而解"的治道保障。张载说:"有象斯有对,对必反其为;有反斯有仇,仇必和而解。"(《张子正蒙·太和篇》)故"仇必和而解"是传统"和治"的治道保障。(参见拙作《传统"和治"及其在构建和谐社会中的价值》,载《前沿》2010年第8期)
② 程树德撰:《论语集释》,中华书局2010年版,第549页。
③ 黎红雷著:《儒家管理哲学》,广东高等教育出版社1997年版,第44页。
④ [清]焦循撰:《孟子正义》,中华书局1987年版,第877-878页。

为桀亡。应之以治则吉，应之以乱则凶。"①（《荀子·天论》）亦即天运行是有客观规律的，治国者应在遵循、把握其规律基础积极应对，使之为我所用，才能取得良好的治理效果。而遵循、把握其规律亦即效法天，以天为治道本源；当然荀子更强调"应"即发挥人的治理积极性。

须指出：虽然儒家强调天是治道本源，但并没有因此走向命定论，反而一再强调人即治理者在其中的主体作用。故黎红雷说："在儒家管理哲学本体论中，孔子的'则天说'，孟子的'事天说'，荀子的'应天说'，虽然各自的侧重有所不同，但有一点却是一致的，这就是'重人'。在他们的思想体系中，'天'不过是外在的规定，必要的假设，'人'才是问题的核心，立论的中心。只有人才能'则天'，只有人才能'事天'，也只有人才能'应天'。"②

但看到先秦儒学在探索治道本源贡献时，也须看到由于其并未意识形态化，故天作为治道本源其权威大打折扣。如：孔子虽强调"唯人则天"，但更强调"仁"，更主张尽人事，强调"道之以德""齐之以礼"，故天在治道中的地位更多的是象征性的虚而不实。而孟子强调"尽心、知性、知天"，一方面强化了儒学的人性论权威，夯实了其治道基础，另一方面过分道德化解释不免淡化了天作为宇宙终极依据地位，自然也使其作为治道本源神圣性大大弱化。荀子主张隆礼、重法，有助于儒学向术化致用方面转化；但是过分强调"天人相分"，否定天作作为人类社会终极依据，无疑又制约了儒学意识形态化进程，不利于建构天作为治道本源神圣性努力。总之，由于先秦儒学以天作为本源的宇宙论依据不发达，故儒家治道仿佛缺少自然法则支持，更无法获得形而上信仰支撑，故其不言而喻权威便不免脚下空虚。而真正解决这个问题始于陆贾，关键是董仲舒，终于《白虎通》。

而董仲舒正是沿着陆贾的路子，以天为终极依据，建立庞大的天人哲学，使儒学意识形态化，天作为治道本源权威才真正正式确立。

以天为逻辑起点是汉代哲学最显著、最普遍的特征，陆贾也不例外。陆贾是汉初以天为终极依据，以阴阳五行为材料，有意识构建儒学形而上宇宙支持系统，探寻以天为治道天然合理终极依据的第一人。那么陆贾是如何探寻、树立天作为治道本源不言而喻权威呢？

---

① ［清］王先谦撰：《荀子集解》，中华书局1988年版，第306-307页。
② 黎红雷著：《儒家管理哲学》，广东高等教育出版社1997年版，第56页。

一、天是万物本源

《新语》道句说:"传曰:'天生万物,以地养之,圣人成之。'功德参合,而道术生焉。"①(《新语·道基》)"天生万物",亦即天是万物本源。

二、天是人性本源

陆贾强调天是治道本源与其人性论有重要关系。他说:"故性藏于人,气达于天;几微浩大,下学上达,事以类相从,声以音相应。"②(《新语·术事》)这显然与孟子所言"尽其心者,知其性也。知其性,则知天矣"③(《孟子·尽心上》)一脉相承,后被董仲舒继承:"天两有阴阳之施,身亦两有贪仁之性。"④(《春秋繁露·深察名号》)三者都是强调人性与天性相通。另外,陆贾又强调要"德配天地,光被八极"⑤(《新语·辅政》),"行合天地,德配阴阳"⑥(《新语·道基》),这显然也与孟子所强调"存其心,养其性,所以事天也"⑦(《孟子·尽心上》)一脉相承,都认为既然人性(善性)源自天性,故统治者就须存心养性,以人德配天德。而董仲舒在此基础上又有发展:"是故王者上谨于承天意,以顺命也;下务明教化民,以成性也。"⑧(《汉书·董仲舒传》)亦即沟通天性和人性的是圣人,强调圣人在其中的重要地位。总之,陆贾及董仲舒之所以都强调天是人性本源,其意在强调其人性论之神圣性,最终为其"仁义为本""无为为用"的治道理论奠定坚实的人性论基础,毕竟人性论是治理基础。而性善论又是儒家仁政之基础,因为人性本善,故治国者只须"仁义为本""无为为用",使人之善性充分发挥,便可天下大治。而人之善性又源自天性。故陆贾"仁义为本""无为为用"的治道虽直接以人性本善为基础,但最终还是建立在天性本善、天性与人性相通相应的基础上。

---

① 王利器撰:《新语校注》,中华书局2012年版,第1页。
② 王利器撰:《新语校注》,中华书局2012年版,第55页。
③ [清]焦循撰:《孟子正义》,中华书局1987年版,第877页。
④ [清]苏舆撰、钟哲点校:《春秋繁露义证》,中华书局1992年版,第363-364页。
⑤ 王利器撰:《新语校注》,中华书局2012年版,第59页。
⑥ 王利器撰:《新语校注》,中华书局2012年版,第32页。
⑦ [清]焦循撰:《孟子正义》,中华书局1987年版,第878页。
⑧ [东汉]班固撰:《汉书》,中华书局1962年版,第2515页。

三、天是治道本源

陆贾说:"于是先圣乃仰观天文,俯察地理,图画乾坤,以定人道,民始开悟,知有父子之亲,君臣之义,夫妇之别,长幼之序。于是百官立,王道乃生。"①(《新语·道基》)何谓"人道"?"人道,礼记丧服小记:'亲亲,尊尊,长长,男女之有别,人道之大者也。'"②可见"人道"实指处理家庭与社会关系准则,亦即家庭、社会治理之道,而其却是"先圣乃仰观天文"的结果,亦即源自天;可见天是家庭及社会治理之本源。众所周知,中国历来是家国同构,"修齐治平"相通,故家庭、社会治理之道也便可上升到王道,亦即国家治理之道,故"于是百官立,王道乃生"。如此可知:王道源自人道,而人道又源自天,而人道和王道都属于治道,故治道最终源自天,以天为取法目标。这显然与孔子"唯人则天"思想一脉相承,后被董仲舒所继承:"君臣、父子、夫妇之义,皆取诸阴阳之道。……王道之三纲,可求于天。"③(《春秋繁露·基义》)三者都强调治道源自天。最后陆贾在《至德》中以史为证,说"若汤、武之君,伊、吕之臣"之所以能"以寡服众,以弱制强"并最终使"天下和平,家给人足"就在其能"因天时而行罚,顺阴阳而运动,上瞻天文",一句话就在其能效法天,以天为终极依据和取法目标。

另外,天与治道相通相应。陆贾强调:"治道失于下,则天文变于上;恶政流于民,则螟虫生于野。"④(《新语·明诫》)说明治道与天是相通相应:"恶政生于恶气,恶气生于灾异。"⑤(《新语·明诫》)故"戴彦升曰:'明诫篇陈天文虫灾之变,谓天道因乎人道,开言《春秋》五行、陈灾异封事者之先'"⑥。后董仲舒对此进一步继承与发展,他说:"臣谨案春秋之中,视前世已行之事,以观天人相与之际,甚可畏也。国家将有失道之败,而天乃先出灾害以谴告之,不知自省,又出怪异以警惧之,尚不知变,而伤败乃至。"⑦(《汉书·董仲舒传》)二者都是强调治道与天相通相应,最终目标是使儒家治道神圣化,取得不言而喻的

---

① 王利器撰:《新语校注》,中华书局2012年版,第10页。
② 王利器撰:《新语校注》,中华书局2012年版,第11页。
③ [清]苏舆撰、钟哲点校:《春秋繁露义证》,中华书局1992年版,第432–434页。
④ 王利器撰:《新语校注》,中华书局2012年版,第173页。
⑤ 王利器撰:《新语校注》,中华书局2012年版,第173页。
⑥ 王利器撰:《新语校注》,中华书局2012年版,第170页。
⑦ [东汉]班固撰:《汉书》,中华书局1962年版,第2498页。

权威。

看到天是治道本源时也不能忽略人在其中的重要作用。陆贾说:"传曰:'天生万物,以地养之,圣人成之。'功德参合,而道术生焉。"①(《新语·道基》)在此"道术"即"治道",它是天地人三才参合的结果,这显然与荀子所说的"天有其时,地有其财,人有其治,夫是之谓能参"②(《荀子·天论》)一脉相承,都是强调在看到天是治道的本源与效法目标时,也须看到人或圣人在其中的主体地位。无之,治道也不可能产生。而陆贾一再强调"仁义为本""无为为用",其实就也是强调在遵循效法天的前提下,应充分发挥为治者的主观能动性。

四、天是"仁义"与"无为"的本源

陆贾说:"守国者以仁坚固,佐君者以义不倾,君以仁治,臣以义平。"③(《新语·道基》)即"仁义"是"治国平天下"或者说治道的基础。既然治道源于天,而仁义作为治道基础自然也是以天为本源。通观《新语·道基》篇,"仁义为本"无疑是从天道中推演出来的,故最终以天为终极依据。故陆贾说:"故曰,圣人成之。所以能统物通变,治情性,显仁义也。"④(《新语·道基》)即圣人使这一切变成现实;他统察天地万物,进行变通,修炼性情,并显现"仁义"。在这"仁义"是统察天地万物的结果,显然也是天的体现。故戴彦升曰:"道基篇原本天地,历叙先圣,终论仁义。"⑤ 同样,既然治道源天,而"道莫大于无为",故"无为"作为最大的治道自然也源于天,是仁义在治理中的体现。可见,无论是"仁义为本"还是"无为为用"最终都是以天为本源和取法目标。

由上述可知,陆贾探寻、树立天作为治道本源不言而喻绝对权威的具体进程是:天是万物本源,推演到天是人性本源,再推演至天是治道本源,最后推演到天是"仁义"与"无为"的本源。从此"仁义"与"无为"在汉初政治中取得不容挑战的神圣地位。

须指出:天作为治道本源对今天如何构建和谐社会依然有重要启示。

---

① 王利器撰:《新语校注》,中华书局2012年版,第1页。
② [清]王先谦撰:《荀子集解》,中华书局1988年版,第308页。
③ 王利器撰:《新语校注》,中华书局2012年版,第35页。
④ 王利器撰:《新语校注》,中华书局2012年版,第27页。
⑤ 王利器撰:《新语校注》,中华书局2012年版,第1页。

首先，治国者要有敬畏之心、忧患意识，不能无法无天。与先秦儒家一样，陆贾的天也有三重含义：人格神，自然，天赋道德。陆贾主张"治道失于下，则天文变于上"，实强调天人感应，首开两汉儒学神学化之先河。虽说天人感应并不科学，但在当时其却有制约专制王权，使之不能妄为的正面作用。尤其其透露的敬畏之心、忧患意识对构建和谐社会、长治久安有重要价值：汉初君臣目睹强秦之亡，悟"天命靡常"，忧汉步秦后尘，处处以秦为鉴，才有"文景之治"和谐社会出现。在改革开放30多年取得举世瞩目成就时，胡锦涛等中共领导人居安思危，痛感各类矛盾暗潮汹涌，如不能正确化解，改革成果将毁于一旦，更遑论中华民族伟大复兴，故提出构建和谐社会战略。为此各级领导须时怀敬畏之心、忧患意识，尤其杜绝为了个人利益胆大妄为，甚至无法无天，毕竟"生于忧患而死于安乐也"①（《孟子·告子下》），唯如此方能克勤克谨，构建和谐社会。

其次，治国者要修德，加强道德修养，以德配天。陆贾等汉初儒生认识到"德配天地"之重要性，提出"夫建大功于天下者必先修于闺门之内"②（《新语·本行》）等主张并被采纳，才有"文景之治"出现。今天要构建社会主义和谐社会也要求为治者修德，加强道德修养。30多年来，我们重大失误之一，就是在忽略道德建设，尤其官员的道德建设，导致经济发展与道德滑坡二律背反，与构建和谐社会背道而驰。而治国者修德，加强道德修养至关重要，因为"君子之德风，小人之德草。草上之风，必偃"③（《论语·颜渊》）。

最后，治国者要遵循、效法自然规律，实现天人和谐。陆贾强调："天生万物"，主张"仰观天文，俯察地理"，"不违天时，不夺物性"，故能"宁其心而安其性"，实现人与物（万物）人与天（自然）和谐，这对构建和谐社会依然有重要启示：治国者对大自然要有敬畏之心，不要动不动就说征服自然，改造自然，搞政绩工程；而应效法自然，遵循自然规律前提下使之为我所用，最终实现人与自然，人与万物和谐；否则，我们终归要遭到大自然惩罚，与建设生态文明，构建和谐社会背道而驰。"人有多大胆，地有多大产"的"大跃进"便是前车之鉴。

---

① ［清］焦循撰：《孟子正义》，中华书局1987年版，第872页。
② 王利器撰：《新语校注》，中华书局2012年版，第101页。
③ 程树德撰：《论语集释》，中华书局2010年版，第866页。

第二节　民：治道合法性的旨归

治道合法性旨归即治道合法性的最终指向亦即最终标准是什么。中华文化强调"天人合一"但讲天讲地，最终是为了讲人。这也反映到治道中。儒家虽然强调天乃治道本源，但认为其最终旨归是为了民，即以民作为考虑一切治理问题的根本和最终目标。具体表现"安民""得民"。如孔子就一再强调："修己以敬，……修己以安人，……修己以安百姓。"①（《论语·宪问》）须指出"安人"在这主要指安臣下；孔子强调：为治者要"修己"，加强道德修养才能安臣下，最终达到"安百姓"的目的，故"修己"最终目的还是"安百姓"，即"安民"。这也佐证儒家治道以民为旨归。与孔子强调的"安民"不同，孟子更强调"得民"，他说："得天下有道：得其民，斯得天下矣；得其民有道：得其心，斯得民矣。"②（《孟子·离娄上》）亦即只有得到人民才能得到天下，而只有得到人民的心才能得到人民。此即孟子"得民得心"的王道学说。须指出："安民"的最终目的还"得民"，得到人民支持，如此方能长治久安。

作为汉初儒学的重要代表，陆贾对先秦儒学重民思想进行继承发展，故其虽主张治道源自天，但却一再强调最终目标是"安民""得民"，即民是其治道的旨归。

首先，陆贾强调"安民"。他在《新语·道基》篇中指出：中圣的功绩主要在制度文明，其之所以"设辟雍庠序之教"强调德治、礼治，乃因应"民知畏法，而无礼义"，其目的在"以正上下之仪，明父子之礼、君臣之义，使强不凌弱、众不暴寡，弃贪鄙之心，兴清洁之行"③（《新语·道基》），实即"安民"。而后圣的主要功绩则主要在精神文明，其之所以"定五经，明六艺"乃因应"礼义不行，纲纪不立"，其目的在"以绪人伦，……以匡衰乱，……以节奢侈，正风俗，通文雅"④（《新语·道基》），说白了，也在"安民"。

其次，要"得民"。陆贾说："夫欲富国强威，辟地服远者，必得之于民；

---

① 程树德撰：《论语集释》，中华书局2010年版，第1041页。
② ［清］焦循撰：《孟子正义》，中华书局1987年版，第503页。
③ 王利器撰：《新语校注》，中华书局2012年版，第19–20页。
④ 王利器撰：《新语校注》，中华书局2012年版，第21页。

欲建功兴誉，垂名烈，流荣华者，必取之于身。"①（《新语·至德》）"富国强威，辟地服远者"即富国强兵，实指治国，"得之于民"即得到人民的拥护，即国家治理必须得到人民支持与拥护。可见，治国的最终目标即"得之于民"即获得人民支持，唯如此方能长治久安，故"得之于民"是陆贾治道的旨归。那么如何才能得到人民的支持呢？"故设道者易见晓，所以通凡人之心，而达不能之行。"②（《新语·慎微》）即治道要通俗易懂，能打通百姓之心，才能最终实行。故刘泽华说："陆贾认为当权者实行的政策要合于民心，而且应明了简要。"③ 这显然与孟子"得民得心"的王道学说一脉相承。孟子说："得天下有道：得其民，斯得天下矣；得其民有道：得其心，斯得民矣。"④（《孟子·离娄上》）二者都强调治道的成败光强调"得民"尚不够，关键还在得"民心"，所谓"得民心者得天下"。

那么，如何做到"安民""得民"呢？陆贾提出要"仁义为本""无为为用"。

首先，要"仁义为本"。陆贾说："治以道德为上，行以仁义为本。"⑤（《新语·本行》）"仁义"二字最早是分开的。孟子说："仁也者，人也。"⑥（《孟子·尽心下》）"仁"本意指人与人之间的亲密关系，故许慎说："仁，亲也，从人二。"⑦（《说文解字》）而"义者宜也，尊贤为大"⑧（《礼记·中庸》）。宜即适宜，也即合理，故文化学者庞朴解为"合理的杀"，即对不仁行为进行惩治。"仁义"合用本意为仁爱与正义。早在先秦孟子便推崇仁义，并提出"仁心""仁政"主张，到陆贾则明确提出"仁义为本"的"和治"理念，此后董仲舒继承发展其说，将"仁义"作为传统道德最高准则。可见"仁义"本是处理人与人之间关系的道德准则，它要求人与人之间相亲相爱，但又不能滥爱，要受正义制约。后上升到国家治理理念，要求统治者以德治国，"修己安人"，对人民讲仁义，施仁政，其最终目标还在"修己以安百姓"，亦即"安民"。故民是陆贾

---

① 王利器撰：《新语校注》，中华书局2012年版，第130页。
② 王利器撰：《新语校注》，中华书局2012年版，第106页。
③ 刘泽华主编：《中国古代政治思想史》，南开大学出版社1997年版，第270页。
④ ［清］焦循撰：《孟子正义》，中华书局1987年版，第503页。
⑤ 王利器撰：《新语校注》，中华书局2012年版，第142页。
⑥ ［清］焦循撰：《孟子正义》，中华书局1987年版，第977页。
⑦ ［东汉］许慎撰、［清］段玉裁注：《说文解字注》，上海古籍出版社1981年版，第365页。
⑧ ［东汉］郑玄注、［唐］孔颖达疏、龚抗云整理、王文锦审定：《礼记正义》，北京大学出版社2000年版，第1368页。

"仁义为本"的终极旨归。故"黄震曰：'本行言立行本仁义。'……唐晏曰：'此篇义主本诸身以加乎民'"①。

其次，要"无为为用"。陆贾强调"道莫大于无为"②（《新语·无为》），并在《新语·至德》篇中提出理想治理模式："君子之为治也，块然若无事，寂然若无声，官府若无吏。"③ 亦即"无为为用"。要达到境界："间里不讼于巷，老幼不愁于庭，……耆老甘味于堂，丁男耕耘于野，在朝者忠于君，在家者孝于亲；……长幼异节，上下有差，强弱相扶，小大相怀。"④ 这是一幅活生生的无为而治的理想社会太平盛世图，其核心就在和谐安民，这也说明民是"无为"的旨归，这对今天如何构建和谐社会依然有重要启示。

须指出：治国理念与模式只是国家治理的指导思想，如不能转化具体可操作的治国政策，那么"安民""得民"也只是纸上谈兵，理念上假设，并不能落到实处，其目标自难实现。陆贾可贵之处就在将"仁义为本""无为为用"的"安民""得民"治道理念和治道模式术化致用为可操作性政策系统，具体表现如下：

一、要重德轻刑

陆贾说："天地之性，万物之类，怀德者众归之，恃刑者民畏之，归之则充其侧，畏之则去其域。故设刑者不厌轻，为德者不厌重，行罚者不患薄，布赏者不患厚，所以亲近而致远也。"⑤（《新语·至德》）在陆贾看来，天地万物包括人类，其本性是怀德畏刑，因此要"亲近而致远"就须"设刑者不厌轻，为德者不厌重"，即重德轻刑。显然，陆贾这一认识是从秦王朝严刑峻法导致农民起义这一现实的教训得出的。同时也是源自其"仁义为本""无为为用"的治道主张，因为"仁义为本"必然要求"重德"，"无为为用"必然反对滥杀，即轻刑。唯如此才能"得之于民"，获得人民支持。

---

① 王利器撰：《新语校注》，中华书局2012年版，第159页。
② 王利器撰：《新语校注》，中华书局2012年版，第68页。
③ 王利器撰：《新语校注》，中华书局2012年版，第132页。
④ 王利器撰：《新语校注》，中华书局2012年版，第132页。
⑤ 王利器撰：《新语校注》，中华书局2012年版，第131页。

二、要不扰民

陆贾说:"是以君子之为治也,块然若无事,寂然若无声,官府若无吏,亭落若无民,闾里不讼于巷,……岂待坚甲利兵、深牢刻令、朝夕切切而后行哉?"①(《新语·至德》) 可见,陆贾的理想社会治理模式显然不同于老子的"小国寡民"模式,也不同于黄道家模式,而与《礼记·礼运》中的大同理想相似,② 何也,因其是"仁义为本""无为为用"在治道中贯彻的结果;其本质就在和谐安民,或者说"得之于民"。"官府若无吏""邮无夜行之卒,乡无夜召之征""丁男耕耘于野",即要求政府减少对社会的行政干预,减少徭役、兵役,与民休养生息,即不扰民。这显然也是以秦为鉴得出的教训,秦之亡的重要原因在大过有为,扰民过度,重要表现是瑶役兵役过重,修长城、修阿房宫、灭百越、逐胡人,导致民心尽失,故陈涉一夫作难,天下影集,最终二世而亡。故要"得之于民"就须不扰民,而刘邦听取了陆贾这一建设,实行与民休养生息政策,并历惠、文、景三帝,才有"文景之治"盛世出现。

三、要不"轻师尚威"

陆贾说:"昔者,晋厉、齐庄、楚灵、宋襄,乘大国之权,杖众民之威,军师横出,陵轹诸侯,……故宋襄死于泓之战,三君弑于臣之手,皆轻师尚威,以致于斯,故《春秋》重而书之,嗟叹而伤之。三君强其威而失其国,急其刑而自贼,斯乃去事之戒,来事之师也。"③(《新语·至德》) 在此陆贾指出:晋厉、齐庄、楚灵、宋襄诸君之所以败亡,就在"皆轻师尚威"而"军师横出"。须指出,任何战争都要耗费大量人力物力,而人民则常是战争的最终受害者。因此,其是"内克百姓"的行为,是难以得到百姓支持。秦王朝之所以灭亡,重要原因也在"轻师尚威",灭六国、灭百越、逐胡人,战争不断,给人民带来无限痛苦,最终不能"得之于民"。

---

① 王利器撰:《新语校注》,中华书局2012年版,第132页。
② 参见拙作《陆贾"无为"思想的属性辨析及其价值》,载《求索》2010年第8期。
③ 王利器撰:《新语校注》,中华书局2012年版,第136页。

四、要不与民争利

"鲁庄公一年之中,以三时兴筑作之役,规虞山林草泽之利,与民争田渔薪菜之饶,刻桷丹楹,眩曜靡丽,收民十二之税,不足以供邪曲之欲,缮不用之好,以快妇人之目,财尽于骄淫,力疲于不急,上困于用,下饥于食,乃遣臧孙辰请滞积于齐,仓廪空匮,外人知之,于是为齐、卫、陈、宋所伐,贤臣出,邪臣乱,子般杀,鲁国危也。"①(《新语·至德》)在这陆贾明确指出:鲁庄公与民争利导致"上困于用,下饥于食"而"鲁国危也",并得出"据土子民,治国治众者,不可以图利,治产业,则教化不行,而政令不从"②(《新语·怀虑》)、"君子笃于义而薄于利"③(《新语·本行》)的结论。这显然与孔子"君子喻于义,小人喻于利"④、孟子的"王何必曰利?亦有仁义而已矣"⑤(《孟子·梁惠王上》)观点一脉相承,强调统治者要重义轻利。毕竟物质利益对小民来说是民生问题,关系其身家性命,与民争利必然威胁切身利益,而使民心尽失,导致"教化不行,而政令不从"而国危。反之,统治者不与民争利,而是带头讲义,则"得之于民"而可使国家长治久安,此其最大之利;此即"义以生利"获大利。

五、要"不兴无事之功"

陆贾说:"夫怀璧玉,要环佩,服名宝,藏珍怪,玉斗酌酒,金罍刻镂,所以夸小人之目者也;高台百仞,金城文画,所以疲百姓之力者也。故圣人卑宫室而高道德,恶衣服而勤仁义,不损其行,以好其容,不亏其德,以饰其身,国不兴不事之功,家不藏不用之器,所以稀力役而省贡献也。璧玉珠玑,不御于上,则瑑好之物弃于下;彫琢刻画之类,不纳于君,则淫伎曲巧绝于下。夫释农桑之事,入山海,采珠玑,捕豹翠,消?力,散布泉,以极耳目之好,快淫侈之心,

---

① 王利器撰:《新语校注》,中华书局2012年版,第138–139页。
② 王利器撰:《新语校注》,中华书局2012年版,第144页。
③ 王利器撰:《新语校注》,中华书局2012年版,第166页。
④ 程树德撰:《论语集释》,中华书局2010年版,第267页。
⑤ [清]焦循撰:《孟子正义》,中华书局1987年版,第36页。

岂不谬哉？"①（《新语·本行》）在陆贾看来，筑"高台百仞""采珠玑""捕豹翠"等都是"兴无事之功""疲百姓之力者"，给人民带来无限痛苦；而秦王朝灭亡的重要原因之一就建"阿房宫"等"兴无事之功"。因此，"不兴无事之功"才"得之于民"，长治久安。正如王兴国所说："陆贾要求统治者带头过俭朴的生活，罕兴力役，这样不仅可以为社会移风易俗树立榜样，而且可以保证以更多的劳力投放于农桑之事，老百姓便会家给人足，国家才能长治久安。"②

须指出：民作为治道旨归在今天如何构建和谐社会依然有重要启示。

"安民""得民"是构建和谐社会的最终保障。无论是"仁义为本"还是"无为为用"最终还是要落实"安民""得民"；否则，前两者都是空话，既不能构建和谐社会，更谈不上长治久安。它要求以满足人的全面需求和促进人的全面发展作为国家治理的根本出发点和落脚点；要求以人民满意不满意、人民高兴不高兴、人民赞成不赞成，成为检验我们治国得失的重要标准。

首先，要注重服务对象的全体性，以绝大多数普通百姓的利益为旨归。改革开放的30多年，是人民得到实惠最多的30多年，但也须看到在改革成果分配方面存在较严重不平衡，出现较严重的贫富分化。陆贾"仁义为本"、民为旨归等主张对解决此难题有重要启示。

其次，要注重人需求的全面性，不但要强调人的物质需求，还要关注其精神需求。改革开放以来，我们在满足人民物质需求方面成就举世瞩目，但也出现经济发展与道德滑坡的二离背反。而陆贾主张"仁义为本"，使民"庶之""富之"后，又强调"兴辟雍庠序而教诲之"③（《新语·至德》）亦即"教之"，这对如何防止物质文明与精神文明一手硬一手软，构建和谐社会有重要启示。

总之，无论是"仁义为本""无为为用"的治道理念与模式，还是重德轻刑、不扰民、不"轻师尚威"、不与民争利、"不兴无事之功"具体治国政策，其最终目的还在于"安民""得民"，故民是陆贾治道的终极旨归。

---

① 王利器撰：《新语校注》，中华书局2012年版，第167页。
② 王兴国著：《贾谊评传》，南京大学出版社1992年版，第455页。
③ 王利器撰：《新语校注》，中华书局2012年版，第132页。

第三节　史：治道合法性的佐证

以史为鉴，可以知兴衰。作为史学家，《楚汉春秋》的作者，陆贾并非空言倡导"仁义为本""无为为用"等治道，而更是以史为鉴，论证其合法性、合理性，故历史成了治道的佐证。

陆贾认为，人类历史发展存在某种治道规律。他说："故圣贤与道合，愚者与祸同，怀德者应以福，挟恶者报以凶，德薄者位危，去道者身亡，万世不易法，古今同纪纲。"①（《新语·术事》）"万世不易法，古今同纪纲"并非说天不变道亦不变，而是说人类社会的一些基本治道规律与法则如"德薄者位危，去道者身亡"是不分东西、古今，是相同的，即"古人之所行者，亦与今世同"②（《新语·术事》）。为此陆贾坚决反对不顾治道规律而妄谈灾变，批评"夫世人不学《诗》《书》，存仁义，尊圣人之道"而"论不验之语""说灾变之异"为"乖先王之法，异圣人之意"，最终会"犹不可以济于厄而度其身""不免于辜戮"。

陆贾主张：既然人类历史发展存在某种治道规律，故史书并非简单记载过去发生什么，其更重要的功能是总结治乱规律，并以史佐治、资治。他说："《春秋》上不及五帝，下不至三王，述齐桓、晋文之小善，鲁之十二公，至今之为政，足以知成败之效，何必于三王？故古人之所行者，亦与今世同。"（《新语·术事》）③《春秋》是鲁国的史书，通过它"足以知成败之效"，亦即知道古今成败衰亡的规律，而这种规律即是否"立事者不离道德"即是否"以德治国"亦即是否"仁义为本"。可见史书的重要功能就在于以史佐证治道规律。而以史佐治的最终目的就在以史资治。他又说："善言古者合之于今，能述远者考之于近。故说事者上陈五帝之功，而思之于身，下列桀、纣之败，而戒之于己，……"④（《新语·术事》）"善言古者合之于今"即写史的目的在古为今用，它要求统治者"以史为鉴"而最终"思之于身""戒之于己"。故"黄震曰：'术事言帝王

---

① 王利器撰：《新语校注》，中华书局2012年版，第48、50页。
② 王利器撰：《新语校注》，中华书局2012年版，第48页。
③ 王利器撰：《新语校注》，中华书局2012年版，第48页。
④ 王利器撰：《新语校注》，中华书局2012年版，第43页。

之功,当思之于身,舜弃黄金,禹捐珠玉,道取其至要'"①。

《新语》的诞生本身就是以史佐治、资治的结果。《史记·郦生陆贾列传》:"陆生时时前说称诗书。高帝骂之曰:'乃公居马上而得之,安事诗书!'陆生曰:'居马上得之,宁可以马上治之乎?且汤武逆取而以顺守之,文武并用,长久之术也。昔者吴王夫差、智伯极武而亡;秦任刑法不变,卒灭赵氏。乡使秦已并天下,行仁义,法先圣,陛下安得而有之?'高帝不怿而有惭色,乃谓陆生曰:'试为我著秦所以失天下,吾所以得之者何,及古成败之国。'陆生乃粗述存亡之徵,凡著十二篇。每奏一篇,高帝未尝不称善,左右呼万岁,号其书曰'新语'。"② 首先,陆贾以史为鉴,以"汤武逆取而以顺守""吴王夫差、智伯极武而亡;秦任刑法不变,卒灭赵氏"等史实说明"行仁义"的重要性,使高祖实现了"逆取顺守"转变。更重要的是,《新语》本身是为完成刘邦的交给"著秦所以失天下,吾所以得之者何,及古成败之国"的政治任务而写的,其实就以"古成败"为鉴,尤其以秦为鉴,探讨"长久之术",亦即长治久安之道。这就难免其通篇大量运用历史史实探讨古今得失,佐证治道规律亦即佐治,最终为汉王朝探索长治久安之策,亦即资治。

一、以史佐证"仁义为本"的合法性是陆贾以史佐治的重要体现

"仁义为本"是陆贾治道的核心。如他说:"故圣人怀仁仗义,分明纤微,忖度天地,危而不倾,佚而不乱者,仁义之所治也。"③(《新语·道基》)但陆贾并非空言倡导"仁义",而更是以史为鉴,论证其合法性。如陆贾认为:整个人类史就是一部讲仁义而兴、治,失仁义而亡、乱的历史。故历史成了仁义合法性的佐证。如:陆贾坚持圣人史观,认为圣人在造福人民中起到关键作用,并在其中显现"仁义"。其中先圣的功绩主要在物质文明,如:"于是黄帝乃伐木构材,筑作宫室,上栋下宇,以避风雨。"④(《新语·道基》)而中圣的功绩主要在制度文明。如:"于是中圣乃设辟雍庠序之教,以正上下之仪,明父子之礼、君臣之义,使强不凌弱、众不暴寡,……"⑤(《新语·道基》)而后圣的主要功绩在精

---

① 王利器撰:《新语校注》,中华书局 2012 年版,第 43 页。
② [西汉]司马迁撰:《史记》,中华书局 1959 年版,第 2699 页。
③ 王利器撰:《新语校注》,中华书局 2012 年版,第 29 页。
④ 王利器撰:《新语校注》,中华书局 2012 年版,第 13 页。
⑤ 王利器撰:《新语校注》,中华书局 2012 年版,第 19 – 20 页。

神文明,如:"于是后圣乃定《五经》,明《六艺》,……以绪人伦,……以节奢侈,正风俗,通文雅。"①(《新语·道基》)最后陆贾说:"故曰,圣人成之。所以能统物通变,治情性,显仁义也。"②(《新语·道基》)即是圣人使这一切变成现实;他统察万物,进行变通,修炼性情,并显现"仁义"。可见,在陆贾看来,人类文明史其实就是一部由先圣到中圣,再到后圣"怀仁仗义"的创造史。③ 故他劝诫高祖曰:"乡使秦已并天下,行仁义,法先圣,陛下安得而有之?"④(《史记·郦生陆贾列传》)这是以史为鉴,说明秦亡的根源就在违背"仁义"治道伦理。这后被贾谊继承,他在《过秦论》中说秦亡的原因在"仁义不施而攻守之势异也"。通观《新语》,借史论"仁义"遍于全书。如:"齐桓公尚德以霸,秦二世尚刑而亡。"⑤(《新语·道基》)"昔者,尧以仁义为巢,舜以稷、契为杖,故高而益安,动而益固。……秦以刑罚为巢,故有覆巢破卵之患。"⑥(《新语·辅政》)"秦非不欲治也,然失之者,乃举措太众,刑罚太极故也。"⑦(《新语·无为》)最后得出结论:"故杖圣者帝,杖贤者王,杖仁者霸,杖义者强"⑧(《新语·辅政》),"万世不乱,仁义之所治也"⑨(《新语·道基》)。故唐晏说:"此篇(《新语·道基》)历叙前古帝王,而总之以仁义。"⑩ 总之,陆贾正是以史为鉴、以史佐治的方式,使"仁义"治道伦理获得史实支持,从而确立其作为治道合法性依据的权威。故刘泽华、葛荃说:"秦朝尚刑恃暴而亡的历史事实,从另一方面为儒家的仁义之论提供了充分依据。"⑪

---

① 王利器撰:《新语校注》,中华书局2012年版,第21页。
② 王利器撰:《新语校注》,中华书局2012年版,第27页。
③ 至于"先圣""中圣""后圣"究竟指何人?《汉书·艺文志》说《易》:"易道深矣,人更三圣,世历三古。"韦昭释"三圣"为伏羲、文王、孔子。孟昭解"三古",以"伏羲为上古,文王为中古,孔子为下古"。据此,王利器先生认为这里所说的"三圣"即陆贾所谓的先圣、中圣、后圣也。
④ [西汉]司马迁撰:《史记》,中华书局1959年版,第2699页。
⑤ 王利器撰:《新语校注》,中华书局2012年版,第34页。
⑥ 王利器撰:《新语校注》,中华书局2012年版,第59页。
⑦ 王利器撰:《新语校注》,中华书局2012年版,第71页。
⑧ 王利器撰:《新语校注》,中华书局2012年版,第59页。
⑨ 王利器撰:《新语校注》,中华书局2012年版,第40页。
⑩ 王利器撰:《新语校注》,中华书局2012年版,第1页。
⑪ 刘泽华主编:《中国古代政治思想史》,南开大学出版社1997年版,第270页。

二、以史论证"无为为用"的合理性是陆贾以史佐治的另一重要体现

"无为为用"是陆贾治道的另一重要内容。而陆贾也并非空言倡"无为",也更是以史为鉴,论证其合理性。陆贾《新语·无为》篇首句就提出:"道莫大于无为",并以史为证:"昔舜治天下也,弹五弦之琴,歌《南风》之诗,寂若无治国之意,漠若无忧天下之心,然而天下大治。周公制作礼乐,郊天地,望山川,师旅不设,刑格法悬,而四海之内,奉供来臻,越裳之君,重译来朝。"①(《新语·无为》)这是以舜与周公"无为"而"天下大治"史实论证"无为"的重要性。他又说:"秦始皇设刑罚,为车裂之诛,以敛奸邪,筑长城于戎境,以备胡、越,征大吞小,威震天下,将帅横行,以服外国,蒙恬讨乱于外,李斯治法于内,事逾烦天下逾乱,法逾滋而天下逾炽,兵马益设而敌人逾多,秦非不欲治也,然失之者,乃举措太众、刑罚太极故也。"②(《新语·无为》)这是说明"秦非不欲治",之所以会"事逾烦天下逾乱,法逾滋而天下逾炽,兵马益设而敌人逾多出",就在没能"履道而行""逆取顺守",遵循取天下有为,治天下"无为"的治道规律。这是以秦为鉴反证"无为"的重要性。故"戴彦升曰:'无为篇言始皇暴兵极刑骄奢之患,而折以虞舜、周公之治。此二篇(案包举前辅政篇)着秦所以失也'"③。须指出陆贾的"无为"是以儒家"道德导向无为"为主干,法家"法术势无为"、道家"自然无为"为补充。他说:"夫法令所以诛暴也,故曾、闵之孝,夷、齐之廉,此宁畏法教而为之者哉?故尧、舜之民,可比屋而封,桀、纣之民,可比屋而诛,何者?化使其然也。"④(《新语·无为》)这是以"曾、闵之孝,夷、齐之廉""尧、舜之民""桀、纣之民"等史实论证道德教化在"无为"中的重要作用。他又说:"昔者,周襄王不能事后母,出居于郑,而下多叛其亲。秦始皇骄奢靡丽,好作高台榭,广宫室,则天下豪富制屋宅者,莫不仿之,……齐桓公好妇人之色,妻姑姊妹,而国中多淫于骨肉。楚平王奢侈纵恣,不能制下,检民以德,……于是楚国逾奢,君臣无

---

① 王利器撰:《新语校注》,中华书局2012年版,第68页。
② 王利器撰:《新语校注》,中华书局2012年版,第71页。
③ 王利器撰:《新语校注》,中华书局2012年版,第59页。
④ 王利器撰:《新语校注》,中华书局2012年版,第75页。

别。……故孔子曰：'移风易俗。'岂家令人视之哉？亦取之于身而已矣。"①（《新语·无为》）这是以周襄王、秦始皇、楚平王、孔子等历史人物的事迹佐证要实现无为而治，统治者就须加强道德修养、为臣民楷模。

三、以史佐证"圣贤为杖"的治道保障是陆贾以史佐治又一重要体现

"圣贤为杖"亦即以圣君贤臣为依杖，它是治道的保障。传统中国是人治社会，常出现"人存政兴，人亡政息"。陆贾深知这点，故提出"圣贤为杖"的主张，它是陆贾治道的重要内容。但陆贾并非空言倡导"圣贤为杖"，而是以为史为鉴，佐证其重要性。他说："若汤、武之君，伊、吕之臣，因天时而行罚，顺阴阳而运动，上瞻天文，下察人心，以寡服众，以弱制强，……讨逆乱之君，绝烦浊之原，天下和平，家给人足，疋夫行仁，商贾行信，齐天地，致鬼神，河出图，洛出书，因是之道，寄之天地之间，岂非古之所谓得道者哉。"②（《新语·慎微》）在这是以"汤、武之君，伊、吕之臣"等圣君贤臣的历史史料佐证"圣贤为杖"对天下大治的重要意义。

须指出，陆贾擅长从正反两方面的历史经验教训中佐证"圣贤为杖"的重要性。如他说："尧以仁义为巢，舜以稷、契为杖，故高而益安，动而益固。……秦以刑罚为巢，故有覆巢破卵之患，以李斯、赵高为杖，故有倾仆跌伤之祸，何者？所任者非也。故杖圣者帝，杖贤者王，杖仁者霸，杖义者强，杖谗者灭，杖贼者亡。"③（《新语·辅政》）在这陆贾以"尧以仁义为巢，舜以禹稷契为杖，故高而益安，动而益固"及"秦以刑罚为巢，故有覆巢破卵之患，以李斯、赵高为杖，故有倾仆跌伤之祸"正反两方面的史料再一次佐证了为什么要"圣贤为杖"，同时也回答刘邦"秦之所以亡"的原因就在君不圣臣不贤，与"圣贤为杖"的治道保障相违背。

最后，陆贾并不认可治乱由天的天命论，明确提出："故世衰道失，非天之所为也，乃君国者有以取之也。"④（《新语·明诫》）亦即"世衰道失"的治理失败，是治国者自己造成，并非天意。为此陆贾再次以正反史料为例佐证，他

---

① 王利器撰：《新语校注》，中华书局 2012 年版，第 77－78 页。
② 王利器撰：《新语校注》，中华书局 2012 年版，第 107－108 页。
③ 王利器撰：《新语校注》，中华书局 2012 年版，第 59 页。
④ 王利器撰：《新语校注》，中华书局 2012 年版，第 173 页。

说:"昔汤以七十里之封,升帝王之位;周公自立三公之官,比德于五帝三王;斯乃口出善言、身行善道之所致也。故安危之要,吉凶之符,一出于身;存亡之道,成败之事,一起于善行;尧、舜不易日月而兴,桀、纣不易星辰而亡,天道不改而人道易也。"①(《新语·明诫》)在这,陆贾以尧、舜、汤、周公治国成功与桀、纣的治国失败的对比史实,再次佐证治国成败是"君国者有以取",并非天意决定,其目的是再次佐证"圣贤为杖"的重要性。

须指出,陆贾以史佐治,论证治道合法性有两大特点。

首先,重视近现代史的研究,尤其强调鉴秦戒汉。也许是目睹强秦突然败亡,其一再批评"厚古薄今"的崇古史观,指出:"道近不必出于久远,取其致要而有成。《春秋》上不及五帝,下不至三王,述齐桓、晋文之小善,鲁之十二公,至今之为政,足以知成败之效,何必于三王?"②(《新语·术事》)陆贾明确提出"道近不必出于久远"的观点,认为近现代史尤其是秦史已经提供了足够的经验教训,所以不一定非要道必称远古,言必称三王。而其对于近现代史的研究主要集中于两个方面:一是对秦亡的探究,亦即鉴秦;二是对于汉兴的思索,亦即戒汉。其主要体现在《楚汉春秋》中,惜乎此书已佚失。但从《史记·郦生陆贾列传》可窥一斑。如对高祖说秦亡:"乡使秦已并天下,行仁义,法先圣,陛下安得而有之?"③ 此是以秦为鉴,以秦佐治,说明"行仁义"的重要性。另如对尉他说汉兴:"皇帝起丰沛,讨暴秦,诛强楚,为天下兴利除害,继五帝三王之业,统理中国。中国之人以亿计,地方万里,居天下之膏腴,人众车舆,万物殷富,政由一家,自天地剖泮未始有也。今王众不过数十万,皆蛮夷,崎岖山海闲,譬若汉一郡,王何乃比于汉!"④ 此是将汉兴看作讨暴诛强,"为天下兴利除害"的结果,亦是以史(当代史)佐治,说明"显仁义"的重要性。总之,陆贾能把握时代脉搏,洞察时代问题,以近现代史尤其是秦史为鉴,故使经历秦亡汉兴的高祖君臣易于接受其治道。

其次,懂得历史辩证法,擅长以正反两方面的史料佐证治道的合法性。陆贾说:"故制事因短,而动益长,以圆制规,以矩立方。"⑤(《新语·道基》)在这,陆贾强调:从事物的反面把握其本质,此即历史辩证法。如在《新语·无

---

① 王利器撰:《新语校注》,中华书局2012年版,第170页。
② 王利器撰:《新语校注》,中华书局2012年版,第48、50页。
③ [西汉]司马迁撰:《史记》,中华书局1959年版,第2699页。
④ [西汉]司马迁撰:《史记》,中华书局1959年版,第2698页。
⑤ 王利器撰:《新语校注》,中华书局2012年版,第32页。

为》篇中论证"道莫大于无为",陆贾举例道:"昔舜治天下也,弹五弦之琴,歌《南风》之诗,寂若无治国之意,漠若无忧天下之心,然而天下大治。周公制作礼乐,郊天地,望山川,师旅不设,刑格法悬,而四海之内,奉供来臻,越裳之君,重译来朝。故无为者乃有为者也。"①(《新语·无为》)又说:"秦始皇设刑罚,为车裂之诛,……,蒙恬讨乱于外,李斯治法于内,事逾烦天下逾乱,……秦非不欲治也,然失之者,乃举措太众、刑罚太极故也。"②(《新语·无为》)在此陆贾分别以尧舜、周公无为与秦始皇、李斯盲目有为对比,一正一反,佐证"无为"的重要性。

总之,陆贾正是以史为鉴、以史佐治的方式,使儒家治道获得了充足的史实支持,从而树立其不言而喻的权威。

须指出:史作为治道的佐证在今天如何构建和谐社会依然有重要价值。

首先,要以史为鉴,认识构建和谐社会乃长治久安之必由之路。以史为鉴可以知兴衰。殷亡根本原因就在纣王残暴,社会不和谐;周兴根本原因就在"殷鉴不远",开国者敬德保民,社会走向和谐。秦亡根源就在不会"逆取顺守",行苛政,社会不和谐;汉兴根源也就在能以秦为鉴,"逆取顺守",行仁义,施仁政,社会走向和谐。今天我们要以殷亡周兴、秦亡汉兴之历史为鉴,明白构建和谐社会乃长治久安之必由之路。尤其要以中华人民共和国 60 多年历史为鉴,明白构建和谐社会的重要性;改革开放的 30 多年来,坚持以经济建设为中心,社会整体日趋和谐,党中央带领全国人民走向民族复兴之路。当然,由于没能正确处理公平与效率关系,不和谐因素依然很多,故构建和谐社会,实现民族伟大复兴依然任重道远。

其次,要以史为鉴,找到构建和谐社会路径。

"秦非不欲治也",之所以"事逾烦天下逾乱",表面看来在"乃举措太众,刑罚太极故也";但根本上说还在未能"履道而行",找到构建和谐社会路径。这就是"逆取顺守",亦即取天下有为:尚武,尚刑;治天下"无为":尚文,尚德。而刘邦等汉之开国者正是采纳了陆贾"逆取顺守"建议,实现从"马上得天下"到"马下治之"的转变,确立"仁义为本""无为为用"的与民休养生息国策,最终找到了和谐安民、长治久安之路径。邓小平的成功,类似刘邦,根源就在能"逆取顺守",由革命者转为建设者,国家从此走向和谐安民之正道。

---

① 王利器撰:《新语校注》,中华书局 2012 年版,第 68 页。
② 王利器撰:《新语校注》,中华书局 2012 年版,第 71 页。

但 30 多年建设也有某些不尽如人意的地方，这就是没有正确处理公平与效率的关系，贫富分化日趋严重，原因复杂，但从中国传统治道视角看，就在如何将"仁义为本""无为为用"的和谐安民治道落到实处尚有很大的改善空间。

总之，陆贾的治道核心是和谐治理，简称"和治"。其中天乃治道合法性的本源，民乃治道合法性的旨归，史乃治道合法性的佐证，故天·民·史乃其治道合法性三维向度，其有启"亦有启文、景、萧、曹之治者"，同样何曾不也有启今天和谐社会的构建。

第四章 治道的主要内容

《新语》是政论，主要是治国思想亦即治道，其思想非常丰富，但主要包括如下内容：首先，"圣贤为杖"的治道保障。在传统人治社会，圣君贤臣是治道的保障。为此为君者一方面要崇圣，加强道德修养，为臣民楷模；另一方面要杖贤，学会辨惑去邪。其次，"仁义为本"的治道基础。仁义不仅是治道的基础，也是王权合法性的依据和基础。陆贾通过自然关系仁义化、仁义自然化、仁义本体化、仁义经学化、仁义圣人化、仁义史学化等途径确立仁义作为治道基础不言而喻的权威。最后，"无为为用"的治道途径。无为是落实仁义治道基础的途径，为此须做到"履道而行"（按治道规律办事）、制作礼乐、注重道德教化、加强道德修养、为臣民楷模、任官得人等。总之，陆贾治道内容不但"似亦有启文、景、萧、曹之治者"，同样何曾不也有启今天和谐社会构建。

第一节 "圣贤为杖"的治道保障

当刘邦尚陶醉于布衣马上得天下的胜利喜悦之中时，陆贾已开始以秦为鉴，思考"长久之术"，亦即如何重建统治秩序并确保长治久安。一句话，已开始探索治道保障。陆贾说："是以圣人居高处上，则以仁义为巢，乘危履倾，则以圣贤为杖，故高而不坠，危而不仆。"①（《新语·辅政》）在这，圣人即统治者；大意是统治者身处高位，面临危履之险，之所以会"高而不坠，危而不仆"，重要原因就在"以圣贤为杖"亦即以圣人贤臣为作依杖。故"圣贤为杖"是陆贾治道的保障。它要求统治者一则要崇圣，即崇敬圣人，以圣人为榜样；二则杖贤，亦即以贤臣为辅助、依杖。

---

① 王利器撰：《新语校注》，中华书局2012年版，第58页。

一、崇圣：治道的首要保障

关于治道保障，传统中国与西方有很大不同。

为避免冲突，构建社会秩序，古希腊城邦设立了公民大会。城邦的一切重大事务，皆由其决定，并监督其执行。

与西方不同，中国先民认为要消除混乱、走出冲突，唯一途径是"一统"。故《诗经·小雅·北山之什·北山》强调："溥天之下、莫非王土。率土之滨、莫非王臣。"①《礼记·曾子问》也强调："天无二日，土无二王，尝禘郊社，尊无二上。"② 春秋以降，诸侯争霸，天下大乱。如何重构建社会秩序成时代课题，此亦诸子争鸣之重要原因。但诸子多认为"一统"是解决这一难题的重要途径。首先，墨子提出"尚同"主张，说："然计天下之所以治者何也？唯而以尚同一义为政故也。"③（《墨子·尚同下》）强调统一思想是天下由乱到治，重构秩序的唯一途径。而《孟子·梁惠王上》记载："（梁襄王）卒然问曰：'天下恶乎定？'吾对曰：'定于一。''孰能一之？'对曰：'不嗜杀人者能一之。'"④ 在这"一"即"一统"，孟子认为"一统"是重构秩序、天下大治的唯一途径。荀子明确提出："四海之内若一家""一天下，财万物""文王载百里而天下一"等主张，亦是强调"一统"是消除混乱、重构社会秩序的唯一途径。作为汉代首位思想家，陆贾自然继承和发展了先秦"一统"政治智慧，并影响到董仲舒。当汉武帝接受董仲舒"罢黜百家，独尊儒术"主张，实现军事、政治、思想"大一统"时，"一统"上升到国家意识形态，成为政权合法性重要依据，取得不容怀疑地位，并代代相传，影响至今，成为对付"台独"等分裂势力的紧箍咒。

但是，怎样实现"一统"呢？及"一统"于什么人呢？东西方依然不同。西方认为：社会秩序应"一统"于由公民选举产生的公共权力机构，由其来实现民主与统一。陆贾则认为：社会秩序只能"一统"于圣人一人，由其来实现天下太平。在《新语》短短12篇中，圣人出现的次数多达17次。如："圣人承

---

① 王秀梅译注：《诗经》，中华书局2006年版，第299页。
② ［东汉］郑玄注、［唐］孔颖达疏、龚抗云整理、王文锦审定：《礼记正义》，北京大学出版社2000年版，第586页。
③ ［清］孙怡让撰：《墨子间诂》，中华书局2001年版，第95页。
④ ［清］焦循撰：《孟子正义》，中华书局1987年版，第71页。

天之明，正日月之行，录星辰之度，因天地之利，等高下之宜，设山川之便，平四海，分九州，同好恶，一风俗。易曰：'天垂象，见吉凶，圣人则之；天出善道，圣人得之。'"①（《新语·明诫》）显然，在陆贾看来，社会治乱维系于圣人一人，换言之，圣人是长治久安的保障，亦即治道的保障，故"崇圣"亦即治道的首要保障。这是典型的圣人史观。

为此陆贾改造了传统儒家的"圣人"观，将先秦时作为道德楷模的"圣人"改造为"握道而治"的"君王"，实现"圣王"合一。须指出："圣"与"王"本是两个不同概念，是内圣外王的简称，"圣"即"内圣"，强调提升个体道德修养，其主体是社会理想的传道者以及理想人格的践行者；而"王"即"外王"，强调治国平天下，其主体是替天行道，实现天下太平的治理者。

在陆贾看来，尧、舜、禹、汤、文、武、周公等圣人是既是有道德修养的圣者，又能"握道而治"的王者，实是"圣王"合体。但春秋以降，历史从"王道"进入"霸道"，"圣"与"王"出现分裂。"圣人"便成为一种社会理想的传道者以及理想人格的践行者，而与"握道而治"的王者无关。孔子四处奔走，却常似丧家犬，难被诸侯起用。故在孔子那里"圣"与"王"分离，更与"富贵"不染。故孔子曰："不义而富且贵，于我如浮云。"②（《论语·述而》）它真实反映了孔孟时代儒家"圣"与"王"事实上的分裂。故后儒只好尊孔子为"素王"。

陆贾目睹秦亡汉兴活剧，深知"圣"与"王"统一对国家长治久安的重要性。故上《新语》十二章，希望刘邦以秦为鉴，承载起以《诗》《书》治天下的道义责任，实现"圣"与"王"在新形势下再次统一。他认为汉王朝建立，是"天道"所立，"人道"所归。故汉之帝王理所当然应是奉行"天道"的新"圣人"。他说："圣人乘天威，合天气，承天功，象天容，而不与为功，岂不难哉？"③（《新语·本行》）"统四海之权，主九州之众，岂弱于武力哉？然功不能自存，而威不能自守，非贫弱也，乃道德不存乎身，仁义不加于下也。"④（《新语·本行》）在这，"圣人"已不只是"内圣"亦即道德存于身的个体实践者，而更是"外王"即"统四海之权，主九州之众"的理想社会的治理者。可见，陆贾不只是强调个人"修身"方面"内圣"，而更是突出君王"治国平天下"方

---

① 王利器撰：《新语校注》，中华书局2012年版，第175–176页。
② 程树德撰：《论语集释》，中华书局2010年版，第465页。
③ 王利器撰：《新语校注》，中华书局2012年版，第164页。
④ 王利器撰：《新语校注》，中华书局2012年版，第164页。

面"外王"。这样,"圣人"观就出现了新的含义:一方面,将刘汉皇权誉号为"圣",强调其以德配天,为其合法性进行了论证与辩护;另一方面,将"圣"封在刘氏皇权头上,也是对其上"紧箍咒",约束王权,要求他们"以德配天",实行德政。否则其"王"与"圣"便会再次分离,其王朝便会失去合法性。故陆贾的圣人观实是"圣"与"王"在新形势下再次"合体"。故其一再强调君王要"修德",说:"故圣人卑宫室而高道德,恶衣服而勤仁义,不损其行,以好其容,不亏其德,以饰其身,国不兴不事之功,家不藏不用之器,所以稀力役而省贡献也。"①(《新语·本行》)亦即强调对己要"高道德",对民要"谨仁义",即"治以道德为上,行为仁义为本"②(《新语·本行》),如此能上合天心,下顺民情,长治久安。总之,陆贾新圣人观认为:"王"与"圣"、君主权力与道德的结合,是汉王朝渡过秦末汉兴大乱,重构社会秩序,走向大治的关键与保障。

那么,如何做到"崇圣"呢?最高统治者应在如下两方面努力:

首先,君王应加强自身道德修养,这是"崇圣"的重要体现。陆贾一再强调君王"功不能自存",治国失败,原因就在"道德不存乎身,仁义不加于下也"③(《新语·本行》),亦即对内没有加强道德修养,以致对外未能实施"仁政"。他又说:"德盛者威广,力盛者骄众。齐桓公尚德以霸,秦二世尚刑而亡。"④(《新语·道基》)在这,陆贾以史为证,说明加强道德修养才能以德服人,称霸天下;反之,则会好武尚刑,最终败亡。最后,陆贾明确提出:"治以道德为上,行为仁义为本"⑤(《新语·本行》),"故圣人卑宫室而高道德,恶衣服而勤仁义"⑥(《新语·本行》)。可见,陆贾认为只有"崇圣",加强自身道德修养,才会施行仁政。而仁政是长治久安的根本。故加强道德修养是仁政得以实施的保障,也是"崇圣"的重要体现。

其次,君王应通过做臣民楷模,教化、引导臣民上行下效、移风易俗,最终无为而治,这是"崇圣"的另一体现。陆贾认为:君王是臣民效法的对象,其一言一行都会对臣民产生潜移默化的影响。他说:"夫王者之都,南面之君,……妻姑

---

① 王利器撰:《新语校注》,中华书局2012年版,第167页。
② 王利器撰:《新语校注》,中华书局2012年版,第159页。
③ 王利器撰:《新语校注》,中华书局2012年版,第164页。
④ 王利器撰:《新语校注》,中华书局2012年版,第34页。
⑤ 王利器撰:《新语校注》,中华书局2012年版,第159页。
⑥ 王利器撰:《新语校注》,中华书局2012年版,第167页。

姊妹，而国中多淫于骨肉。"①（《新语·无为》）故君王一言一行都必须吻合道德要求，如此方能正面示范。否则，则是负面示范，会导致家无父子、国无章法，天下大乱。而圣王的感化引导是治国的理想方式，因为"故上之化下，犹风之靡草也。……故君子之御下也，民奢应之以俭，骄淫者统之以理；未有上仁而下贼、让行而争路者也"②（《新语·无为》）。陆贾认为：君王是"风"，臣民是"草"；"草"随风而动，臣民是跟随效法君王而动。如君上崇圣，有良好的道德修养，自能成为臣民仿效的表率。如此便上行下尤，移风易俗，天下大治。此即无为而治。反之，如果君上不崇圣，不修道德，违背仁义，则也会上行下尤，天下大乱。正如《新语·无为》所说："楚平王奢侈纵恣，不能制下，检民以德，增驾百马而行，欲令天下人饶财富利，明不可及，于是楚国逾奢，君臣无别。"③可见，君王加强道德修养，做臣民榜样，至关重要，它也是"崇圣"的另一重要表现。

二、杖贤：治道的另一个保障

陆贾说："是以圣人居高处上，则以仁义为巢，乘危履倾，则以圣贤为杖，故高而不坠，危而不仆。"④（《新语·辅政》）在陆贾看来，"崇圣"，只是长治久安的保障条件之一，因为治国需要整个统治集团努力，非人主一人之力便行。故要长治久安，还须"以贤圣为杖"即依杖贤能的臣子辅助。在这陆贾明确提出"杖贤"主张，它是治道的另一保障。

我国尚贤传统，源远流长。早在《尚书·咸有一德》中记载了商王大臣伊尹说："任官为贤才，左右惟其人。"⑤可见，在商代任贤、"杖贤"思想既已形成。到春秋时孔子则极力强调举贤。据《论语》记载，孔子回答仲弓如何为政时说："先有司，赦小过，举贤才。"⑥（《论语·子路》）可见"举贤才"是孔子为政的重要内容。而墨子则明确提出"尚贤"主张，强调："尚贤为政之本"，说："古者圣王甚尊尚贤而任使能，不党父兄，不偏贵富，不嬖颜色，贤者举而

---

① 王利器撰：《新语校注》，中华书局2012年版，第77页。
② 王利器撰：《新语校注》，中华书局2012年版，第77页。
③ 王利器撰：《新语校注》，中华书局2012年版，第77页。
④ 王利器撰：《新语校注》，中华书局2012年版，第58页。
⑤ 《十三经注疏》整理委员会整理：《尚书正义》，北京大学出版社1999年版，第217页。
⑥ 程树德：《论语集释》，中华书局2010年版，第882页。

上之，富而贵之，以为官长。"①（《墨子·尚贤中》）不难看出，孔墨两家虽相互攻伐，但在任贤、尚贤方面却英雄所见略同。故墨子的弟子有见于此而曰："且以尚贤为政之本者，亦岂独子墨子之言哉！此圣王之道，先王之书距年之言也。"②（《墨子·尚贤中》）

与儒墨两家不同，道家和法家对尚贤思想则持批判态度。老子说："不尚贤，使民不争。"③（《老子·第三章》）而其之所以反对尚贤，是认为贤者必有为，而且会产生争执。而真正的智者是不敢为，而"为无为，则无不治"④（《老子·第三章》）。

法家也不主张尚贤，商鞅说："然则上世亲亲而爱私，中世上贤而说仁，下世贵贵而尊官。"⑤（《商君书·开塞》）"下世"即商君所处的春秋战国，在商君看来应是以吏为师，以法为教，自然反对"中世"的贤人政治，并认为这是天下大乱的祸源。后来韩非继承其思想，说："是废常、上贤则乱，舍法、任智则危。故曰：'上法而不上贤。'"⑥（《韩非子·忠孝》）在这"上"即"尚"，可见韩非也明确提出"不尚贤"主张。

而陆贾在先秦"尚贤"基础上明确提出"以圣贤为杖"亦即"杖贤"的主张，充分论证"杖贤去邪"的重要性，并明确提出选贤标准与方法，无疑是对先秦儒家"举贤"和墨家"尚贤"思想的继承与发展。

（一）强调"杖贤"

在先秦儒家治理体系中，仁义与圣贤是结合在一起的，其仁义治道需要怀仁仗义的圣贤来推行。陆贾与先秦儒家思想一脉相承，故在其治道理论体系中，首先一再强调君王要"崇圣"，讲仁义道德，其次还一再强调"杖贤"，求得、依杖怀仁仗义的贤臣作辅助。《新语》一再以史为证，将仁义与尚贤结合起来，论述"杖贤"的重要性。他说："尧以仁义为巢，舜以稷、契为杖，故高而益安，动而益固。"⑦（《新语·辅政》）又说："秦以刑罚为巢，故有覆巢破卵之患，以

---

① ［清］孙怡让撰：《墨子间诂》，中华书局2001年版，第49页。
② ［清］孙怡让撰：《墨子间诂》，中华书局2001年版，第56页。
③ ［三国］王弼注、楼宇烈校释：《老子道德经注校释》，中华书局2008年版，第235页。
④ ［三国］王弼注、楼宇烈校释：《老子道德经注校释》，中华书局2008年版，第237页。
⑤ 石磊译注：《商君书》，中华书局2009年版，第78页。
⑥ ［清］王先慎撰：《韩非子集解》，中华书局1998年版，第466页。
⑦ 王利器撰：《新语校注》，中华书局2012年版，第59页。

李斯、赵高为杖,故有倾仆跌伤之祸,何者?所任者非也。"①(《新语·辅政》)可见,君王如果"崇圣"以仁义为巢,再加以"杖贤"即以贤臣为杖,国家便会长治久安;反之,国家就会覆破。可见,陆贾从正反两方面强调"杖贤"的重要性。

那么如何做到"杖贤"呢?陆贾说:"故仁者在位而仁人来,义者在朝而义士至。是以墨子之门多勇士,仲尼之门多道德,文王之朝多贤良,秦王之庭多不详。"②(《新语·思务》)因为人以类聚,能否招来圣贤为杖,关键还在人君自己是否"崇圣"。可见,"崇圣"是"杖贤"的前提。为此人主首先要"崇圣",即要从自身做起,做一个道德高尚的圣人,唯如此方能吸引圣贤之臣前来辅助,真正做到"杖贤";反之,则会最终不是"杖贤"而是"杖邪",有"顿仆跌伤之祸"。

(二) 强调"去邪"

自古正邪不两立,贤邪难共处。故要"杖贤",就要力避谗贼之徒,亦即"去邪"。

1. "去邪"的重要性

陆贾说:"故孔子遭君暗臣乱,众邪在位,政道隔于三家,仁义闭于公门,故作公陵之歌,伤无权力于世,大化绝而不通,道德施而不用,故曰:无如之何者,吾未如之何也已矣。夫言道因权而立,德因势而行,不在其位者,则无以齐其政,不操其柄者,则无以制其刚。诗云:'有斧有柯。'言何以治之也。"③(《新语·辩惑》)可见,孔子之所以"无如之何也者",怀才不遇,是因为"众邪在位",导致其"道德施而不用",无法施展其治国才华。可见"去邪"何等重要。

陆贾又说:"凡人莫不知善之为善,恶之为恶;莫不知学问之有益于己,怠戏之无益于事也。然而为之者情欲放溢,而人不能胜其志也。人君莫不知求贤以自助,近贤以自辅;然贤圣或隐于田里,而不预国家之事者,乃观听之臣不明于下,则闭塞之讥归于君;闭塞之讥归于君,则忠贤之士弃于野;忠贤之士弃于野,则佞臣之党存于朝;佞臣之党存于朝,则下不忠于君;下不忠于君,则上不

---

① 王利器撰:《新语校注》,中华书局2012年版,第59页。
② 王利器撰:《新语校注》,中华书局2012年版,第193页。
③ 王利器撰:《新语校注》,中华书局2012年版,第96页。

明于下；上不明于下，是故天下所以倾覆也。"①（《新语·资质》）其实人君也希望"求贤以自助，近贤以自辅"，而结果却是"然圣贤或隐于田里"，根源就在"观听之臣"不了解下情。陆贾又进一步说："鲍丘之德行，非不高于李斯、赵高也，然伏隐于蒿庐之下，而不录于世，利口之臣害之也。"②（《新语·资质》）明确指出鲍丘等贤人之所以不被人主利用，是"利口之臣害之也"亦即是李斯、赵高等邪臣蒙蔽君王导致，结果是"是故天下所以倾覆也"。最后陆贾又在《新语·辨惑》中举三个例子：一是赵高指鹿为马，说明邪臣结党营私，颠倒是非，愚弄君王。二是曾子杀人传言，说明积毁销骨，连曾子这样的孝子，都被诋毁得不能自安。三是孔子怀才不用，说明即使孔子这般英明贤德，陷于众口，也会不能卒用。可见"去邪"之重要。

2. 如何辨邪

须指出，邪臣往往大奸似忠，常非一眼便可识破。故人主须有很强的辨邪能力，为此须做到两点：

首先，应怀仁仗义，是一个贤者、智者。因为邪臣的特征是："谗夫似贤，美言似信，听之者惑，观之者冥。"③（《新语·辅政》）故君王怀仁仗义，本身是贤者，方可识破其真面目。

其次，须"远荧荧之色，放铮铮之声，绝恬美之味，疏嗌呕之情"④（《新语·辅政》）。因为邪臣常会投其所好，攻其心进而蒙蔽人君，导致圣贤不能用于朝廷，仁政不能施于田野。故人主一定洁身自好，远离美色，不近郑卫之声，舍弃美味佳肴，疏远容媚之情，如此邪臣方无机可乘。

（三）如何"杖贤去邪"

1. 要确立正确选才标准

关于选才标准，身为儒生兼策士，陆贾强调德才兼备。

首先，重德。陆贾说："治以道德为上，行以仁义为本。"⑤（《新语·本行》）故其心目中的贤人，首先是儒者型。他最推崇的人多为有德之人，如：段干木（《新语·本行》）、有若（《新语·辨惑》）、曾闵（《新语·思务》）、鲍丘

---

① 王利器撰：《新语校注》，中华书局2012年版，第129页。
② 王利器撰：《新语校注》，中华书局2012年版，第127页。
③ 王利器撰：《新语校注》，中华书局2012年版，第63页。
④ 王利器撰：《新语校注》，中华书局2012年版，第63页。
⑤ 王利器撰：《新语校注》，中华书局2012年版，第142页。

(《新语·资质》）等皆为儒者型，符合孔门四科首列之"德行"标准。陆贾又说："故杖圣者帝，杖贤者王，杖仁者霸，杖义者强，杖谗者灭，杖贼者亡。"①（《新语·辅政》）可见，其将人才分为六种："杖圣""杖贤""杖仁""杖义""杖谗""杖贼"，实则是以道德为标准，将人才分为两类，即一类是圣、贤、仁、义者，此其肯定者；另一类是谗、贼之徒，乃其否定者。

其次，重才。陆贾并非重"德"而不计其他，其实他对才也非常重视，某种程度达到不计道德瑕疵，唯才是举地步，与纵横家用人标准惊人相似。如陆贾特别推崇建功立业的王霸之才，如伊尹、吕望、管仲等。他说："是以伊尹负鼎，居于有莘之野，修道德于草庐之下，躬执农夫之作，意怀帝王之道，身在衡门之里，志图八极之表，故释负鼎之志，为天子之佐，克夏立商，诛逆征暴，除天下之患，辟残贼之类，然后海内治，百姓宁。"②（《新语·慎微》）又说："若汤、武之君，伊、吕之臣，因天时而行罚，顺阴阳而运动，上瞻天文，下察人心，以寡服众，以弱制强，……讨逆乱之君，绝烦浊之原，天下和平，家给人足，疋夫行仁，商贾行信，……"③（《新语·慎微》）还说："圣人王世，贤者建功，汤举伊尹，周任吕望，行合天地，德配阴阳，承天诛恶，克暴除殃。"④（《新语·道基》）都是大赞伊尹、吕望的功业。在《新语·辨惑》篇又大赞管仲的伟绩，说："故管仲相桓公，……尊其君而屈诸侯，权行于海内，化流于诸夏。"⑤（《新语·慎微》）其实伊尹、吕望、管仲等人都曾一臣事二主，道德有瑕疵，正如《战国策·秦五》载策士姚贾的话："此四士（案：指太公望、管仲、百里奚、中山盗）者，皆有诟丑，大诽天下，明主用之，知其可与立功。"⑥而陆贾却对其大加颂扬，充分体现其唯才是举主张，显然与《鬼谷子·忤合》中的相机择主思想一脉相承，反映其人才观融纳百家倾向。

进贤是儒家的一贯主张。然孔孟强调"亲亲而尊贤"。如孟子说："国君进贤，如不得已，将使卑逾尊，疏逾戚，可不慎与？"⑦（《孟子·梁惠王下》）显然其进贤是以不破坏等级制为原则。荀子与孔孟有所不同，主张"贤能不待次而

---

① 王利器撰：《新语校注》，中华书局 2012 年版，第 59 页。
② 王利器撰：《新语校注》，中华书局 2012 年版，第 101 页。
③ 王利器撰：《新语校注》，中华书局 2012 年版，第 107－108 页。
④ 王利器撰：《新语校注》，中华书局 2012 年版，第 32 页。
⑤ 王利器撰：《新语校注》，中华书局 2012 年版，第 147 页。
⑥ 缪文远等译注：《战国策》，中华书局 2007 年版，第 107 页。
⑦ ［清］焦循撰：《孟子正义》，中华书局 1987 年版，第 143 页。

举，罢不能不待须而废"①（《荀子·王制》），反映战国后期统治者用人观的进步。陆贾发展了荀子"不待次而举"的思想，明确提出"书不必起孔子之门"，在正统儒者看来，这简直是离经叛道、惊世骇俗。但与纵横家的标准却惊人相似，其实都是强调唯才是举。

最后，要不拘一格选才、用才。

陆贾说："夫穷泽之民，据犁接耜之士，或怀不羁之能，有禹、皋陶之美，纲纪存乎身，万世之术藏于心；然身不容于世，无绍介通之者也。公卿之子弟，贵戚之党友，虽无过人之能，然身在尊重之处，辅之者强而饰之众也，靡不达也。"②（《新语·资质》）在这，陆贾明确提出选贤不能局限于公卿贵戚之子弟，更要注意那些隐居穷泽的"不羁之才"。这种不拘一格选才用才的主张无疑已超越"亲亲"局限，是时代的巨大进步。唯如此方能真正"杖贤去邪"，最终长治久安。

2. 应懂得正确的用人策略

首先，要辨惑，亦即不要为阿谀谄佞之徒所惑。他说："夫举事者或为善而不称善，或不善而称善者，何？视之者谬而论之者误也。故行或合于世，言或顺于耳，斯乃阿上之意，从上之旨，操直而乖方，怀曲而合邪，因其刚柔之势，为作纵横之术，故无忤逆之言，无不合之义者。"③（《新语·辨惑》）可见，统治者之所以被迷惑，重要原因就在阿谀谄佞之徒用纵横家的纵横术一味"阿上之意"，投其所好，结果是邪臣在位，贤人远循。故辨惑首先须慎防阿谀之言，如此方可"杖贤去邪"。

其次，要容直，亦即要对那些行不苟合、言不苟容的正直之士有容人雅量。陆贾认为大凡正直之士往往是"正其行而不苟合于世"，不愿与世同流合污。他说："昔哀公问于有若曰：'年饥，用不足，如之何？'有若对曰：'盍彻乎？'盖损上而归之于下，则忤于耳而不合于意，遂逆而不用也。此所谓正其行而不苟合于世也。有若岂不知阿哀公之意，为益国之义哉？夫君子直道而行，知必屈辱而不避也。故行不敢苟合，言不为苟容，虽无功于世，而名足称也；虽言不用于国家，而举措之言可法也。"④（《新语·辨惑》）可见，有若之所以不被哀公所容，乃因不愿曲阿哀公，提出损上而益下主张。故统治者要"杖贤去邪"就须容直，不仅要虚怀

---

① ［清］王先谦撰：《荀子集解》，中华书局1988年版，第148页。
② 王利器撰：《新语校注》，中华书局2012年版，第122页。
③ 王利器撰：《新语校注》，中华书局2012年版，第82页。
④ 王利器撰：《新语校注》，中华书局2012年版，第83页。

若谷,礼贤下士,容纳正直之人,而且要扶正压邪,亲贤臣,远小人。否则,谄佞之徒就会乘机打击正直之士,如此便会小人进,贤人循,"杖贤去邪"成为空话。

最后,要防止"党辈"干扰。陆贾说:"谄佞之相扶,谗口之相誉,无高而不可上,无深而不可往者何?以党辈众多,而辞语谐合。"①(《新语·辨惑》)可见,谄佞之徒之所以能做到"无高而不可上,无深而不可往",原因就在其结成"党辈",朋比为奸。为此陆贾以"指鹿为马"为例:"秦二世之时,赵高驾鹿而从行,王曰:'丞相何为驾鹿?'高曰:'马也。'王曰:'丞相误邪,以鹿为马也。'高曰:'乃马也。陛下以臣之言为不然,愿问群臣。'于是乃问群臣,群臣半言马半言鹿。当此之时,秦王不能自信其直目,而从邪臣之言。鹿与马之异形,乃众人之所知也,然不能别其是非,况于暗昧之事乎?易曰:'二人同心,其义断金。'群党合意,以倾一君,孰不移哉!"②(《新语·辨惑》)陆贾最后感慨:"群党合意,以倾一君,孰不移哉?"③(《新语·辨惑》)

第二节 "仁义为本"的治道基础

"仁义"是儒家重要伦理范畴,本意为仁爱与正义。早在先秦孟子便推崇仁义,说:"王何必曰利,亦有仁义而已矣。"④(《孟子·梁惠王上》)此后董仲舒将"仁义"提升到传统道德最高准则;后经理学家阐发,"仁义"成为传统道德别名,与"道德"并称,和"礼、智、信"合称为"五常"。

据中华书局1996年出版王利器的《新语校注》统计,《新语》中凡"仁"字四十二处,"义"字六十三处,"仁义"并称有十六处。通观该书,一以贯之乃"仁义"治天下之主题。

---

① 王利器撰:《新语校注》,中华书局2012年版,第84页。
② 王利器撰:《新语校注》,中华书局2012年版,第86页。
③ 王利器撰:《新语校注》,中华书局2012年版,第86页。
④ [清]焦循撰:《孟子正义》,中华书局1987年版,第36页。

一、"仁义"是治道的基础

由第二章已知：首先，《新语》第一章"道基"其含义即"道之基"亦即"治道之基础"，它后面实则省略了两个字"仁义"，因此，"仁义"就是"道基"。故王兴国说："新语第一篇名叫《新语·道基》，就是认为仁义是道的基础。"① 其次，"仁者道之纪"②（《新语·道基》）应这样理解：仁是"道"之基础、纲要，而非"道"是仁之纲要和本源。其三，陆贾说："谋事不并仁义者后必败，殖不固本而立高基者后必崩。"③（《新语·道基》）"仁义"和"高基"、"必败"和"必崩"两两相对，而"必败"与"必崩"意相同，那么"仁义"与"高基"意也必一致，这也可以论证："仁义"是治道之基础、纲要。

陆贾又说"骨肉以仁亲，夫妇以义合，朋友以义信，君臣以义序"④（《新语·道基》），"乡党以仁恂恂，朝廷以义便便"⑤（《新语·道基》），这是说不仅家庭关系，同样乡党、朝廷等一切人与人之间关系都是因为"仁义"才和谐，可见"仁义"不但是父子、夫妇、兄弟等家庭和谐的依据和基础，还是"朋友""君臣"等非亲属关系和谐的依据和基础，总之，是一切社会关系和谐的依据和基础。陆贾又说："守国者以仁坚固，佐君者以义不倾，君以仁治，臣以义平。"⑥（《新语·道基》）"仁义"同样是"治国平天下"的依据和基础，也即治道的依据和基础。可见儒家的治道基础与家庭及社会伦理是统一的，因为中国乃家国同构，修、齐、治、平密不可分的，故仁义的治道基础直接源自家庭与社会伦理，故其易于为百姓接受与遵循，其合理性不言而喻。

最后，陆贾明确提出"治以道德为上，行以仁义为本"⑦（《新语·本行》）的主张，正式确立"仁义为本"的治道基础，为汉王朝长治久安奠定治道基础。

---

① 王兴国著：《贾谊评传》，南京大学出版社 1996 年版，第 428 页。
② 王利器撰：《新语校注》，中华书局 2012 年版，第 39 页。
③ 王利器撰：《新语校注》，中华书局 2012 年版，第 34 页。
④ 王利器撰：《新语校注》，中华书局 2012 年版，第 35 页。
⑤ 王利器撰：《新语校注》，中华书局 2012 年版，第 35 页。
⑥ 王利器撰：《新语校注》，中华书局 2012 年版，第 35 页。
⑦ 王利器撰：《新语校注》，中华书局 2012 年版，第 142 页。

二、"仁义"是治道乃至王权合法性的依据和基础

所谓合法性指的是一种政治秩序值得人们承认,正如哈贝马斯说:"合法是一种政治秩序值得被人们认可。"① 而"仁义"是儒家的核心理念,从孔、孟、荀到董仲舒,再到程、朱、陆、王都一再强调"仁义",坚称统治者只有施"仁义"、行仁政,才能占有道德制高点,取得道义上的支持,才具备合法性。作为儒生,陆贾目睹秦亡汉兴活剧,对"仁义"之于治道合法性乃至王权长治久安重要性有着更清醒认识,认为天下之所以会群起"诛暴秦",就是秦不施"仁义",失去合法性。他说:"乡使秦以并天下,行仁义,法先王,陛下安得而有之?"②(《史记·郦生陆贾列传》)又说:"万世不乱,仁义之所治也。"③(《新语·道基》)可见,一个王朝只有行"仁义",施仁政,其治道才具有合法性,进而其王权也才有合法性。故治道合法性的依据和基础即"仁义"。

三、"仁义"治道基础神圣化的论证

陆贾说:"故虐行则怨积,德布则功兴,百姓以德附,骨肉以仁亲,夫妇以义合,朋友以义信,君臣以义序,百官以义承,曾、闵以仁成大孝,伯姬以义建至贞,守国者以仁坚固,佐君者以义不倾,君以仁治,臣以义平,乡党以仁恂恂,朝廷以义便便,美女以贞显其行,烈士以义彰其名,阳气以仁生,阴节以义降,鹿鸣以仁求其群,《关雎》以义鸣其雄,《春秋》以仁义贬绝,《诗》以仁义存亡,《乾》《坤》以仁和合,《八卦》以义相承,《书》以仁叙九族,君臣以义制忠,《礼》以仁尽节,乐以礼升降。"④(《新语·道基》)

其一,自然关系"仁义"化。陆贾说"鹿鸣以仁求其群,关雎以义鸣其雄……"仁义本是人与人关系和谐的依据与基础,陆贾将其扩展到自然界,说鹿群、关雎等动物也是因为其才和谐,故其也是天下万物和谐的依据与基础。显然,这实乃自然现象拟人化、伦理化,亦即"德配阴阳"。其目的是论证"仁义"作为治道基础的普适性,进而使其神圣化。后被董仲舒继承与发展,董仲舒

---

① [德]哈贝马斯著:《交往与社会进化》,重庆出版社1989年版,第178页。
② [西汉]司马迁撰:《史记》,中华书局1959年版,第2699页。
③ 王利器撰:《新语校注》,中华书局2012年版,第40页。
④ 王利器撰:《新语校注》,中华书局2012年版,第35页。

说"天两有阴阳之施,身亦两有贪仁之性"①(《春秋繁露·深察名号》)。二者实乃借天人相通相应论证"仁义"的神圣性。

其二,"仁义"自然化。由于先秦儒学的宇宙论依据不发达,导致儒家伦理缺乏自然法则支撑,其不言而喻权威大打折扣。正如葛兆光说:"一方面使得儒学中关于人与社会的道德学说与礼乐制度的合理性仿佛缺少自然法则的支持,其不言而喻的权威性便不免脚下空虚。"②而真正解决这个问题确是始于陆贾,关键是董仲舒,终于《白虎通》。陆贾说:"于是先圣乃仰观天文,俯察地理,图画乾坤,以定人道,民始开悟,知有父子之亲,君臣之义,夫妇之别,长幼之序。于是百官立,王道乃生。"③(《新语·道基》)"父子之亲"等人伦秩序都是先圣"仰观天文"的结果,因此,无疑是以天为终极依据和取法目标;而"仁义"又是"父子之亲"等人间关系和谐的依据和基础。故可知"仁义"作为治道基础实源于天。通观《新语·道基》篇,"仁义"治道基础无疑也是从天道中推演出来的,也是最终以天为终极依据。这最终为董仲舒继承与发展。他说:"是故仁义制度之数,尽取之天。"④(《春秋繁露·基义》)二者都强调"仁义"取之于天,以天为依据,即"仁义"自然化,实乃"仁义"神圣化,为其不言而喻的权威提供论证,只是董仲舒在神圣化走得更远,最终完全神灵化。

其三,"仁义"本体化。在陆贾看来,万物的是本源是天。他说:"传曰:'天生万物,以地养之,圣人成之。'"⑤(《新语·道基》)可见,陆贾的宇宙论是以天为本源的。那么其产生的依据是什么呢?他说:"阳气以仁生,阴节以义降",即阳气因为仁而产生,阴气因为义而降临,即仁义是阴阳二气产生的依据。而老子说:"道生一,一生二,二生三,三生万物。万物负阴而抱阳,冲气以为和。"⑥(《老子·四十二章》)《易传·系辞上》说:"一阴一阳谓之道。"⑦ 在中国哲学中,阴阳是化生万物的两种基本元素,万物皆是阴阳合气而生。由此可见,在陆贾看来,"仁义"是阴阳二气产生的依据,而阴阳又最终化生万物,可见"仁义"是万物产生的依据,即"仁义"是万物的本体,亦即"仁义"本体

---

① [清]苏舆撰、钟哲点校:《春秋繁露义证》,中华书局1992年版,第363-364页。
② 葛兆光著:《中国思想史》,复旦大学出版社1998年版,第376页。
③ 王利器撰:《新语校注》,中华书局2012年版,第35页。
④ [清]苏舆撰、钟哲点校:《春秋繁露义证》,中华书局1992年版,第434页。
⑤ 王利器撰:《新语校注》,中华书局2012年版,第1页。
⑥ [三国]王弼注、楼宇烈校释:《老子道德经注校释》,中华书局2008年版,第29页。
⑦ 黄寿祺、张善文译注:《周易译注》,上海古籍出版社1997年版,第538页。

化。由此可见,"仁义"的神圣性。①

其四,"仁义"经学化。儒学经学化是儒学独尊的重要体现,对此,陆贾起了重要作用,他说:"于是后圣乃定《五经》,明《六艺》,承天统地,穷事察微,原情立本,以绪人伦……"②(《新语·道基》)王利器云:"孔子而后,称说五经者,当以陆氏此文为最先。"③ 故从某种意义上讲,陆贾其书《新语》实乃汉代儒学经学化之先声。陆贾认为:孔子定五经的目的是"以绪人伦",即使人伦不至在乱世中丧失。而儒家人伦的基础是"仁义",可见,孔子要"以绪人伦",就必须在"定五经"时一直贯彻"仁义"精神。故他说:"《春秋》以仁义贬绝,《诗》以仁义存亡,《乾》《坤》以仁和合,《八卦》以义相承,《书》以仁叙九族,君臣以义制忠,《礼》以仁尽节。"④(《新语·道基》)须指出:乾、坤是八卦最重要的两卦,八卦又是易经六十四卦的基本卦,故在此"乾、坤""八卦"代指《易经》。由此可知,陆贾采取"六经注我"方式,说明《春秋》《诗》《易》《书》《礼》五种经典之所以不朽就是贯彻"仁义"精神,首开汉代以"仁义"解五经亦即"仁义"经学化之开先河,它使儒家"仁义"治道

---

① 《新语》毕竟是政论,形而上之本源、本体,并非其关注之焦点,如果硬要追寻其本源、本体,那与其说是"道",还不如说是"仁义"。黎红雷教授说:仁作本体具有三大特性——"仁本体的普遍性""仁本体的抽象性""仁本体的关系实在性"。陆贾说"骨肉以仁亲,夫妇以义合,朋友以义信,君臣以义序""乡党以仁恂恂,朝庭以义便便",这是说不仅家庭关系,同样乡党、朝廷等一切人与人之间关系都是因为仁义才和谐,可见仁义这种爱普存于家庭、乡党、朝廷等一切人之中,因此它无疑便具有人的类本质,至此,仁义不就具备黎教授所说的"仁本体的普遍性"吗? 陆贾又说:"《鹿鸣》以仁求其群,《关雎》以义鸣其雄……乾、坤以仁和合,八卦以义相承。"这同样亦是说不仅鹿群、雎鸠等动物界,甚至乾坤、八卦等宇宙间关系亦皆因为仁义才和谐,因此,仁义不但是人之类本质,同样也是宇宙万物之类本质,既然人与万物皆有仁义此种类本质,那吾辈无疑就应不仅爱人,还要爱物,此不即孟子之"仁民爱物"主张吗? 至此仁义之抽象本体意义也就更突出,这不也同样具备了黎教授说的"仁本体的抽象性"了吗? 可见,仁义本仅是处理人与人之间和谐关系之准则,陆贾却把它提升并推广成处理宇宙万物间关系之准则,故此,仁义不也就具备了黎教授所说的"仁本体的关系实在性吗"? 既然仁义是处理宇宙万物和谐关系之准则,那仁义就应普存于宇宙万物之间,成为万物之间最根本之存在,至此仁义便具有了本体论意义,此即要求吾辈"仁民爱物",以仁义为本。同时"阳气以仁生,阴节以义降",仁义还是阴阳等宇宙万物产生之基础和根源,因此,仁义无疑又具备本源论意义了。此外,陆贾还说:"守国者以仁坚固,佐君者以义不倾;君以仁治,臣以义平。"仁义同样是"治国平天下"之依据和基础,亦即治道之依据和基础,此亦可论证"道基"即仁义,"道基"之"道"即"治道"。既然仁义是治道之依据和基础,而无为而治作为一种治道,自然也是以仁义为依据和基础,那么,与其说《新语》中的无为思想是"道法自然"思想创造性用之于人生和政治,还不如说是儒家的"仁义为本""仁民爱物"思想在政治领域之延伸和体现,可见,熊先生前面之提法不恰当。因为只有以"仁义为本""无为为用"才能防止亡秦多欲妄为所导致之暴政、恶政,实现仁政、体现仁义。(参见拙作《陆贾无为思想的儒学渊源》,载《华南理工大学学报》(社会科学版) 2004 年第 8 期。)

② 王利器撰:《新语校注》,中华书局 2012 年版,第 21 页。
③ 王利器撰:《新语校注》,中华书局 2012 年版,第 21 页。
④ 王利器撰:《新语校注》,中华书局 2012 年版,第 35 页。

基础取得传统经典支撑,其不言而喻权威大大增强。

其五,"仁义"圣人化。中国古代有浓厚的圣人情结,故历代学者常假托圣人,著书立说,强化其学说的权威性,如康有为就曾假托孔子之名,托古改制,倡导变法。陆贾也不例外。陆贾坚持圣人史观,认为圣人在造福人民中起到关键作用,并在其中显现"仁义"。故清人唐晏解读《新语·道基》篇的宗旨时指出:"此篇历叙前古帝王而总之以仁义。"① 就是说通篇目的在于强调"仁义"的重要性,亦即基础性。其中先圣的功绩主要在物质文明,如:"天下人民,野居穴处,未有室屋,则与禽兽同域。于是黄帝乃伐木构材,筑作宫室,上栋下宇,以避风雨。"②(《新语·道基》)"筑作宫室"亦即构建物质文明。而中圣的功绩主要在制度文明,如:"民知畏法,而无礼义;于是中圣乃设辟雍庠序之教,以正上下之仪,明父子之礼、君臣之义,……"③(《新语·道基》)"正上下之仪,明父子之礼"亦即构建制度文明。而后圣的主要功绩在精神文明,如:"礼义不行,纲纪不立,后世衰废;于是后圣乃定《五经》,明《六艺》,……以绪人伦,……以节奢侈,正风俗,通文雅。"④(《新语·道基》)"节奢侈,正风俗,通文雅"亦即建设精神文明。最后,陆贾说:"故曰,圣人成之。所以能统物通变,治情性,显仁义也。"⑤(《新语·道基》)即是圣人使这一切变成现实。他统察万物,进行变通,并显现"仁义"。即圣人在创造历史,造福人民中一直贯彻"仁义"。可见"仁义"治道基础实源自圣人的历史创造,即"仁义"圣人化,它使陆贾的"仁义"治道基础披上一层神圣的圣人光环,其合法性不言而喻。

其六,"仁义"史学化。作为史学家,《楚汉春秋》的作者,陆贾并非空言倡"仁义",而更是以史为鉴,论证其合法性,即"仁义"史学化。《史记·郦生陆贾列传》记载劝诫高祖曰:"昔者吴王夫差、智伯极武而亡;秦任刑法不变,卒灭赵氏。乡使秦已并天下,行仁义,法先圣,陛下安得而有之?"⑥ 在这,陆贾以史为鉴,说明秦亡根源就在违背"仁义"治道基础。这点后被贾谊继承,他在《过秦论》中说得秦亡原因在"仁义不施而攻守之势异也"。通观《新语》,借史论"仁义"遍于全书。如:"尧以仁义为巢,舜以稷、契为杖,故高而益

---

① 王利器撰:《新语校注》,中华书局2012年版,第1页。
② 王利器撰:《新语校注》,中华书局2012年版,第13页。
③ 王利器撰:《新语校注》,中华书局2012年版,第19–20页。
④ 王利器撰:《新语校注》,中华书局2012年版,第21页。
⑤ 王利器撰:《新语校注》,中华书局2012年版,第27页。
⑥ [西汉]司马迁撰:《史记》,中华书局1959年版,第2699页。

安，动而益固。……秦以刑罚为巢，故有覆巢破卵之患，以李斯、赵高为杖，故有倾仆跌伤之祸"①（《新语·辅政》），"秦非不欲治也，然失之者，乃举措太众、刑罚太极故也"②（《新语·无为》）。最后得出结论："杖仁者霸，杖义者强"③（《新语·辅政》），"万世不乱，仁义之所治也"④（《新语·道基》）。故唐晏说："此篇（《新语·道基》）历叙前古帝王，而总之以仁义。"⑤ 总之，陆贾正是借以史为鉴，"仁义"史学化方式，使"仁义"治道基础获得史学支持，从而确立其作为治道合法性不言而喻权威。

四、"仁义为本"的治道基础在构建和谐社会中的价值

陆贾说："是以君子之为治也，块然若无事，寂然若无声，……，岂待坚甲利兵、深牢刻令、朝夕切切而后行哉？"⑥（《新语·至德》）

（一）仁义是党和政府与人民关系和谐的基础

政权合法性是社会和谐的基础。在西方其合法性基础一般是选举，谁赢得选举谁就获得政权合法性。改革开放前30年我党执政合法性的重要依据是领导人民推翻三座大山，赢得民族独立与解放，亦即使中国人民站起来。改革开放后的30年，其依据则主要是领导和推动改革开放，经济高速发展，亦即使中国人民富起来。但总有一些人借中国当前无法实现西式全民直选，质疑我党执政的合法性。无可否认，加快政治体制改革，积极推进民主政治建设，是我国政治改革的重要方向。但中国有自己的国情，可借鉴而不可照搬西方模式；且中国有中国的历史传统，"仁义"作为治道基础，影响深远，讲"仁义"，施仁政直到今天依然是政权获得百姓支持，获得合法性的重要举措。坦率地说，胡锦涛、温家宝取消农业税，实行惠农政策，其实就是对农民讲"仁义"，施仁政，使我党获得广大农民支持，故无疑是夯实我党执政合法性的重要举措。同时，讲"仁义"，施仁政是应对西方对我党执政合法性挑战，使党和政府与人民关系和谐的根本举

---

① 王利器撰：《新语校注》，中华书局2012年版，第59页。
② 王利器撰：《新语校注》，中华书局2012年版，第71页。
③ 王利器撰：《新语校注》，中华书局2012年版，第59页。
④ 王利器撰：《新语校注》，中华书局2012年版，第40页。
⑤ 王利器撰：《新语校注卷上》，中华书局2012年版，第1页。
⑥ 王利器撰：《新语校注》，中华书局2012年版，第132页。

措。当然在这方面我们取得可喜成绩，但也应看到尚有不足，如当前要想方设法解决上学难、看病难、买房难新三座大山，这是讲"仁义"，施仁政，构建社会主义和谐社会必须解决的难题。

（二）"仁义"有利于人与人、人与自然关系和谐

胡锦涛说："我们所要建设的社会主义和谐社会，应该是民主法治、公平正义、诚信友爱、充满活力、安定有序、人与自然和谐相处的社会。"[①] "民主法治、公平正义、诚信友爱、充满活力、安定有序"强调的是人与人及人与社会和谐，"人与自然和谐相处"强调的是人与自然和谐。陆贾认为"仁义"不但是人与人，还是人与自然万物关系和谐的依据与基础。它要求我们"亲亲而仁民"并"仁民而爱物"，这对如何构建社会主义和谐社会有重要价值。今天为什么我们比过去富了很多，但幸福指数并没有同期上涨，何也？因为人与人关系紧张。为何紧张？重要原因之一是我们漠视甚至忽略了传统的"仁义"治道基础，及在此基础上确立的道德原则："己所不欲，勿施于人。"今天为什么人与自然的关系空前紧张，重要原因也在对自然不仁，对其缺乏敬畏，迷信科学万能，将自然当作征服对象。

第三节 "无为为用"的治道途径

"无为"本自"仁义"。那么如何将"仁义为本"这种治道基础落实到治国实践呢？先秦儒家提出"道之以德"亦即"德治"主张；陆贾则在"仁义"基础上提出"无为为用"的观点。须指出"无为"本非道家专利，儒家也有。孔子说："无为而治者，其舜也与？夫何为哉？恭己正南面而已矣。"[②]（《论语·卫灵公》）但在先秦儒家，占主导地位是"德治"，而非无为而治；而陆贾则将"仁义"与"无为"结合起来，突出"无为"的重要性，因为"无为"才能防

[①] 胡锦涛：《中共中央关于构建社会主义和谐社会若干重大问题的决定》，见新华网，2006年10月18日。
[②] 程树德撰：《论语集释》，中华书局2010年版，第1062页。

止亡秦多欲妄为所导致的暴政、恶政，实现仁政、体现仁义。① 故"无为"实本自"仁义"，是"仁义"治道基础的践行途径，即"无为为用"，故其是陆贾的治道途径。而从现代政治哲学视角看，"仁义"与"无为"结合实乃治道合法性与合理性结合，公平与效率结合。② 它使儒家"仁义"具备更强的操作性，从此告别迂阔寡功，真正与王权结盟。"文景之治"便是二者结合取得良好治理效果的明证。

陆贾说："道莫大于无为，行莫大于谨敬。何以言之？昔舜治天下也，弹五弦之琴，歌南风之诗，寂若无治国之意，漠若无忧天下之心，然而天下大治。周公制作礼乐，郊天地，望山川，师旅不设，刑格法悬，而四海之内，奉供来臻，越裳之君，重译来朝。故无为者乃有为也。"③（《新语·无为》）"昔舜治天下也，……寂若无治国之意，漠若无忧天下之心，然而天下大治"实乃无为而治，故陆贾总结说："故无为者乃有为也。"

陆贾又说："秦始皇设刑罚，为车裂之诛，以敛奸邪，……事逾烦天下逾乱，……，秦非不欲治也，然失之者，乃举措太众、刑罚太极故也。"④（《新语·无为》）在此，陆贾指出：秦始皇之所以"事逾烦，天下逾乱，法逾滋而奸逾炽，兵马益设而敌人逾多"根源乃"举措暴众，而用刑太极"即大过有为，这从反面论证了"无为"的重要性。

一、落实"无为为用"的条件

须指出：陆贾的"无为"并非什么都不做，从现代管理学角度看，实乃用最小管理成本达到最大管理效果。其本质也即抓大放小。具体说来即权力下放，凡百姓能自己能管好的都要放权不管，以便其自己管好自己，而人主只管那些百姓不愿管也管不好的大事。⑤ 何谓大呢？陆贾认为包括"履道而行""制作礼乐""注重教化""为臣民楷模""任官得人"，如此方能"无为"而"天下大治"。

---

① 这和当代的治理思潮有异曲同工之妙，治理理论认为：为防止暴政、恶政，实现善政，就必须缩小政府的权限，扩大民间权限，亦即政府应尽量无为。
② 传统中国合法性的依据是"仁义"，因为"仁义"体现公正；无为即用最小的管理成本达到最大的管理效率，故无为体现效率。
③ 王利器撰：《新语校注》，中华书局2012年版，第68页。
④ 王利器撰：《新语校注》，中华书局2012年版，第71页。
⑤ 这和当代治理思潮有异曲同工之妙，当代治理理论认为：为防止暴政、恶政，实现善政，就必须缩小政府权限，扩大民间权限，亦即政府应尽量无为。

故其是"无为为用"的条件。

(一)要"履道而行",按治道规律办事

陆贾说:"道者,人之所行也。夫大道履之而行,则无不能,故谓之道。"①(《新语·慎微》)由于陆贾的"道"主要是治道、王道,而并道家"形而上"的本源、本体之道;无论是"道基"的"道"、"道术生焉"的"道"、"仁者道之纪"的"道",还是"道莫大于无为"的"道",都是指治道。② 故"履道而行"的"道"即治道规律。"夫大道履之而行,则无不能"即按照治道规律办事没有什么事办不成。这当然包括无为而治。可见"履道而行"是无为而治的前提,只有按治道规律办事方能无为而治。

反之,不"履道而行",就会事与愿违。"秦非不欲治也",之所以会"事逾烦天下逾乱",表面看来就在"举措太众、刑罚太极故也";但从根本上说,其实还在没能"履道而行",按治道规律办事。具体来说就是违背了陆贾所强调"逆取顺守"的治道规律,即取天下有为:尚武,尚刑;治天下无为:尚文,尚德。

(二)要"制作礼乐"

陆贾说:"周公制作礼乐,郊天地,望山川,师旅不设,刑格法悬,而四海之内,奉供来臻,越裳之君,重译来朝。"③(《新语·无为》)这显然与孔子的"复礼""克己复礼为仁"④(《论语·颜渊》)思想一脉相承。"礼乐"即周礼,本是周公规范贵族的政治和生活,维护宗法制度的准则;后演化成帝王实现尊卑有序、远近和合的统治目的工具。而在此陆贾则强调:"制作礼乐"方能"四海之内,奉供来臻",故其是无为而治前提条件。"礼乐"作为制度是介于内在约束"德"和外在的强制"法"之间,既有内在约束,又有外在强制;但与"法"相比,其强调更多的不是外在强制惩罚而是内在道德教化与激励,故其强制性有根本性、人性化特质。且"礼者禁于将然之前,法者禁于已然之后";"礼乐"是劝善禁恶,"法"是保善惩恶。故"礼乐"还具备预防性特质。可见,无为而治也并不是什么制度都不要,而是用最人性化、根本性、预防性的制度达到最根

---

① 王利器撰:《新语校注》,中华书局2012年版,第106页。
② 参见拙作《陆贾"无为"思想的属性辨析及其价值》,载《求索》2009年第8期。
③ 王利器撰:《新语校注》,中华书局2012年版,第68页。
④ 程树德撰:《论语集释》,中华书局2010年版,第817页。

本的约束与激励,故其是无为而治的前提条件之一。

(三) 要"注重教化"

陆贾说:"是以君子尚宽舒以苞其身,行身中和以致疏远;民畏其威而从其化,怀其德而归其境,美其治而不敢违其政。民不罚而畏,不赏而劝,渐渍于道德,而被服于中和之所致也。"①(《新语·无为》)"民不罚而畏,不赏而劝"即无为而治,乃"渐渍于道德,而被服于中和之所致也",亦即受道德教化熏陶所致。可见无为而治乃道德教化的结果。亦可见,陆贾的"无为"主体是儒家的"道德导向无为"。他又说:"故尧、舜之民,可比屋而封,桀、纣之民,可比屋而诛。何者?化使其然也。"②(《新语·无为》)在这"化"即道德教化,同样也是强调道德教化的重要性,认为它是无为而治的必备条件。这显然与孔子的"道之以政,齐之以刑,民免而无耻;道之以德,齐之以礼,有耻且格"③(《论语·为政》)一脉相承;因为"道之以德"就可以使人民"有耻且格",即有羞耻感且人心归服,实则是通过道德教化实现无为而治。

(四) 要加强道德修养,"为臣民楷模"

陆贾说:"夫王者之都,南面之君,乃百姓之所取法则者也,举措动作,不可以失法度。……故上之化下,犹风之靡草也。……故君子之御下也,民奢应之以俭,骄淫者统之以理;未有上仁而下贼,让行而争路者也。故孔子曰:'移风易俗。'岂家令人视之哉?亦取之于身而已矣。"④(《新语·无为》)"南面之君,乃百姓之所取法则者也,举措动作,不可以失法度"这与孔子所强调的"其身正,不令而行,其身不正,虽令不从"⑤(《论语·子路》)一脉相承,意在强调:君主应为臣民楷模。"孔子曰:'移风易俗。'岂家令人视之哉?亦取之于身而已矣"这其实与孔子所说的"君子之德风,小人之德草。草上之风,必偃"⑥(《论语·泰伯》),"修己以安百姓"⑦(《论语·宪问》)一脉相承,都是强调君主应在道德修养方面为臣民楷模。唯如此方可"移风易俗"而无为而治。可见,"无

---

① 王利器撰:《新语校注》,中华书局 2012 年版,第 74 页。
② 王利器撰:《新语校注》,中华书局 2012 年版,第 75 页。
③ 程树德撰:《论语集释》,中华书局 2010 年版,第 68 页。
④ 王利器撰:《新语校注》,中华书局 2012 年版,第 77-78 页。
⑤ 程树德撰:《论语集释》,中华书局 2010 年版,第 901 页。
⑥ 程树德撰:《论语集释》,中华书局 2010 年版,第 866 页。
⑦ 程树德撰:《论语集释》,中华书局 2010 年版,第 1041 页。

为"并不是什么都不做，君主应在加强道德修养、为臣民楷模方面有为，这也是无为而治的前提条件之一。

（五）要"任官得人"

陆贾说："尧以仁义为巢，舜以稷、契为杖，故高而益安，动而益固。……秦以刑罚为巢，故有覆巢破卵之患，以李斯、赵高为杖，故有倾仆跌伤之祸，何者？所任者非也。"①（《新语·辅政》）"舜以稷、契为杖，故高而益安"，这和《论语》说的"无为而治者其舜也与"②（《论语·卫灵公》）、"舜有臣五人而天下治"③（《论语·泰伯》）思想相同，二者都反映儒家的无为而治的另一前提之一："任官得人"。为什么"任官得人"方可无为而治呢？因为"所任得其人，故优游而自逸也"。这其实是要求分职管理：君无为，臣有为；一则充分发挥贤臣在国家治理中的作用，另则也使君王从俗务中解脱出来，即"优游而自逸"，同时也便于其集中精神抓少数大事。最后陆贾以秦"以李斯、赵高为杖，故有倾仆跌伤之祸"，从反面论证"任官得人"的重要性。

由上述可知，陆贾的"无为"实乃有所为有所不为，人主应在"履道而行""制作礼乐""注重教化""为臣民楷模""任官得人"五个方面有为，它是"无为为用"的条件。而其主要源自"仁义"，其主体显然属于儒家"道德导向无为"，并非道家"自然无为"。④

二、"无为为用"在构建和谐社会中的价值

"无为"包含如下几层含义：首先，"上无为，下有为"。"上无为"即政府应尽量"无为"，尽量少干预人民的公私生活。"下有为"即要充分发挥"下"亦即百姓的自治能力。其次，"有所为，有所不为"。"无为"并不是什么都不干，而是"抓大放下"，政府只管百姓管不好，也不愿的大事。这对今天如何构建社会主义和谐社会有重要价值。

---

① 王利器撰：《新语校注》，中华书局 2012 年版，第 59 页。
② 程树德撰：《论语集释》，中华书局 2010 年版，第 1062 页。
③ 程树德撰：《论语集释》，中华书局 2010 年版，第 552 页。
④ 参见拙作《陆贾"无为"思想的属性辨析及其价值》，载《求索》2010 年第 8 期。

（一）政府应尽量简政放权，少干预人民公私生活

为实现和谐治理，陆贾以"无为"的形式落实仁政理念。而秦败亡的重要原因在大过有为，刘邦高明之处在接受陆贾"无为为用"的建议，实施休养生息的国策。这与西方治理思潮有异曲同工之妙。罗西瑙在《没有政府的治理》说："这就要求我们要进一步简政放权，加强对公民社会的培养，培养公民自我管理能力，最终形成小政府，大社会的权力治理框架。"显然，罗西瑙的治理思想与陆贾的"无为为用"思想惊人相似，都强调政府应尽量少干预人民的生产、生活。

邓小平吸取毛泽东晚年的教训，实现"逆取顺守"，即从阶级斗争为纲到经济建设为中心、改革开放的转变，其实质即从毛泽东时的过度有为，过度干预人民公私生活，转变到小平时的简政放权，与民休养生息。农村包产到户，让农民决定生产，是简政放权。搞市场经济，让企业自己决定产销，同样也是简政放权。总之，没有"无为为用"，简政放权，就没改革开放这30多年伟大成就，也就没有中华民族正在进行的伟大复兴。

但在看到成绩时，也须看到"无为"或者说简政放权我们依然做得不够。尤其在政治领域，依然管得过多，管理过死，其结果某些该管的没管，不该管的又管得过多，导致权力寻租、权力异化[①]。而在经济领域则表现国进民退，政府与企业、权力与市场总存在剪不断、理还乱的关系，有时政府既当裁判员又当运动员。无须否认，政府在推进改革、发展经济中起到重要作用，但政府过细、过深直接干预企业经营，会导致一系列问题，如政企不分、与民争利等，这实际与市场经济潮流背道而驰，违背"无为为用"的治道途径。故要构建和谐社会就须进一步落实"无为为用"的治道途径，进一步简政放权。

（二）要培养、发挥人民自我治理能力

汉代乡里制度最显著特点有二：一是最重视教化；二是最具有自治精神，而这恰是陆贾"道德导向无为"落实于乡村治理中的产物。强调"道德导向"必然要求重视教化；强调"无为"也必然要求"上无为，下有为"，充分发挥"下"亦即百姓自治精神。秦代乡里制度显著特征之一是缺乏自治精神，主要表

---

① 即权力本是人民让渡给官员的，以便其为人民服务，结果其反而成为某些官员祸害人民的工具，即权力异化。

现为控制，而不是自治。如商鞅变法，明令：令民为什伍而相牧连坐。汉王朝以秦为鉴，积极培养与发挥乡村自治精神，主要表现为积极培养与发挥三老和啬夫在其中的作用。如汉代分别设立县三老、郡三老和国三老，使其在教化中发挥重要作用，且予以极大的权力，其不仅可掌管乡里且可与县令丞尉以事相教，故其位尊权重为历代之最。汉王朝亦非常重视培养和发挥啬夫的作用。如东汉爰延"为外黄乡啬夫，仁化大行，民但闻啬夫，不知郡县"①（《后汉书·杨李翟应爰续列传》）。可见，啬夫位尊权重，亦可谓历代之最。②

今天要构建社会主义和谐社会就须"无为为用"，积极培养、发挥人民的自治能力。随着20世纪50年代土地改革，传统乡绅阶层彻底消亡，我党在村镇普设党支部，传统的乡村自治体系随之瓦解。毛泽东时代治理的某些不足是党和政府太过有为，民间自治力量式微。改革开放后，我党逐步放松对民间干预，民间自治力量开始复苏，这显然有利于构建和谐社会。但须指出，这方面我们依然做得不够。一则党政仍然管得过多，权力异化时有发生。二则某些事心有余而力不足，该管没管好，如慈善、希望工程等。与此同时，民间自治力量没充分发挥出来。如：某些公益组织常在夹缝中生存。今后要积极培育公民社会，充分发挥民间组织在基层治理中的作用，弥补政府这方面的不足，这对构建和谐社会至关重要。

（三）要学会"抓大"

须指出，"无为"并非什么都不管，实则是"抓大放小"。陆贾"无为"中的"大"主要有两件：首先，法治建设。须指出，陆贾等汉初儒者虽多"过秦"，但批判的是秦之严刑峻法，并没有否定法的作用。如陆贾说："夫法令所以诛暴也。"③（《新语·无为》）相反，陆贾一再强调法的地位。如说："是以君子博思而广听，进退顺法，动作合度"④（《新语·思务》），"制事者因其则"⑤（《新语·慎微》），"立法不明还自伤"⑥（《新语·至德》）。可见，无规矩不成方圆，若无法治，不但难以无为而治，甚至会天下大乱。为此，刘邦君臣汉承秦制，继承秦之中央集权制和郡县制等基本法律制度。故法治是"无为"的基本

---

① ［南朝·宋］范晔撰：《后汉书》，中华书局1965年版，第1619页。
② 本段内容将第五章第一节"有启文景萧曹之治者"详细论述。
③ 王利器撰：《新语校注》，中华书局2012年版，第75页。
④ 王利器撰：《新语校注》，中华书局2012年版，第182页。
⑤ 王利器撰：《新语校注》，中华书局2012年版，第51页。
⑥ 王利器撰：《新语校注》，中华书局2012年版，第139页。

前提。其次,道德建设。陆贾一再强调道德教化,说:"治以道德为上,行以仁义为本。"①(《新语·本行》)他又说:"故曾、闵之孝,夷、齐之廉,此宁畏法教而为之者哉?故尧、舜之民,可比屋而封,桀、纣之民,可比屋而诛,何者?化使其然也。"②(《新语·无为》)可见,道德教化是无为而治的核心。总之,陆贾重视"抓大",强调法治建设与道德建设,对今天构建和谐依然有重要启示。

首先,要加强社会主义法治建设。今天我们的治理困境,根源之一在于没能很好抓住法治这个"大"。相对毛泽东时代,我国法治建设显然取得长足发展;但与先进国家相比,尚有差距。主要表现头痛医头、脚痛医脚、治标不治本等。今后应大力加强法治建设,尤其要对古今中西一切优秀法治成果进行辩证吸收,如此方能"抓大",落实"无为为用",构建和谐社会。

其次,要加强社会主义道德建设。改革开放30多年,国家取得长足发展,但也出现经济发展与道德滑坡二离背反。难怪邓小平曾批评:十年改革最大失误在于教育。今天如何重构社会主义道德体系,提升全民的道德水平成为刻不容缓的时代课题,也是构建社会主义和谐社会亟待解决的难题。我们一定要抓好道德建设这个"大",如此方能"无为为用",最终构建和谐社会。

---

① 王利器撰:《新语校注》,中华书局2012年版,第142页。
② 王利器撰:《新语校注》,中华书局2012年版,第75页。

第五章 治道的汉代影响

作为汉初第一位思想家，陆贾治道对汉代有深远影响。首先，它"有启文、景、萧、曹之治者"：一方面，对上通过进谏、著书，影响统治者对治国方略的选择，促进了儒学与王权结盟；另一方面，对下通过治道，影响汉代乡里制度建设，促进乡村自治。故其"亦有启文、景、萧、曹之治者"。其次，它是汉代儒学制度化的先声。通过对儒学与王权结盟的方式——儒学制度化；儒学制度化的三种具体形式：儒学法律化，儒学礼仪化，儒学习俗化；儒学如何制度化：改造儒学，寻求王权支持等问题的有益探索，陆贾对儒学制度化作出卓越贡献。董仲舒正是沿着其路子使得儒学制度化。故其治道实是汉代儒学制度化的先声。最后，它是儒学意识形态化的先声。陆贾是汉代尝试建构儒学形而上宇宙论支持系统的第一人，也是汉代尝试以儒学统一思想（独尊儒术）的第一人，同时也是汉代促使儒学与王权磨合并产生深远影响的第一人。董仲舒正是沿着其路子使得儒学意识形态化。故其治道实也是汉代儒学意识形态化的先声。

第一节 "有启文景萧曹之治者"

一、陆贾促进了儒学与王权磨合、融合

陆贾是汉初提出"仁义为本""无为为用"治国方略的第一人，促成刘邦从打天下的"逆取"到治天下的"顺守"转变。《史记·郦生陆贾列传》："陆生时时前说称诗书。高帝骂之曰：'乃公居马上而得之，安事诗书！'陆生曰：'居马上得之，宁可以马上治之乎？且汤武逆取而以顺守之，文武并用，长久之术也……高帝不怿而有惭色，乃谓陆生曰：'试为我著秦所以失天下，吾所以得之者何，及古成败之国。'陆生乃粗述存亡之徵，凡著十二篇。每奏一篇，高帝未尝不称善，

左右呼万岁，号其书曰'新语'。"① 既然"每奏一篇，高帝未尝不称善"，说明刘邦对陆贾的治道高度认可，并最终实现从法家取天下到儒家治天下的转变，主要表现如下：

首先，反省自我，认识到读书的重要性。据严可均《全汉文》卷一引《古文苑》卷十载高祖晚年写了一篇《手敕太子》文："吾遭乱世，当秦禁学，自喜，谓读书无益。自践阼以来，对方省书，使人知作者之意，追思昔所行，多不是。"② 而此前刘邦骂陆贾："乃公居马上而得之，安事诗书！"对比可见，其对儒家诗书的态度已发生根本转变。而其原因固然是时代使然，但显然与汉初儒生们的努力分不开，其中叔孙通"制礼仪"及陆贾"时时前说称《诗》《书》"应起到了重要作用。尤其是后者，如果没有其面折高祖："居马上得之，宁可以马上治之乎？"及明确提出"逆取顺守""文武并用"之策，后者对《诗》《书》的态度恐难发生根本转变。由此看来，陆贾对汉初治国思想的形成和建树意义重大，其地位恐无人可代替。

其次，聘请儒生教育太子。史载："汉九年，高帝徙叔孙通为太子太傅。"③ 表明其要用儒家思想培养继承人。与此前讨厌儒生，喜"溺儒冠"形成鲜明对比，反映其对儒生态度也发生了根本转变。

再次，颁布求贤令。高祖于十一年二月（公元前196）年发出求贤诏："又曰：'盖闻王者莫高于周文，伯者莫高于齐桓，皆待贤人而成名。今天下贤者智能岂特古之人乎？患在人主不交故也，士奚由进！今吾以天之灵，贤士大夫定有天下，以为一家，欲其长久，世世奉宗庙亡绝也。贤人已与我共平之矣，而不与吾共安利之，可乎？贤士大夫有肯从我游者，吾能尊显之。布告天下，使明知朕意。御史大夫昌下相国，相国酂侯下诸侯王，御史中执法下郡守，其有意称明德者，必身劝，为之驾，遣诣相国府，署行、义、年。有而弗言，觉，免。年老癃病，勿遣。'"④（《汉书·高帝纪下》）尊贤、尚贤是儒墨两家的共同主张，而这高祖所推崇的圣王是儒家的周文王而非墨家的夏禹，可见其求贤令是深受儒家影响而非墨家，也反映其对儒家态度的转变。

最后，汉高祖十二年十一月过鲁，亲自祭祀孔庙，开帝王祭孔之先河。

---

① ［西汉］司马迁撰：《史记》，中华书局1959年版，第2699页。
② ［清］严可均辑：《全汉文》，商务印书馆1999年版，第5页。
③ ［东汉］班固撰：《汉书》，中华书局1962年版，第2129页。
④ ［东汉］班固撰：《汉书》，中华书局1962年版，第71页。

《史记·儒林列传》载:"高祖过鲁,申公以弟子从师入见高祖于鲁南宫。"①《史记·孔子世家》也记载:"高皇帝过鲁,以太牢祠焉。"②

以帝王之尊入孔庙祭祀儒家创始人孔子,首创帝王祭祀孔子,充分体现其对儒家礼遇及反映其对儒家态度根本转变。

总之,在陆贾影响下,高祖实现从厌儒、戏儒到好儒、亲儒的转变,其作政治遗产为汉代历代君主们所继承。如:孝文帝广开游学之路,置《论语》《孝经》《孟子》博士。景帝立《诗》《书》《春秋》经学博士。武帝置"五经"博士。可见,通过上书《新语》,陆贾成功改造君主的政治意识,影响其对治国方略的选择,使其治道与王权磨合、结合。至此儒家治道开始尝试与王权磨合、融合,直到武帝时"独尊儒术",二者正式结盟,而陆贾无疑在其中立了首功。

陆贾有启"文景之治"。曹参代萧何为相,清静无事,举事无所变更,惠帝怪其不治事,引起了二人对治国方略的讨论。《史记·曹相国世家》:"参曰:'陛下言之是也。且高帝与萧何定天下,法令既明,今陛下垂拱,参等守职,遵而勿失,不亦可乎?'惠帝曰:'善。君休矣!'"③ 由上述可知"文景萧曹之治"其实就是按刘邦既定的治国方针办事,而这种既定方针就是陆贾为之设计的"仁义为本""无为为用"国策。故"文景萧曹之治"其实就是继承和落实陆贾治道的结果。明人钱福说:"其书……有启文景萧曹之治者。"④(《〈新语〉序》)无疑是有道理的。

二、陆贾有启汉代乡里制度建设

乡里制度是君主专制国家政权结构中最基层的行政制度,被称为治民之基。中国乡里制度特点有三:一是层层节制左右关联,构成纵型网状控制体系;二是乡里百姓参与;三是形成以道德教化为重心的治理方式。

中国乡里制度源远流长,最早萌生于先秦,秦汉则是其确立期,也是其发展最充分的时期。秦汉乡里制度承前启后,既是先秦乡里制度萌生的延续,又是后世乡里制度演变和发展的基础。秦代是乡里制度的初步确立期,在中国乡里制度史上,其有两大显著特征:最忽视教化,最缺乏自治精神。两汉则是乡里制度发

---

① [西汉] 司马迁撰:《史记》,中华书局1959年版,第3121页。
② [西汉] 司马迁撰:《史记》,中华书局1959年版,第1946页。
③ [西汉] 司马迁撰:《史记》,中华书局1959年版,第2030页。
④ 王利器撰:《新语校注》,中华书局2012年版,第193页。

展最充分的时期，表现出勃勃生机和活力。相对其他朝代，其有两个与秦代恰恰相反的显著特征：一是非常注重教化，为历代之最。二是自治色彩浓厚，也为历代之最。这二者其实也是汉代乡里制度的精神。

首先，最重视教化。秦帝国"以法为教、以吏为师"，表现在乡里制度建设上就是漠视甚至排斥教化。汉王朝以秦为鉴，非常注重教化，主要表现为汉代皇帝特别重视和尊敬三老，导致三老位尊权重，这在中国乡里制度史上极为少见，这也是汉代乡里制度建设的一个突出特点。汉代三老划分较细，除乡三老外，还有县三老、郡三老和国三老。乡三老和县三老设于汉王二年，如《汉书·高帝纪上》："举民年五十以上，有修行，能帅众为善，置以为三老，乡一人。择乡三老一人为县三老，与县令丞尉以事相教，复勿繇戍。"① 汉高后元年置孝弟力田，协助三老掌乡里教化事务。《汉书·高后纪》："二月，赐民爵，户一级。初置孝弟力田二千石者一人。"② 汉文帝也很重视三老与教化，《汉卷四·文帝纪》："问民所不便安，而以户口率置三老孝弟力田常员，令各率其意以道民焉。"③ 而郡三老见于西汉末年，国三老最早出现于王莽居摄元年。《汉书·王莽传上》："居摄元年正月，莽祀上帝于南郊，迎春于东郊，行大射礼于明堂，养三老五更，成礼而去。"④ 总之，汉代帝王及新莽对三老及其教化都非常重视。另外，三老权力很大，他们不仅可掌管乡里与县令丞尉以事相教，而且还可以关心甚至干预国家大事。如项羽杀害义帝后，乡三老遮说刘邦为义帝发丧，诛讨项羽，得到刘邦采纳。正因为如此，吉书时说："魏文侯元年为前面446年，说明至少公元前五世纪魏已有三老。但三老作为一种制度流行是在汉代，汉代不仅三老的地位很高，而且它的作用也达到了空前绝后的程度。"⑤ 从吉书时的话印证了两点：一是三老作为一种制度流行始于汉代；二是汉代三老位尊权重，空前绝后。

其次，自治色彩浓厚。秦代乡里制度的精神主要表现为控制，而不是自治。商鞅变法，"令民为什伍而相牧连坐"，"有奸必告之"，乡党邻里的互助互惠，遂一变而为互相监视、检举和连坐关系。汉王朝以秦为鉴，充分发挥了乡里制度的自治精神，主要表现在三老和啬夫位尊权重。三老位尊权重在上面已谈过，下面着重谈谈啬夫的地位和作用。在汉代乡里组织中啬夫的地位非常重要，其自主

---

① ［东汉］班固撰：《汉书》，中华书局1962年版，第33页。
② ［东汉］班固撰：《汉书》，中华书局1962年版，第96页。
③ ［东汉］班固撰：《汉书》，中华书局1962年版，第124页。
④ ［东汉］班固撰：《汉书》，中华书局1962年版，第4082页。
⑤ 吉书时著：《略论汉代的三老》，载《北京师范大学学报》1983年第6期。

性也大。东汉爰延"为外黄乡啬夫,仁化大行,民但闻啬夫,不知郡县"①(《后汉书·杨李翟应爰续列传》)。正因为如此,赵秀玲说:"此时的啬夫在百姓心目中地位很高,影响深远甚至超过县长。在整个中国乡里制度史上,'民但闻啬夫,不知郡县,'可谓一独特现象,这是汉代乡里制度的显特征之一。"② 可见,汉代啬夫位尊权重也为历代之最。由汉代三老、啬夫位尊权重为历代之最,可知,汉代乡里制度自治色彩之浓也为历代之最。

汉代乡里制度精神与陆贾"仁义为本""无为为用"的治道精神一脉相承。陆贾说:"治以道德为上,行以仁义为本。"③(《新语·本行》)又说:"道莫大于无为。"④(《新语·无为》)强调"仁义为本",实施仁政,就必然注重道德教化及无为而治,因为道德教化是实现仁政的手段,而"无为"是实现仁政的途径。更确切地说,"仁义"或仁政是目的,道德教化、"无为"是手段和途径。须指出:实行"无为"治国,其目的就是要避免亡秦暴政,实行仁政,使汉王朝长治久安;所以陆贾说:"无为者乃有为也。"⑤(《新语·无为》)当然"无为"也并不是什么都不做,在"无为"的大前提下注重道德教化才能实现仁政,这就是陆贾所说的:"民不罚而畏,不赏而劝,渐渍于道德,而被服于中和之所致也。"⑥(《新语·无为》)其实,陆贾的"仁义为本""无为为用"思想和当代的治理思潮有异曲同工之妙,当代治理思想主张尽量缩小政府权限,扩大民间自治权限,因为政府干涉过多,极易导致暴政、恶政。而汉代的乡里制度精神正体现了陆贾这种思想,并与当代治理思想息息相通。高度重视教化不是源自"仁义为本"吗?因为"仁义为本"就必然要求以教化而不是以刑杀作为治国理民的主要手段。自治色彩浓厚不也是"无为为用"思想在乡村治理中的运用吗?因为上"无为",就必然要求下有为,就必然要求发挥乡村社会的自治能力。可见,"仁义为本""无为为用"的思想渗透到汉代乡里制度中去,变成了其制度精神。由此可见,汉代乡里制度精神与陆贾"仁义为本""无为为用"的治道精神何其相通。

此外,汉代乡里制度精神也与陆贾的理想社会治理想模式息息相通。陆贾在

---

① [南朝·宋]范晔撰:《后汉书》,中华书局1965年版,第1619页。
② 赵秀玲著:《中国乡里制度》,社会科学文献出版社1998年版,第14页。
③ 王利器撰:《新语校注》,中华书局2012年版,第142页。
④ 王利器撰:《新语校注》,中华书局2012年版,第68页。
⑤ 王利器撰:《新语校注》,中华书局2012年版,第68页。
⑥ 王利器撰:《新语校注》,中华书局2012年版,第74页。

《新语·至德》中描述理想社会治理图时说："是以君子之为治也，……岂待坚甲利兵、深牢刻令、朝夕切切而后行哉？"①

　　前面已论证陆贾的理想社会模式与儒家的大同理想相似，主要源自《礼记·礼运》篇。但是如果我们略去其中的某些夸张成分（大凡思想家描述理想社会模式时都有些夸张成分），它何曾不是一幅生动活泼的汉代乡村社会治理图呢？何曾不充分体现汉代乡里制度的精神：高度注重教化，自治色彩浓厚呢？"君子"在这是指上层统治者。"官府若无吏，亭落若无民"，并不是无吏无民，只是强调统治者，或者说官吏"无为"，不扰民；这种"无为"，不扰民实则是一种简政放权，让民众充分发挥乡村自治能力。从这一方面说其与汉代乡里制度自治精神浓厚完全一致。另一方面，"兴辟雍庠序而教诲之"，实行教化，这与汉代乡里制度另一显特征：高度重视教化也一致。而"无为"和教化的结果是：实现仁政，这时"闾里不讼于巷，老幼不愁于庭""邮无夜行之卒，乡无夜召之征""耆老甘味于堂，丁男耕耘于野，在朝者忠于君""强弱相扶，小大相怀，尊卑相承"，这何曾不是"文景之治"下的太平盛世图呢？同样也何曾不是汉代乡里制度下的太平盛世图呢？

　　总之，陆贾对汉代乡里制度的贡献有三：首先，有启以秦为鉴，乡里制度由秦到汉的转变。陆贾恰处秦末汉初，在中国乡里制度史上正是由最忽视教化、最缺乏自治精神的秦代向最注重教化、最具有自治精神的汉代的转变时期。而上《新语》导致"每奏一篇，高帝未尝不称善，左右呼万岁"，最终使高祖"以秦为鉴"，实现治国思想由以法家到儒道两家转变的正是陆贾。这种转变当然也包括乡里制度。其次，陆贾"仁义为本""无为为用"治道有启汉代乡里制度精神建设。陆贾是首次把"仁义为本"与"无为为用"完美结合的第一人，并有启"文景之治"；而汉代乡里制度的两大显著特征：最重视教化，自治色彩最浓，又恰好体现这一思想。从某种程度看，最重视教化、自治色彩最浓正是"仁义为本""无为为用"在乡村治理中贯彻的必然结果。故说"仁义为本""无为为用"对乡里制度精神由秦代向汉代转变，产生了深远影响，应该是可以成立的。最后，陆贾的理想社会治理模式有启汉代的乡村治理。如上述所示，陆贾在《新语·至德》所呈现的理想社会模式何曾不也恰恰是一幅生动活泼的汉代乡村社会治理图呢？它何曾不充分体现汉代乡里制度精神：高度注重教化，自治色彩浓厚呢？

---

① 王利器撰：《新语校注》，中华书局2012年版，第132页。

陆贾是汉初为新王朝提出全新治国方略的第一人，也是高帝吕后同时代人，虽不能断定刘邦设立乡县三老制度，吕后设立孝弟力田制度与陆贾有关，但通过以上三点，说陆贾有启汉代乡里制度建设，大概不算牵强附会。

总之，陆贾治道"有启文景萧曹之治者"主要在两方面：一方面，对上通过进谏、著书立说影响统治者对治国方略的选择；另一方面，对下通过治道影响汉代乡里制度建设，促进其乡村自治。

第二节　汉代儒学制度化的先声

儒学制度化命题的提出。《史记·高祖本纪》中说："天下初定，命萧何次法令，韩信申军法，张苍定章程，叔孙通制礼仪。"① 而《汉书·高帝纪下》却说："天下既定，命萧何次律令，韩信申军法，张苍定章程，叔孙通制礼仪，陆贾造《新语》。"②《史记》中没有"陆贾造《新语》"，《汉书》作者班固为什么要加上这一句？另外，以上法令、军法、章程、礼仪都是制度，唯《新语》是一部书，二者并提，似乎也不伦不类；班固为什么要把二者并列起来，大书特书？我想原因大概如下：司马迁是汉武帝时人，儒术才刚开始独尊，加之其喜好黄老，不好儒术，故没有充分认识到《新语》在儒学制度化中的重要作用；而班固是东汉人，儒学已完全制度化了，作为后人，作者看到了司马迁所没有看到的东西：《新语》在儒学制度化中的重要作用。《新语》虽然并没有设计具体制度，但它蕴含着儒学制度化的精神；尽管儒学是在西汉中后期才最终制度化，但作为对汉初政治产生深远影响的士大夫，陆贾对儒学制度化产生深远影响。因此，《新语》实则是汉代儒学制度化的先声。大概是因为这层原因，班固才把造《新语》和次法令、申军法、定章程、制礼仪并列起来，认为次法令、申军法等是制度化，造《新语》也是制度化，只不过是一种思想制度化。

儒学制度化——汉代的时代课题。春秋以来，我国进入轴心时代，"道术将为天下裂"，出现了儒、墨、道、法等"百家争鸣"，但正如司马炎所说："夫阴

---

① ［西汉］司马迁撰：《史记》，中华书局1959年版，第380页。
② ［东汉］班固撰：《汉书》，中华书局1962年版，第61页。

阳、儒、墨、名、法、道德，此该务为治也。"①（《史记·太史公自序·论六家要旨》）其代表人物多游说诸侯，试图以自己的学说统一天下。由于诸侯混战的历史背景，具有极端功利主义色彩的法家治道成为各国首选，法家思想自然也率先和王权结盟，最典型的是秦国。正是在秦国，法家有幸成为百家中最早被制度化的思想。也正是在法家指导下，秦一统天下，结束春秋以来的诸侯混战局面，建立空前强大的大帝国；同时，在统一过程中法家思想也借助王权的力量被强制推广到天下。同样也是在法家指导下，秦一统后，始皇父子并没有实现从"马上得之，马下治之"的转变，依然"以法为教、以吏为师"，把法家思想推广到极致，严刑苛法，弄得怨声载道，短短十来年，空前强大的秦帝国便在"诛暴秦"的呐喊声中被推翻。可见，在制度化法家指导下，秦帝国既取得空前辉煌的成功，也取得空前悲壮的失败。秦亡汉兴，以秦为鉴，为新王朝长治久安，寻找一种新的治国方略，已成为时代课题。以陆贾、贾谊、董仲舒为代表的一批儒生认为：秦亡原因在严刑苛法、不施仁义；要想长治久安，就必须改弦易辙、以儒家思想指导政治实践，实现儒家治道和王权结盟；而儒学与王权结盟最通常的方式就是儒学制度化。因此，可以说，儒学制度化已成为汉代的时代课题。

如果说，叔孙通在汉初儒学制度化中的作用主要体现在具体制度设计上，陆贾则相反，主要体现在儒学制度化的理论建构上及对儒学制度化的影响上，具体表现在三方面：一是论证了儒学必须与王权结盟，结盟的方式就是儒学制度化。二是儒学制度化包括三种形式：儒学法律化，儒学礼仪化，儒学习俗化。三是儒学制度化的途径有两方面：①改造儒学，使之通于时变；②寻求王权支持。董仲舒正是沿着陆贾的路子寻求儒学制度化。从陆贾到董仲舒——儒学制度化的历程也是汉初儒学与王权磨合的过程；陆贾的"仁义为本""无为为用"思想促进了汉初儒学与王权磨合，武帝儒学制度化就是这种磨合的最终结果。

那么，什么叫儒学制度化呢？

"制度"一词，从《辞源》上看包含两层意思，①法令、礼、俗的统称。《周易·易经·节·彖传》："节以制度，不伤财，不害民。"②《尚书·周书·周官》："考制度于四岳。"③《汉书·元帝纪》："汉家自有制度，本以霸王道杂之，奈何纯任德教，用周政乎！"④ ②指规定用法。元王实甫《西厢记》三本四折：

---

① ［西汉］司马迁撰：《史记》，中华书局 1959 年版，第 3288－3289 页。
② 黄寿祺、张善文著：《周易译注》（修订本），上海古籍出版社 2001 年版，第 488 页。
③ 《十三经注疏》整理委员会整理：《尚书正义》，中华书局 1999 年版，第 485 页。
④ ［西汉］司马迁撰：《史记》，中华书局 1959 年版，第 272 页。

"红云:'用著几般儿生药,各有制度,我说与你。'又末云:'桂花性温,当归活血,怎生制度?'"① 儒学制度化的制度应是第一层意思:法令、礼、俗的统称。故所谓儒学的制度化即儒学在王权支持下转化为强制性的法令、礼仪、习俗、实践系统,取得独尊地位;其最高表现形式是儒学的意识形态化。

一、儒学制度化——儒学与王权结盟的方式

儒学和王权到底是一种什么样的关系呢?一方面,王权需要儒学提供价值支持,为其权力的合法性提供论证;另一方面,儒学也需要王权支持,才能在社会上全面推广,取得独尊。这正如元人曹元用所说:"孔子之教,非帝王之政不能及远;帝王之政,非孔子之教不能善俗。教之不能远,无损于道,政之不能善俗,必危其国。"② 在这,曹元用充分看到"政"与"教"、儒学与王权之间的互动关系。这种互动必然要求儒学与王权结盟,而二者结盟的方式通常就是儒学制度化,因为只有在制度化过程中二者结盟才能稳定下来,正如干春松所说:"既然儒家已经成为这种制度的象征性资源,那么,为了使这种制度保持稳定性,就要设置一些更为具体化的制度对知识流动进行控制。"③ "要想在社会中不仅找到其精神存在,而且找到其在物质上的存在,就必须将这种思想制度化。"④

作为秦末汉初的政治家和思想家,陆贾充分地认识到儒学和王权结盟的重要性。一方面,王权需要儒学为其合法性提供价值支持。而何谓合法性?它指一种政治秩序值得人们承认。儒学历来认为:王朝合法性的依据是"仁义"。陆贾认为天下之所以会群起"诛暴秦",就是秦不施"仁义",失去合法性,他对刘邦说:"乡使秦已并天下,行仁义,法先圣,陛下安得而有之?"⑤(《史记·郦生陆贾列传》)另一方面,儒学也只有得到王权支持,方能入世指导政治实践。孔孟游说诸侯,常徬徨如丧家之犬,就是因为儒学没有得到当权者欣赏。所以,陆贾说:"故孔子遭君暗臣乱,众邪在位,……。夫言道因权而立,德因势而行,不在其位者,则无以齐其政,不操其柄者,则无以制其刚。诗云:'有斧有柯。'

---

① [元]王实甫著:《西厢记》,上海古籍出版社2016年版,第279页。
② 干春松著:《制度化的儒家及其解体》,中国人民大学出版社2003年版,第13页。
③ 干春松著:《制度化的儒家及其解体》,中国人民大学出版社2003年版,第19页。
④ 干春松著:《制度化的儒家及其解体》,中国人民大学出版社2003年版,第20页。
⑤ [西汉]司马迁撰:《史记》,中华书局1959年版,第2697页。

言何以治之也。"①(《新语·辩惑》)"道因权而立,德因势而行",在这陆贾充分认识到"道"(儒学)对"权"的依附作用,只有得到王权支持,"道"(儒学)方能入世指导政治实践,起着"修、齐、治、平"的作用。故儒学与王权存在这样的关系:一方面,王权只有以儒家的"道"(仁义)治国,行"仁义",方能获得合法性,长治久安。另一方面,儒学也只有在王权支持下才能发挥其"修、齐、治、平"的作用,取得独尊。因此,二者结盟在所难免了。这正如干春松所说:"就是要达到长治久安,单凭武力和严酷刑罚是难以做到的,必须建立一种象征系统,这种象征系统就是一整套关于政治合法性的说明,说到底,就是建立权力和知识之间的结盟。"② 在这里,由于语境关系,干春松所说的"权力和知识的结盟"是指儒学与王权结盟。

那么,权力和知识如何结盟呢?二者结盟最通常的方式就是知识的制度化。干春松说:"一方面,任何以社会现实问题为指导的思想流派,总是希望自己的政治理念和对于社会秩序的设计能够运用于现实生活中,而制度化是保证这种思想观念现实化的最好途径。"③ 因为只有思想制度化了,权力和知识结盟才能稳定下来,才不会因为最高统治者个人喜好的改变而改变;正如格尔兹所说:"要想在社会中不仅找到其在精神上的存在,而且找到其物质的存在,就是将这些思想制度化。"④ 在这里,格尔兹的所谓找到了思想的"物质的存在",就是意味着知识与权力的结盟稳定下来了,不会因为统治者个人意志的变更而变更,而这恰恰必须通过思想制度化的方式来完成;而与此同时,知识在制度化过程中失去独立性,成为权力的附庸,唯有如此,权力方能得到稳定的保障。而汉初黄老道家也曾和王权结盟,但为什么最终昙花一现,而儒、法两家和王权结盟却深远影响中国两千年的封建王权政治呢?原因就在于儒、法两家制度化了,而黄老道家没有。那么什么叫思想的制度化呢?干春松认为:"所谓思想的制度化,就是在权力的支持下,将一种思想体系转化为一种具有强制性的法律、习俗、实践系统。"⑤ 干春松的定义可谓言简意赅。

那么,什么叫儒学制度化呢?它指儒学在王权的支持下转化为强制性的法律、礼仪、习俗、实践系统,取得独尊地位;其最高形态是儒学意识形态化。儒

---

① 王利器撰:《新语校注》,中华书局2012年版,第96页。
② 干春松著:《制度化的儒家及其解体》,中国人民大学出版社2003年版,第23页。
③ 干春松著:《制度化的儒家及其解体》,中国人民大学出版社2003年版,第27页。
④ 干春松著:《制度化的儒家及其解体》,中国人民大学出版社2003年版,第11页。
⑤ 干春松著:《制度化的儒家及其解体》,中国人民大学出版社2003年版,第9页。

学制度化包含儒学的制度化和制度的儒学化两层含义。

的确,《新语》中并没有制度化这个词,也没明显提出儒学制度化问题,但仔细研读它便会发现,其实它蕴含着儒学制度化的精神。下面我们从法令、礼仪、习俗三方面来挖掘其中的儒学制度化精神。

那么,俗、礼、法之间到底是种什么样的关系呢?何谓俗?《说文解字》:"俗,习也。"① 《周礼·地官·大司徒》:"六曰以俗教安。"② 句注:"谓土地所生习也。"③ 《释名·释言语》:"俗,欲也,俗人之所欲也。"④ 概而言之,俗即生于其土、本于其欲而形成之世代常行之传统风习,是一种不分化的原生性的规范形态。《管子·宙合》:"乡有俗,国有法"⑤,国最初指统治乡村的城邑,在这意指充分分化的国家和政权。乡来自源野,即乡村,是个颇不分化的社会单位。管子在此俗、法对举,意指颇不分化的社区单位"乡"和颇已分化的社区单位"国"遵循不同的社会规范:乡从俗,国从法。可见,在当时的乡村社会,俗其实也有着法的功能与作用,它对人不但有内在的自律性,还有外在强制性,它本身就是一种不成文的法。所以,阎步克说:"越具有原生性的社会,例如氏族社会,在其中习惯风俗就越是隐含着整个社会制度,这也是人类学的常识了……对亲属称谓习俗的这一论断,实际也适合于这类社会的其他习俗,它们常常构成了社会制度的实质部分。"⑥ 阎步克认为在不分化的社会,习俗本身也是种制度,是非常有道理。而在陆贾生活的汉初,广大乡村社会尚未分化,主要是习俗而不是法,成为调节人与人之间关系最重要的准则,故习俗很大程度履行着法的职能。即使到了近代,习俗在许多偏远农村,仍然具有法律效力,如:中华人民共和国成立前,在某些农村,女子偷情被发现要处以沉潭的酷刑,在这惩罚女子的是习俗而不是法。正因为如此,习俗也是一种制度,儒学习俗化也应是儒学制度化的一个方面。何谓礼?礼是习俗发展到一定阶段的产物,也是社会分化到一定程度的产物,是最高政权控制范围内统一规定的法则,具有严格的等级精神。它既有内在的道德自律,又有外在的强制他律。用阎步克的话说:"礼是在分化程度中居于俗法之间的一种政治文化形态。"⑦ 何谓法?法是一种相对于礼来说更

---

① [东汉]许慎撰、[清]段玉裁注:《说文解字注》,上海古籍出版社1981年版,第382页。
② 《十三经注疏》整理委员会整理:《周礼注疏》,北京大学出版社1999年版,第246页。
③ 《十三经注疏》整理委员会整理:《周礼注疏》,北京大学出版社1999年版,第246页。
④ [东汉]刘熙撰:《释名》,中华书局1985年版,第36页。
⑤ 李山译注:《管子》,中华书局2009年版,第81页。
⑥ 阎步克著:《士大夫政治演生史稿》,北京大学出版社1996年版,第80页。
⑦ 阎步克著:《士大夫政治演生史稿》,北京大学出版社1996年版,第66页。

为分化的政治文化形态，是一种在相当程度上业已与道德分化开来的纯政治性规范。它来源于礼，亦即我们常说的出礼为法。与礼、俗重情、重德不同，法重刑、重事，它依靠强制性的他律，而不是自律来调节人与人之间的关系。总之，正是由于后世社会分化程度不同才造成俗、礼、法的明确区分，出俗为礼，出礼为法。它们都是调整人与人关系的社会规范，也即制度。

二、儒学制度化的方式

（一）儒学法律化或法律儒学化

儒家法律精神的精髓是"德主刑辅"。孔子说："道之以政，齐之以刑，民免而无耻；道之以德，齐之以礼，有耻且格。"①（《论语·为政》）这里，"道"意为引导，"政"指政法，"格"即人心归服，其意是用政法来诱导他们，用刑法来整顿他们，人民只是暂时免于罪过，却没有廉耻之心；用道德来诱导他们，用礼教来整顿他们，人民不但有廉耻之心，而且人心归服。因此，在治理人们时，德教起着主导作用，刑罚只起着辅助作用。即"德主刑辅"。孔子这句话充分体现儒家法律精神的精髓。

陆贾历经秦末大乱，充分认识到法家极端严刑酷法、忽视教化的恶果，尖锐指出：要想长治久安就必须法律儒学化，用"德主刑辅"的儒家法律精神取代法家的重刑主义。首先，陆贾对法家重刑主义进行尖锐批评："秦以刑罚为巢，故有覆巢破卵之患。"②（《新语·辅政》）"秦非不欲治也，然失之者，乃举措太众、刑罚太极故也。"③（《新语·无为》）"乡使秦已并天下，行仁义，法先圣，陛下安得而有之？"④（《史记·郦生陆贾列传》）在陆贾看来，秦之亡在于"以法为教、以吏为师"而忽视甚至排斥儒家所强调的"仁义"、德治。也由此可见，秦法对儒家法律精神是极力排斥的；它必然导致以"刑罚为巢"，忽视道德教化，其结果就是"秦二世尚刑而亡"。而以德治国是儒家基本治国方略，"德主刑辅"则是儒家法律精神的核心。陆贾对此有深刻认识，他说："治以道德为上，行以仁义为本。"⑤（《新语·本行》）又说："天地之性，万物之类，怀德者

---

① 程树德撰：《论语集释》，中华书局2010年版，第68页。
② 王利器撰：《新语校注》，中华书局2012年版，第59页。
③ 王利器撰：《新语校注》，中华书局2012年版，第71页。
④ ［西汉］司马迁撰：《史记》，中华书局1959年版，第2699页。
⑤ 王利器撰：《新语校注》，中华书局2012年版，第142页。

众归之,恃刑者民畏之,归之则充其侧,畏之则去其域。"①(《新语·至德》)可见德教在治国中地位是何等重要。它可以劝善化恶,启动人的内在约束机制,使人心悦诚服接受统治,起到"劝善化恶于将然之前"的作用,是治本,是最基本的治国方略。但是,陆贾并没有因秦"用刑太极"而亡而忽视法律的作用,他说:"故事不生于法度,道不本于天地,可言而不可行也。"②(《新语·怀虑》)可见,无法万万不行。但法并非万能,陆贾说:"夫法令所以诛暴也。"③(《新语·无为》)法令只是诛恶而已,只能保善惩恶,它是"保善惩恶于已然之后"。并不能使人心悦诚服接受统治,因此是治标,是治国的辅助手段。最后陆贾得出结论:"故设刑者不厌轻,为德者不厌重,行罚者不患薄,布赏者不患厚,所以亲近而致远也"。④(《新语·至德》)"设刑者不厌轻"不就是"刑辅"吗?"为德者不厌重"不也就是"德主"吗?至此,陆贾"德主刑辅"的法律精神已论述得非常完备。

由此可见,陆贾充分地认识到法家重法轻德法律精神的欠缺,强调王朝要想长治久安,就必须抛弃法家的极刑主义法律精神,以儒家"德主刑辅"精神取而代之。说白了就是要儒学法律化或法律儒学化,亦即把儒家"德主刑辅"精神贯穿到法律中去,或者说法律吸纳儒家的"德主刑辅"精神。作为汉初为新王朝提出全新治国方略的第一人,并对汉初政治产生深远影响的政治家和思想家,陆贾同样也是汉初促使法家法律精神向儒家法律精神转变的第一人;同样,《新语》也毫无疑问是儒学法律化或法律儒学化的先声。董仲舒等以"《春秋》决狱"正是对陆贾"德主刑辅"法律精神的继承发展与具体运用。

(二) 儒学礼仪化

礼是儒家非常重要的概念,礼治也是儒家重要的治国方略。春秋以前,礼、法不分,礼涵盖法,到春秋战国,礼法才分家。礼是文化道德方面的上层建筑,法是政治方面的上层建筑。礼是劝善禁恶,法是保善惩恶,礼强调对人的内在、外在的双重约束,具有完整的激励、约束机制;而法仅强调对人的外在约束,仅具外在约束机制。"礼者禁于将然之前,法者禁于已然之后。"春秋战国时已是"礼崩乐坏",冯友兰说:"当时'礼崩乐坏',人们都不照周礼行事,不仅下层

---

① 王利器撰:《新语校注》,中华书局2012年版,第131页。
② 王利器撰:《新语校注》,中华书局2012年版,第153–154页。
③ 王利器撰:《新语校注》,中华书局2012年版,第75页。
④ 王利器撰:《新语校注》,中华书局2012年版,第131页。

人不按礼行事，犯上作乱，既使社会上层也不按礼行事。"① 因此，儒家创始人孔子念念不忘"复礼"，即恢复周礼，借以重建社会秩序；故其说："克己复礼为仁。"②（《论语·颜渊》）但由于生逢乱世，"复礼"终归只是一个美好愿望，难以实现。而此时法家思想已在各国得势，商鞅在秦、吴起在楚，都取得很大成功。以至荀子也不得不正视现实，在坚持"隆礼"时，不忘"重法"。七国之中，秦推广法治最彻底，也最成功，秦因此统一天下。同样，秦传统"礼"观念也最薄弱，同样也对礼破坏最严重。这一则是秦地处西部边陲，华夏族与戎人杂处，传统文化影响较少；二则，秦在推行法治主义时，也在有意无意破坏传统的"礼"。随着秦的军事胜利，秦之法治思想也在天下推广，其对"礼"的破坏步伐也在不断推进，导致秦之法治文化与山东六国固有的传统文化产生激烈碰撞，因此，秦"违礼仪"也就成为六国群起亡秦的重要口实。《汉书·礼乐志》说："汉承秦之败俗，废礼义，捐廉耻"③，其意虽在批评汉承秦弊，但也由此可知，秦"弃礼谊，捐廉耻"④（《汉书·贾谊传》），破坏传统礼仪却是不争事实。因此，重建礼仪，以礼治国同样也是时代需要。正如干春松说："如贾谊和陆贾等汉初的儒家都坚持认为儒家以仁义为本的制度设计'礼'是国家长治久安的基础。"⑤ 而叔孙通制礼仪正是在这种背景下发生，高祖感慨地说："吾乃今日知为皇帝之贵也。"⑥（《史记·刘敬叔孙通列传》）班固以之功比萧韩。

与叔孙通制定具体礼仪不同，陆贾的作用主要在儒学礼仪化的论叙上。他说："礼义不行，纲纪不立，后世衰废，于是后圣乃定'五经'，明'六艺'，承天统地，穷事察微，原情立本，以绪人伦，宗诸天地，纂修篇章，垂诸来世，被诸鸟兽，以匡衰乱，天人合策，原道悉备，智者达其心，百工穷其巧，乃调之以管弦丝竹之音，设钟鼓歌舞之乐，以节奢侈，正风俗，通文雅。"⑦（《新语·道基》）在这，后圣指孔子。

本段包含几层意思：首先指明孔子定五经、明六艺、创立儒学的原因是："礼仪不行，纲纪不立，后世衰废。"可见，孔子深知生逢乱世，"克己复礼"梦想难以实现；同时，也深恐礼仪在乱世丧失、失传，所以"纂修篇章"，创立儒

---

① 冯友兰著：《中国哲学史新编》，人民出版社2014年版，第155页。
② 程树德撰：《论语集释》，中华书局2010年版，第817页。
③ ［东汉］班固撰：《汉书》，中华书局1962年版，第1030页。
④ ［东汉］班固撰：《汉书》，中华书局1962年版，第2244页。
⑤ 干春松著：《制度化的儒家及其解体》，中国人民大学出版社2003年版，第64页。
⑥ ［西汉］司马迁撰：《史记》，中华书局1959年版，第2723页。
⑦ 王利器撰：《新语校注》，中华书局2012年版，第21页。

学,以保存礼仪精神,期望其能"垂诸来世",更期望来世有人能根据它重建礼仪,"以绪人伦,以匡衰乱",完成其生前没能完成的"复礼"遗愿。在这里,陆贾提出来世如何"节奢侈,正风俗,通文雅"的问题,此即"调之以管弦丝竹之音,设钟鼓歌舞之乐"。"管弦丝竹之音,钟鼓歌舞之乐",在古代本身就是种礼仪。《汉书·礼乐志》:"高祖时,叔孙通因秦乐人制宗庙乐。"① 在这,"庙乐"无疑是种重要礼仪,陆贾所说的"音"和"乐"也与此同义,也是种礼仪。因此来世要"节奢侈,正风俗,通文雅"就须根据五经、六艺制定"管弦丝竹之音""钟鼓歌舞之乐"等礼仪;这实则亦即儒学礼仪化。

在这陆贾透露礼仪与儒学的两次转化:礼仪—儒学—礼仪。从现代政治学视角看,亦即政治制度转化为政治观念,政治观念再转化为政治制度。春秋战国,"礼崩乐坏,纲纪不行",为使礼仪不至于在乱世丧失不传,孔子创立儒学,保存礼仪精神,此即使礼仪转为儒学,这实是政治制度转化政治观念。而到了汉代,天下一统,新王朝要长治久安,就须恢复礼仪,正如陈苏镇所说:"贾谊认为,秦俗之败是由于'法治',汉朝要想避免重蹈覆辙,就必须改行'礼治'。"② 而恢复礼仪其实即儒学转化为礼仪,亦即儒学礼仪化,这实则是政治观念转为政治制度。

(三)儒学的习俗化

《慎子·逸文》说:"礼从俗,政从上。"③《管子·宙合》说:"乡有俗,国有法。"④ 前已讲了秦地处西部边陲,汉戎杂居,在七国中受传统习俗影响最小,加之"以法为教,以吏为师",又对传统习俗造成了很大冲击和破坏。正如贾谊所说:"商君违礼义,弃伦理,并心于进取,行之二岁,秦俗日败。秦人有子,家富子壮则出分,家贫子壮则出赘。假父耰锄杖彗耳,虑有德色矣;母取瓢碗箕帚,虑立谇语。抱哺其子,与公并踞。妇姑不相说,则反唇而睨。其慈子嗜利,而轻简父母也,念罪非有伦理也,其不同禽兽勤焉耳。然犹并心而赴时者,曰功成而败义耳。"⑤(《新书·时变》)这是一幅"以法为教、以吏为师"下活生生的"秦俗日败"图。而秦在统一过程中又不断以法律破坏山东各国的传统习俗。

---

① [东汉]班固撰:《汉书》,中华书局1962年版,第1031页。
② 陈苏镇著:《汉代政治与春秋学》,中国广播电视出版社2001年版,第130页。
③ [战国]慎到、王斯睿校正、黄曙辉点校:《慎子》,华东师范大学出版社2010年版,第32页。
④ 李山译注:《管子》,中华书局2009年版,第81页。
⑤ [西汉]贾谊撰,闫振益、钟夏校注:《新书校注》,中华书局2000年版,第97页。

《睡虎地秦墓竹简》之《语书》说："是以圣王作为法度，以矫端民心，去其邪避（僻）、除其恶习。"①（这里针对的是楚俗）这说明秦统一后用法律移风易俗，统一文化。造成关中法制文化与山东六国其他文化与习俗激烈碰撞。当时有如下几大文化区：极具功利的秦法治文化、三晋法治文化、齐鲁儒家文化、楚巫文化，秦文化和三晋文化同属法治文化，冲突不大；而与齐鲁儒文化，特别是楚巫文化冲突最大。众所周知，在战国以来的法制化进程中，秦走在最前面，魏、韩、赵次之，齐、燕又次之，而楚殿后。这种冲突最后集中于秦法与楚俗的不相容，比如商鞅变法时明令："为私斗者，各以轻重被刑。"② 这必然与楚地仍盛行的私斗之俗产生冲突。山东六国为什么会群起亡秦？一个重要原因是秦破坏其传统习俗；为什么"楚虽三户，亡秦必楚"呢？原因之一是秦法对楚俗破坏最大。秦亡汉兴，新王朝要想长治久安，就须用儒家思想移风易俗，一则清除秦政独任法吏，破坏习俗的消极影响；另外则用儒家思想统一习俗，使之为大一统新王朝服务，这实是将儒学转为习俗，即儒学习俗化。陆贾是充分认识到这点，他说："圣人承天之明，正日月之行，录星辰之度，因天地之利，等高下之宜，设山川之便，平四海，分九州，同好恶，一风俗。……故绝国异俗，莫不知□□□，乐则歌，哀则哭，盖圣人之教所齐一也。"③（《新语·明诫》）

在这里"平四海，分九州"即天下一统，这显然是有感秦汉天下一统而发。"同好恶，一风俗"，则指不但要政治统一，还须习俗统一，这也是巩固国家统一的需要。那么用何种思想统一习俗呢？

陆贾说："故上之化下，犹风之靡草也。……故君子之御下也，民奢应之以俭，骄淫者统之以理；未有上仁而下贼，让行而争路者也。故孔子曰：'移风易俗。'岂家令人视之哉？亦取之于身而已矣。"④（《新语·无为》）

"仁"是儒家的核心范畴，孔子是儒学的创始人，可见，显然是用儒学统一习俗。如何统一习俗呢？陆贾认为"移风易俗"中的"移""易"两个字，就是转化的意思，说白了就是将儒学转化为习俗，亦即儒学习俗化。如何转化呢？陆贾说："故上之化下，犹风之靡草也。"⑤（《新语·无为》）在这"化"即教化，意即统治者只有实行道德教化才可把儒学转化为习俗。儒学转化为习俗的结果又

---

① 睡虎地秦楚竹简整理小组：《睡虎地秦楚竹简》，文物出版社2009年版，第9页。
② 石磊译注：《商君书》，中华书局2009年版，第146页。
③ 王利器撰：《新语校注》，中华书局2012年版，第175－176页。
④ 王利器撰：《新语校注》，中华书局2012年版，第77－78页。
⑤ 王利器撰：《新语校注》，中华书局2012年版，第77－78页。

怎样呢？陆贾说："故尧、舜之民，可比屋而封，桀、纣之民，可比屋而诛，何者？化使其然也。"①（《新语·无为》）亦即老百姓都变成了"舜之民"，都"可比屋而封"了，封建王朝长治久安的微观基础也就稳固了。否则，如果是其他思想（这里大概是针对法家思想）转为习俗，则会使人民变成"可比屋而诛"的"桀纣之民"，那必然是天下大乱。

陆贾儒学习俗化思想无疑对董仲舒产生了重要影响，董仲舒在《天人三策》中要求汉武帝强勉行道，说："为人君者，正心以正朝廷，正朝廷以正百官，正百官以正万民。"② 这样才能做到"教化行而习俗美"。何谓"教化行而习俗美"？其意即通过道德教化使儒学转为习俗，即儒学习俗化，就可以使习俗美。

三、儒学制度化的途径

（一）改造儒学

为何先秦儒学难以制度化，而两汉儒学却能制度化呢？先秦儒学难以制度化的原因有二：一则儒学不适合进取，而能守成，故在诸侯混战时自难以派上用场。二则也因为先秦儒学，特别是孔孟儒学强调的是"从道不从君""博而寡要"、迂阔少功，理想主义成分居多；尤其是孟学，在诸侯混战的战国，其"保民而王"、统一天下主张简直是"痴人说梦"。故司马谈说："儒者博而寡要，是以其事难尽从。"③（《史记·太史公自序·论六家要旨》）直到荀子对孔孟儒学有所修正，主张"隆礼""重法"，王霸兼宗时，这才为儒家治道现实化，或者说为儒学与王权结盟奠定理论基础。

陆贾上承荀子下启董仲舒，改造儒学，为儒学制度化作出了重大贡献。首先，陆贾改造了先秦"从道不从君"的思想。他批评"从道不从君"的避世者，说："夫播布革，乱毛发，登高山，食木实，……，可谓避世，而非怀道者也。故杀身以避难则非计也，怀道而避世则不忠也。"④（《新语·慎微》）在这，他提出"怀道而避世则不忠"的主张，是明显反对"从道不从君"。同时，他明明知道刘邦轻儒骂士，但还在其面前"时时说诗书"，显然是在实践中修正"从道不

---

① 王利器撰：《新语校注》，中华书局2012年版，第75页。
② ［东汉］班固撰：《汉书》，中华书局1962年版，第2515页。
③ ［西汉］司马迁撰：《史记》，中华书局1959年版，第3289页。
④ 王利器撰：《新语校注》，中华书局2012年版，第109页。

从君"思想。这对董仲舒创立"天人感应"学说,论证君权至上性产生深远影响。其次,将"仁义为本"和"无为为用"结合起来。须指出,陆贾的"无为"思想主要渊自先秦儒家(第二章已论述),但先秦儒学对"无为"论述不多,且不占重要地位,真正突出"无为"的重要性,提出"仁义为本""无为为用",将"仁义"与"无为"紧密结合起来,却始自陆贾。从现代政治学视角看,"仁义"与"无为"结合其实亦即治道的合法性与合理性结合,公平与效率结合,它使儒家治道具有很强的现实操作性,促进了儒学和王权磨合,并有启"文景之治",对儒学制度化产生深远影响。最后,将"天人相分"与"天人感应"结合。陆贾的天人思想也很有特色,一方面他继承荀子的"天人相分"思想,说:"故世衰道失,非天之所为也,乃君国者有以取之也。"①(《新语·明诫》)另一方面又说:"治道失于下,则天文变于上;恶政流于民,则螟虫生于野。"②(《新语·明诫》)这显然是一种"天人感应"思想,对董仲舒创立"天人感应"论,使儒学意识形态化产生了深远影响。在这陆贾既讲"天人相分",又讲"天人感应",似乎自相矛盾,但只要联系荀子和董仲舒,这个难题便迎刃而解了,因为在儒学发展史上,陆贾是荀子到董仲舒的中间环节,因此其过渡痕迹明显,故其既有前者"天人相分"痕迹,又有后者"天人感应"萌芽。而陆贾讲"天人感应",其目的在于强调其"仁义为本""无为为用"治道规律源自于天,具有神圣性,必须遵循。而其讲"天人相分"却在强调治国者应充分发挥治国的积极性,治国失败应怪罪自己而不应归罪于天。故二者结合成功解决了遵循治道规律与发挥为政者治国主观能动性之间的辩证关系,为其治道落实于治国实践,探索儒学制度化准备了主客观条件。总之,正是因为对先秦儒学修正,才会有陆贾"每奏一篇,高帝未尝不称善,左右呼万岁,号其书曰'新语'"的局面出现。这正如徐复观所说:"像刘邦这种才气卓越的人,不是空言腐论所能掀动的。"③也正是这种修正,才能去掉儒学不切实际的理想成分,使之适应现实政治需要,才能促进儒学和王权磨合,为儒学制度化做好理论准备。而董仲舒也正是沿着陆贾的路线,修正儒学,创立"天人哲学",最终奠定儒学制度化的理论基础。正因为如此,于迎春说:董仲舒使"不达时宜,好是古非今的古典儒学,一变而为黄老、阴阳、刑名杂之的汉家经术,从而以天命为依据,肯定了专制皇权的合理

---

① 王利器撰:《新语校注》,中华书局2012年版,第170、173页。
② 王利器撰:《新语校注》,中华书局2012年版,第173页。
③ 徐复观著:《两汉思想史》(第2卷),华东师范大学出版社2001年版,第68页。

性、合法性"①。而这种改造是儒学最终制度化的思想前提。陆贾作为汉代改造儒学的第一人,其在儒学制度化中的作用功不可灭。

(二) 寻求王权支持

要使儒学制度化就还须寻求王权支持。干春松说:"所谓思想的制度化就是在权力的支持下,将一种思想转化为一种强制性的法律、习俗、实践系统。"②可见,"权力的支持"是儒学制度化必不可少的前提条件。陆贾对此有深刻认识,他说:"夫言道因权而立,德因势而行"③(《新语·辩惑》),"道因权立","德因势行",故儒学要和王权结盟,并最终制度化,就必须寻求王权支持。故尽管知道刘邦轻儒骂士,他还是"时时说诗书",最终使刘邦实现了从轻儒到重儒的转变。具体表现有三:一是《新语》每奏一章,未尝不称善;二是勉励太子读诗书;三是以太牢祀孔子,此帝王祀孔之始。正是有了王权支持,陆贾才能促进儒学与王权磨合,有启"文景之治",为儒学制度化作了有益探索。董仲舒也正是沿着这条路子寻求儒学制度化,他上《天人三策》,寻求到汉武帝支持,最终使儒学制度化。

总之,改造儒学和寻求王权支持是儒学制度化两条必不可少的途径或方向,光有改造儒学或光有王权支持都不能使儒学制度化,二者必须紧密配合,同时努力,方能完成。

须指出,许多人有这样一种误解,汉初黄老道家独尊,儒学处被黜地位,似乎到汉武帝时才突然"儒术独尊",实现治国方略的大逆转,儒学才忽然开始制度化。其实不然,"儒学独尊"或者说儒学制度化不但是个结果,同样也是个过程,它必然要经历儒家治道与王权的磨合期,而此期间就在汉初。因为思想制度化是个非常复杂的问题,同样也是对王朝兴衰息息相关的问题,因此,任何统治者都不会贸然将一种思想制度化,在这种思想制度化以前,还必然要经历一个思想与现实政治的磨合期,只有当这种思想有助于实现统治者的治国理想,并预计它将长期确保王朝长治久安时,统治者才可能将其制度化。秦王朝何以会将法家制度化?就是因为法家在和秦政磨合期中,秦横扫六国,取得统一中国的良好治理效果,而这种治理效果也导致始皇父子迷信法家制度化,认为它将确保秦王朝

---

① 于迎春著:《秦汉士史》,北京大学出版社2000年版,第85-86页。
② 干春松著:《制度化的儒家及其解体》,中国人民大学出版社2003年版,第9页。
③ 王利器撰:《新语校注》,中华书局2012年版,第96页。

长治久安，以致不能实现"马上得之，到马下治之"的转化，最终导致其二世而亡。而学界多认为，汉初政治以黄老道家为指导，黄老道家在和王权磨合中取得"文景之治"的良好效果（本人并不认为"文景之治"主要应归功于黄老道家），但其为何不能制度化？原因之一大概是统治者特别是汉武帝认为黄老无为政治只是权宜之计，并不能使王朝长治久安。汉代儒学制度化是汉代统治者长期进行文化选择的必然结果，同样也是汉初儒学与王权长期磨合的必然结果。对此必须纠正一个偏见：汉初政治是以黄老道家为指导，儒学是在野思潮，对政治影响很小。其实儒学对汉初政治已产生深远影响。对此，卢钟锋对汉初诸帝的文化选择进行了梳理，所谓文化选择是指究竟应该采用哪一家学说治理国家。他说："刘邦最终采纳了陆贾的意见，任用儒家，而在文化选择中首先选择了儒学。"①"孝惠吕后时……君臣俱欲无为。孝惠内修亲亲，外礼宰相……总之，这一时期统治者文化选择的基本态势是：儒道兼用而又偏重于道家。"② "就汉文帝治国'专务以德化民'而言，他的文化选择显然是儒道兼用而偏重于儒家的。"③ "汉景帝的文化选择，归根到底，是儒道兼用而又偏重于道家。"④ 最后他说："综观汉初统治者进行文化选择的全过程，可以清楚看到：这场文化选择始终是围绕着儒、道两家进行的……汉武帝的'独尊儒术'是汉初统治者长期进行文化选择的必然结果。"⑤ 卢钟锋的分析有一定道理。他所说的"这场文化选择始终围绕儒道两家进行的"，从治道的视角亦即围绕德治和无为而治进行。而德治与无为而治结合实则即儒家"道德导向无为"，故"文景之治"实则很大程度应归功于儒学。由上述可知，汉初儒学并非在野思潮，它已和现实政治磨合，没有这种磨合，汉武帝时儒学制度化是不可想象的。而陆贾治道与汉初政治磨合的历程亦即儒学制度化的萌芽与酝酿的过程。

"文景之治"主要就归功于陆贾。首先，陆贾是汉初为新汉王朝长治久安提供全新治国方略的第一人，也是使统治者实现以法家治国到以儒家治国转变的第一人。正是由于其"时时说诗、书"、上《新语》，才最终使高帝实现了从轻儒到重儒的转变。其次，"文景之治"主要应归功于陆贾的"仁义为本""无为为用"。在此，还需指出：卢钟锋所说的文化选择始终围绕儒道两家进行，说具体

---

① 卢钟锋著：《中国传统学术史》，河南人民出版社1998年版，第41页。
② 卢钟锋著：《中国传统学术史》，河南人民出版社1998年版，第42页。
③ 卢钟锋著：《中国传统学术史》，河南人民出版社1998年版，第43页。
④ 卢钟锋著：《中国传统学术史》，河南人民出版社1998年版，第44页。
⑤ 卢钟锋著：《中国传统学术史》，河南人民出版社1998年版，第44页。

点就是围绕以德治和无为而治进行，因为道家治道的核心是无为而治，儒学治道的核心"仁义之治"，亦即德治，当然也包括礼治；卢钟锋同时也透露出一个信息：单靠"无为"并不能使天下大治，要想天下大治就须把德治和无为而治结合起来，"文景之治"正是二者紧密结合的结果。而德治与无为而治的结合正是陆贾"仁义为本""无为为用"思想在政治实践中的运用。值得一提的是，"无为"并非道家独有，儒家也有，陆贾"无为"思想主要源自儒家。德治也一直先秦儒家治道的核心，但真正把德治和无为而治完美结合起来却始于陆贾。

陆贾治道与汉初政治磨合——儒学制度化的萌芽与酝酿。当承认陆贾对汉初政治产生深远影响，并有启"文景萧曹之治"时，就不得不承认正是陆贾促使儒学与汉初政治磨合，并取得良好的治理效果。董仲舒大概看到这一点，才提出儒学制度化方案；汉武帝大概也正是看到这一点，才决定使儒学制度化。因此，谈儒学制度化时不能仅仅提董仲舒，忽视陆贾；只谈结果，忽视磨合过程，忽视它的酝酿和萌芽。陆贾促使它酝酿、萌芽，董仲舒促使它开花、结果。因此，从陆贾到董仲舒——儒学制度化的历程，就是儒学制度化酝酿、萌芽到开花、结果的过程，亦即儒学与王权政治磨合到最终制度化的过程；同时笔者也大胆推测，它同样也是儒家内部治道从汉初"无为"政治到汉武帝时的有为政治转变的历程。

第三节 汉代儒学意识形态化的先声

在现代西方思想界，意识形态被定义为特定集团用来解释世界的概念框架，是一种世俗的宗教。它从总体上论证本阶级利益的正当性，以统一本阶级成员的思想，并力图影响其他阶级包括对立阶级成员的思想，是阶级统治和阶级斗争的重要工具。那么，意识形态与制度化是种什么样的关系呢？"意识形态是在特定阶级或社会集团利益制约下的人类精神生活的制度化、规范化，……在特定的经济基础制约下人类精神生活及其交往的规范化、制度化就形成了社会意识形态。"[1]"人类精神生活的制度化、规范化"亦即思想的制度化。可见，意识形态本身即思想制度化的结果，思想制度化的最高表现形式其实亦即思想的意识形态

---

[1] 肖前主编：《马克思主义哲学原理》，中国人民大学出版社1994年版，第369–372页。

化。正因为如此，干春松说："儒家制度化的最高表现形式是儒学的意识形态化。"①

儒学意识形态化是儒学制度化的最高表现形式，是指儒学在王权支持下变成贯通宇宙、社会与人类本身的不证自明的信仰体系，取得独尊地位，并全面地贯彻到社会中去：一方面，它为君主专制的人间秩序和人体本身的秘密提供天然合理的形而上终极依据和解释系统；另一方面，它又指导王权政治的政治实践，为之提供一套切实可行的形而下的操作系统，从而全面深远地影响国人的社会生活，并最终奠定民族精神的思想基础。其显著表现亦即儒学独尊和儒学经学化。

一提到儒学意识形态化，就必然要提到董仲舒，因其是儒学制度化中最关键人物，同样也是儒学意识形态化中最关键人物。葛兆光在《中国思想史》第一卷第三篇第三节的标题即"国家意识形态的确立：从《春秋繁露》到《白虎通》"②，而《春秋繁露》是董仲舒的著作，可见，董仲舒在儒学意识形态中的作用何等重要。但在看到其作用时，吾辈却往往忽视其另两位前辈，亦即荀子和陆贾。

《荀子》是儒学意识形态化的源头。荀子在儒学意识形态化中的作用主要体现在以下三方面：首先，荀子乃传经大师。在汉代，其弟子几乎垄断了"五经"的解释权和阐发权，对儒学经学化起了至关重要作用。其次，荀子使儒学实现从理想主义到现实主义转变。荀子主张隆礼、重法，王霸兼宗，为儒家治道与现实政治结盟奠定了理论基础。正如葛兆光说："……但荀子的思路中蕴含了十分实用的，既可以用之于道德自律，又可以推之于法律管束的意识形态意味，很能被上层运用。"③ 而儒学与现实政治结盟的最高表现形式即儒学意识形态化。最后，荀子以儒为本，兼容百家的思想统一是试图"独尊儒术"、统一思想的第一次尝试。而"独尊儒术"的思想统一历程也正是儒学意识形态化的历程。由上述可知：荀子对儒学意识形态化有发轫之功。故葛兆光说："正是这种实效，他（荀子）的思路由'道'渐近于'术'，立场也由'礼'渐渐转向了'法'，而思想的出发点和终结点也由'民'渐渐移向了'君'，思想于是渐渐趋近于意识形态。"④

《新语》：汉代儒学意识形态化的先声。吾辈谈儒学传承时，往往直接从荀

---

① 干春松著：《制度化的儒家及其解体》，中国人民大学出版社2003年版，第9页。
② 葛兆光著：《中国思想史》，复旦大学出版社1998年版，第6页。
③ 葛兆光著：《中国思想史》，复旦大学出版社1998年版，第266页。
④ 葛兆光著：《中国思想史》，复旦大学出版社1998年版，第266–267页。

子到董仲舒。其实二者还有个中间环节，亦即陆贾。陆贾在儒学意识形态化过程中实则承上启下。对于陆、董之间的关系，王充如是说："《新语》，陆贾所造，盖董仲舒相被服焉，皆言君臣政治得失。"①（《论衡·案书》）显然很有见地。

那么，儒学如何才能变成封建王朝的意识形态呢？葛兆光说："但是，作为一种思想学说，儒学要在这种社会急剧变动的时候成为民族国家的意识形态，并取得在其他学说之上的独尊的地位，则要建设一个拥有天然合理的终极依据、涵盖一切的理论框架、解释现象的知识系统以及切合当时的政治策略在内的庞大体系，以规范和清理世界的秩序，确定与指引历史的路向。"② 葛兆光的主张是有道理的。

陆贾在儒学意识形态化中的作用，主要表现在如下三方面：

一、陆贾：汉代尝试建构儒学形而上宇宙支持系统、寻求天然合理终极依据的第一人

作为民族国家的意识形态，早期儒学中的宇宙论依据并不发达。孔子虽不反对尊天，但更强调"仁"，更主张尽人事，其在哲学史上的主要作用是实现从对天的关注到对人的关注的转变。可见，孔子无意建构宇宙论体系。故葛兆光说："孔子所谓'天何言哉'的表述实在太简略，而'唯天为大'的说法又实在太笼统。"③子思、孟子引入五行思想，强调"尽心、知性、知天"，一方面强化了儒学宇宙论框架构建，另一方面过分道德化解释又不免作茧自缚，局限了思想范围。荀子主张隆礼、重法，注重制度建设，有助于儒学向"经世致用"方面转化，推进了儒学意识形态化倾向；但是过分强调"天人相分"，忽视探求宇宙论终极依据，无疑又制约了儒学的意识形态化进程。总之，由于先秦儒学宇宙论依据不发达，导致两大后果，"一方面使得儒学中关于人与社会的道德学说与礼乐制度的合理性仿佛缺少自然法则的支持，其不言而喻的权威性便不免脚下空虚。另一方面使得儒学无法与民众生活所尊奉与需要的实用技术与知识彼此沟通，比如医方的道理、巫觋的道理似乎都与儒学无关，儒学似乎只能处理道德层面上的问题而不能深层地进入生活，不能给人们提供生活上的自信与知识。"④ 而真正

---

① 黄晖撰：《论衡校释》，中华书局1990年版，第1169页。
② 葛兆光著：《中国思想史》，复旦大学出版社1998年版，第327页。
③ 葛兆光著：《中国思想史》，复旦大学出版社1998年版，第372页。
④ 葛兆光著：《中国思想史》，复旦大学出版社1998年版，第376页。

解决这个问题始于陆贾,关键是董仲舒,终于《白虎通》。

陆贾是汉初以天为终极依据,以阴阳五行为材料,有意识构建儒学形而上宇宙支持系统的第一人。

在论证天地人关系时,他说:"传曰:'天生万物,以地养之,圣人成之。'功德参合,而道术生焉。"①(《新语·道基》)其中天是人与自然的终极依据和取法目标,具体表现在以下几方面:

(一)天是自然法则的终极依据和取法目标

陆贾说:"故曰:张日月,列星辰,……春生夏长,秋收冬藏,阳生雷电,阴成霜雪,养育群生,一茂一亡,……罗之以纪纲,改之以灾变,告之以祯祥,动之以生杀,悟之以文章。"②(《新语·道基》)在这,陆贾主要以阴阳五行来解释"春生夏长、秋收冬藏、阳生雷电、阴成霜雪"等自然法则,并没谈到天的问题,但如联系到这段话恰是"天生万物……道术生焉"。下段,就不难发现本段其实是上段意思的延伸:既然"天生万物,以地养之",那么,自然法则自然也是以天为终极依据和取法目标。而这种自然法则最终要落实为人间法则,这就是:"罗之以纪纲,改之以灾变,告之以祯祥,动之以生杀,悟之以文章",在这,"纪纲"指三纲六纪,"灾变"即灾变谴告,"祯祥"即符瑞,这实则是自然现象拟人化、伦理化,亦即"德配阴阳"。这都被董仲舒继承与发展。董仲舒说:"春,喜气也,故生;秋,怒气也,故杀;夏,乐气也,故养;冬,哀气也,故藏。四者天人同有之。"③(《春秋繁露·阴阳义》)"序列星所以相承也,近至精所以为刚也,考阴阳所以成岁也,降霜露所以生杀也。为人君者,其法取象于天。"④(《春秋繁露·天地之行》)

(二)天与人相通相应

陆贾说:"故性藏于人,气达于天;几微浩大,下学上达,事以类相从,声以音相应。"⑤(《新语·术事》)可见,天和人性是相通的。这后被董仲舒继承,

---

① 王利器撰:《新语校注》,中华书局2012年版,第1页。
② 王利器撰:《新语校注》,中华书局2012年版,第1页。
③ [清]苏舆撰、钟哲点校:《春秋繁露义证》,中华书局1992年版,第418页。
④ [清]苏舆撰、钟哲点校:《春秋繁露义证》,中华书局1992年版,第585-586页。
⑤ 王利器撰:《新语校注》,中华书局2012年版,第55页。

董仲舒说:"天两有阴阳之施,身亦两有贪仁之性。"①(《春秋繁露·深察名号》)这不和"性藏于人,气达于天"意相近吗?"天亦有喜怒之气,哀乐之心,与人相副。以类合之,天人一也。"②(《春秋繁露·阴阳义》)不也与"几微浩大,下学上达,事以类相从,声以音相应"同样意相近吗?可见,董仲舒与陆贾一脉相承。而董仲舒在此基础上又有发展,指出沟通天性和人性的是圣人,他说:"是故王者上谨于承天意,以顺命也;下务明教化民,以成性也。"③(《汉书·董仲舒传》)

(三)天是社会秩序的终极依据和取法目标

陆贾说:"于是先圣乃仰观天文,俯察地理,图画乾坤,以定人道,民始开悟,知有父子之亲,君臣之义,夫妇之别,长幼之序。于是百官立,王道乃生。"④(《新语·道基》)可见,"父子之亲,君臣之义"等人间秩序都是先圣"仰观天文、俯察地理"的结果,因此,无疑也是以天为终极依据和取法目标。既然"君臣之义"是以天为终极依据和取法目标,那么"君权神授"已蕴含其中矣。而董仲舒说:"君臣、父子、夫妇之义,皆取诸阴阳之道。……王道之三纲,可求于天。"⑤(《春秋繁露·基义》)无疑是和陆贾上述思想一脉相承。既然"王道三纲"可求于天,那么三纲之首的"君为臣纲"自然也就可求于天了,此即对后世产生深远影响的"君权神受"论。可见,董仲舒的"君权神受"论实是从陆贾的"君臣之义"取法于天中发展过来的。

(四)天同样也是治道的终极依据和取法目标,天与治道相通相应

陆贾说:"传曰:'天生万物,以地养之,圣人成之。'功德参合,而道术生焉。"⑥(《新语·道基》)接着又说:"于是先圣乃仰观天文,……于是百官立,王道乃生。"⑦(《新语·道基》)在这无论是"道术"还是"王道",指的都是治道,而这种治道都是"天生万物"或"仰观天文"的结果,故无疑亦都是以天为终极依据和取法目标。通观《新语·道基》,"仁义为本"的治道无疑也是从

---

① [清]苏舆撰、钟哲点校:《春秋繁露义证》,中华书局1992年版,第363—364页。
② [清]苏舆撰、钟哲点校:《春秋繁露义证》,中华书局1992年版,第418页。
③ [东汉]班固撰:《汉书》,中华书局1962年版,第2515页。
④ 王利器撰:《新语校注》,中华书局2012年版,第35页。
⑤ [清]苏舆撰、钟哲点校:《春秋繁露义证》,中华书局1992年版,第432—434页。
⑥ 王利器撰:《新语校注》,中华书局2012年版,第1页。
⑦ 王利器撰:《新语校注》,中华书局2012年版,第35页。

天道中推演出来的，也最终以天为终极依据。故陆贾说："故曰，圣人成之。所以能统物通变，治情性，显仁义也。"①（《新语·道基》）在这，"仁义"显然就是圣人则天的体现。而"无为"又是"仁义"在社会治理中的体现。可见，无论是"仁义为本"的"德治"还是"无为为用"的无为而治，最终都是以天为终极依据和取法目标。另外，天与治道还有相通相应之处。陆贾说："恶政生恶气，恶气生灾异。蝮虫之类，随气而生；虹蜺之属，因政而见。治道失于下，则天文变于上；恶政流于民，则蝮虫生于野。"②（《新语·明诫》）可见"治道"与"天文"是相通的，"恶政"与"蝮虫"也是相应的。而董仲舒的"灾异谴告"说不正是对此的继承与发展么？他说："以观天人相与之际，甚可畏也。国家将有失道之败，而天乃先出灾害以谴告之，不知自省，又出怪异以警惧之，尚不知变，而伤败乃至。"③（《汉书·董仲舒传》）

二、陆贾：汉代尝试"独尊儒术"、统一思想的第一人

众所周知，思想是政治、经济以及军事的反映，一个时代的政治、军事格局必然要影响和反映于当时的思想。春秋战国时期，诸侯争霸，国家政治、军事分裂，与之相适应，思想界也出现"道术将为天下裂""百家争鸣"。但分久必合，到战国末期，统一已是大势所趋：军事统一始于战国末期，终于秦帝国建立；此后，政治统一也随秦王朝郡县制与中央集权制的建立而完成；军事、政治统一，必然要求思想统一与之相适应，并以此巩固这种统一成果。但究竟以何种思想来统一？以及如何实现统一？秦始皇吃了大亏。他试图以法家思想来统一思想，并以"焚书坑儒"、排斥百家的过激措施强制实施，导致秦帝国二世而亡。可见，思想统一并不像军事统一、政治统一那么直接与简单。

那么，如何才能实现思想统一呢？百家争鸣时，诸子坚持"自是而相非"的立场，认为自己的思想才是正确的，别人的都是错误的，都试图以自己的思想去统一思想，实践证明这根本行不通。后来人们逐渐认识到各家"一致而百虑，同归而殊途"，各有优点和不足。因此要实现思想统一，就须以一家思想为主干，吸收百家的优点与特长，建构新的理论体系。

---

① 王利器撰：《新语校注》，中华书局 2012 年版，第 27 页。
② 王利器撰：《新语校注》，中华书局 2012 年版，第 173 页。
③ [东汉] 班固撰：《汉书》，中华书局 1962 年版，第 2496 页。

秦亡汉兴，以何种理论统一思想，及如何统一思想，已成为时代课题。司马谈、《淮南子》都试图以道家统一思想，但直到董仲舒以儒学为主干，扬弃百家，建立天人哲学，并提出"罢黜百家，独尊儒术"时，统治者才终于找到自己统治思想的理论重心，完成思想统一，解决这一时代课题。

但遗憾的是，当看到董仲舒在"独尊儒术"（思想统一）中的作用时，吾辈却往往忽视另一个大儒，此即汉初的陆贾，其书《新语》实则是汉初"独尊儒术"（思想统一）的先声。

战国末期，国家统一已是大势所趋，与之相适应，思想也出现融合的趋势，其表现即总结百家争鸣的荀子哲学出现，荀子实则是尝试统一思想的第一人。

陆贾秉承荀子的以儒为本、兼容并包的思想统一原则，坚持儒家的"仁义为本"、兼收墨子的"天志""明鬼"、阴阳家的阴阳五行思想，否定了法家的极刑主义和不要文德主张、吸收其集权专制思想，否定了道家的出世主义与消极无为、忽视主观能动性的糟粕而汲取其天道观、矛盾观和阴阳刑德等精华（笔者认为《新语》中的"无为"思想主要源自儒家，但它无疑也受到道家重大影响），构建一种兼容并包的思想体系。董仲舒正是沿着陆贾的路子，以儒家思想为主导，以阴阳家的阴阳五行理论为补充，吸取道家的"无为"、法家的"法治"、墨家的"天志"、名家的"名实"关系等思想，构建了贯通天人的新儒学理论体系，实现思想统一，使得"独尊儒术"得以完成。正如王充所说："《新语》，陆贾所造，盖董仲舒相被服焉，皆言君臣政治得失，言可采行，事美足观。"[①]（《论衡·案书》）故《新语》实是汉代"独尊儒术"、统一思想的理论先声。[②]

下面将具体谈谈陆贾如何以儒学统一思想。

（一）坚持以儒学为主干

陆贾一再坚持儒家传统的仁义德治思想，他说"治以道德为上，行以仁义为本"[③]（《新语·本行》），"德盛者威广，力盛者骄众。齐桓公尚德以霸，秦二世尚刑而亡"[④]（《新语·道基》）。陆贾还非常重视五经的地位，认为五经显仁义："《春秋》以仁义贬绝，《诗》以仁义存亡，《乾》《坤》以仁和合，《八卦》以义

---

① 黄晖撰：《论衡校释》，中华书局1990年版，第1169页。
② 参见拙作《汉代"独尊儒术"的理论先声——再论《新语》之于"独尊儒术"的重要性》，载《河南社会科学》2009年第4期。
③ 王利器撰：《新语校注》，中华书局2012年版，第142页。
④ 王利器撰：《新语校注》，中华书局2012年版，第34页。

相承，《书》以仁叙九族，……《礼》以仁尽节，乐以礼升降。"①（《新语·道基》）故王利器说："孔氏之后，称说五经者，当以陆氏此文为最先。"② 可见，《新语》实已内含五经经学化的趋势。另外，"无为"并非先儒家的主要思想，陆贾突出其重要作用，说"道莫大于无为"并将其和仁义结合起来，此即"仁义为本""无为为用"，大大地促进了儒学与王权政治磨合。

（二）对法家思想扬弃

一方面，陆贾对法家极刑主义进行严厉批判。他说："秦以刑罚为巢，故有覆巢破卵之患。"③（《新语·辅政》）但其并没因秦用刑太极而亡而忽视法律的作用。他说："故事不生于法度，道不本于天地，可言而不可行也。"④（《新语·怀虑》）但法令并非万能，法令只是惩恶而已。如他说："夫法令所以诛暴也。"⑤（《新语·无为》）在社会史观方面，陆贾继承韩非"不期修古，不法常可"的社会发展观，坚持进化史观。如在《新语·道基》中，他将人类社会划分为先圣、中圣、后圣三个阶段，认为这三个阶段即人类文明不断演进的过程。这与韩非说的"上古竞于道德，中世逐于智谋，当今争于气力"⑥（《韩非子·五蠹》），将人类社会看作从上古到中世再到当今的进化过程是一致的。因此，王兴国说："胡适曾经认为，陆贾的进化思想与韩非的上古、中古、近古之论相同。"⑦ 陆贾还继承了法家的重势观点，说："夫言道因权而立，德因势而行，不在其位者，则无以齐其政，不操其柄者，则无以制其刚。"⑧（《新语·辩惑》）这与韩非所强调的"势者，胜众之资也"⑨（《韩非子·八经》）、"抱法处势则治，背法去势则乱"⑩（《韩非子·难势》）也一脉相承。

（三）对道家思想的扬弃

首先，陆贾吸纳了《黄帝四经》的阴阳刑德、文武并用思想。吾辈皆知陆

---

① 王利器撰：《新语校注》，中华书局2012年版，第35页。
② 王利器撰：《新语校注》，中华书局2012年版，第21页。
③ 王利器撰：《新语校注》，中华书局2012年版，第59页。
④ 王利器撰：《新语校注》，中华书局2012年版，第153–154页。
⑤ 王利器撰：《新语校注》中华书局2012年版，第75页。
⑥ ［清］王先慎撰：《韩非子集解》中华书局1998年版，第445页。
⑦ 王兴国著：《贾谊评传》，南京大学出版社1996年版，第452页。
⑧ 王利器撰：《新语校注》，中华书局2012年版，第96页。
⑨ ［清］王先慎撰：《韩非子集解》，中华书局2003年版，第431页。
⑩ ［清］王先慎撰：《韩非子集解》，中华书局2003年版，第392页。

贾奏对高祖的名言："文武并用，长久之术也。"并认为"文武并用"是"霸、王道杂之"汉家制度的先声。其实"文武并用"思想并非陆贾首倡，它实来自于《黄帝四经》的阴阳刑德思想。《黄帝四经》说："先德后刑以养生"①（《十大经·观》），"文武并行，则天下从矣"②（《经法·君正》），"动静参合于天地胃之文，诛□时当胃之武。……文武并立，命之曰上同"③（《经法·四度》）。等都是强调治国须运用赏罚、文武两种手段，不能搞单打一。故陆贾的"文武并用"思想显然是对《黄帝四经》阴阳刑德思想的继承和发展，并成为汉代，及至2000年来为政者治国的不二法门。其次，陆贾继承了道家的矛盾观，他说："故怀刚者久而缺，持柔者久而长，躁疾者为厥速，迟重者为常存，尚勇者为悔近，温厚者行宽舒，怀急促者必有所亏，柔懦者制刚强。"④（《新语·辅政》）这不就与老子的"反者道之动；弱者道之用"⑤（《老子·第四十章》），《黄帝四经》的"极而反，盛而衰，天地之道，天之生（性）也"⑥（《经法·论》）一脉相承吗？不都是强调事物会向相反方向转变吗？他又说："夫建大功于天下者必先修于闺门之内，垂大名于万世者必先行之于纤微之事。"⑦（《新语·慎微》）这不也和老子的"天下难事，必作于易，天下大事，必作于细"⑧（《老子·六十三章》）相通吗？不都是在强调事物的转化有个量变过程吗？再次，陆贾还继承了道家的修养方法，主张贵柔守雌、节俭省欲。他说："垂大名于万世者必先行之于纤微之事。……此二者，修之于内，著之于外；行之于小，显之于大。"⑨（《新语·慎微》）又说："欲建功兴誉，垂名烈，流荣华者，必取之于身。"⑩（《新语·至德》）还说："故治外者必调内，平远者必正近。"⑪（《新语·怀虑》）这些也都与老子的"修之于身，其德乃真；修之于家，其德乃馀；修之于乡，其德乃长；修之于国，其德乃丰；修之于天下，其德乃普"⑫（《老子·第五十四

---

① 陈鼓应注译：《黄帝四经今注今译——马王堆出土汉墓帛书》，商务印书馆2007年版，第106页。
② 陈鼓应注译：《黄帝四经今注今译——马王堆出土汉墓帛书》，商务印书馆2007年版，第60页。
③ 陈鼓应注译：《黄帝四经今注今译——马王堆出土汉墓帛书》，商务印书馆2007年版，第112页。
④ 王利器撰：《新语校注》，中华书局2012年版，第61页。
⑤ [三国]王弼注、楼宇烈校释：《老子道德经注校释》，中华书局2008年版，第26页。
⑥ 陈鼓应注译：《黄帝四经今注今译——马王堆出土汉墓帛书》，商务印书馆2007年版，第134页。
⑦ 王利器撰：《新语校注》，中华书局2012年版，第101页。
⑧ [三国]王弼注、楼宇烈校释：《老子道德经注校释》，中华书局2008年版，第133页。
⑨ 王利器撰：《新语校注》，中华书局2012年版，第101页。
⑩ 王利器撰：《新语校注》，中华书局2012年版，第130页。
⑪ 王利器撰：《新语校注》，中华书局2012年版，第144页。
⑫ [三国]王弼注、楼宇烈校释：《老子道德经注校释》，中华书局2008年版，第86页。

章》）一脉相承，都是强调修身与治国的内在联系，强调修身的重要性。至于如何修身，他说："圣人不用珠玉而实其身，故舜弃黄金于崭岩之山，捐珠玉于五湖之渊，将以杜淫邪之欲，绝琦玮之情。"①（《新语·术事》）这不与《黄帝四经》所说的"黄金珠玉藏积，怨之本也，女乐玩好燔材，乱之基也"②（《经法·四度》）一致的吗？不都是主张节敛省欲吗？最后，陆贾对老庄避世思想是否定的。他说：故杀身以避难则非计也，怀道而避世则不忠也。"③（《新语·慎微》）尽管他也非常强调"无为"，但其"无为"是"无为而无不为"是通过"无为"而达到有为，故陆贾的思想是积极入世，决非消极出世的。

（四）对墨家思想扬弃

陆贾继承了墨子的"非命""尚贤""非攻"思想。墨子说："此世未易民未渝，在于桀纣，则天下乱；在于汤武，则天下治，岂可谓有命哉！"④（《墨子·非命上》）对此陆贾是认同的，他说："故世衰道失，非天之所为也，乃君国者有以取之也。"⑤（《新语·明诚》）二者都强调治乱非天，可见一脉相承。"尚贤"、任贤是儒墨两家的共同理想，但明确提出"尚贤"这一概念的是墨家，如墨子说："尚欲祖述尧舜禹汤之道，将不可以不尚贤。夫尚贤者，政之本也。"⑥（《墨子·尚贤上》）而陆贾说："尧以仁义为巢，舜以稷、契为杖，故高而益安，动而益固。"⑦（《新语·辅政》）这不是和墨子的尚贤思想是一脉相承？陆贾还继承墨子的"非攻"思想，他说："昔者，晋厉、齐庄、楚灵、宋襄，乘大国之权，杖众民之威，军师横出，陵轹诸侯，……故宋襄死于泓之战，三君弑于臣之手，皆轻师尚威，以致于斯……三君强其威而失其国，急其刑而自贼，斯乃去事之戒，来事之师也。"⑧（《新语·至德》）这不与墨子的"非攻"思想一脉相承吗？

（五）对阴阳家思想扬弃

"天人感应"最初是阴阳家的思想，邹衍就曾提出"类同相召，气同相合，

---

① 王利器撰：《新语校注》，中华书局2012年版，第45页。
② 陈鼓应注译：《黄帝四经今注今译——马王堆出土汉墓帛书》，商务印书馆2007年版，第117页。
③ 王利器撰：《新语校注》，中华书局2012年版，第109页。
④ ［清］孙怡让撰：《墨子间诂》，中华书局2001年版，第278页。
⑤ 王利器撰：《新语校注》，中华书局2012年版，第170、173页。
⑥ ［清］孙怡让撰：《墨子间诂》，中华书局2001年版，第48页。
⑦ 王利器撰：《新语校注》，中华书局2012年版，第59页。
⑧ 王利器撰：《新语校注》，中华书局2012年版，第136页。

声比相应"感应原理。陆贾的"事以类相从，声以音相应"①（《新语·术事》）与其一脉相承。另外陆贾又说："恶政生于恶气，恶气生于灾异。螟虫之类，随气而生；虹蜺之属，因政而见。治道失于下，则天文变于上；恶政流于民，则螟虫生于野。"②（《新语·明诫》）这种"天人感应"思想无疑是对邹衍感应原理的继承与发展，并影响到董仲舒。最后，陆贾又说："故曰：张日月，列星辰，序四时，调阴阳，……罗之以纪纲，改之以灾变，告之以祯祥，动之以生杀，悟之以文章。"③（《新语·道基》）这也基本源自邹衍的阴阳五行思想。

三、陆贾：汉代尝试促使儒学与王权磨合，并对汉初政治产生深远影响的第一人

针对秦末汉初大乱之后，上下俱欲休养息现状，陆贾提出"仁义为本""无为为用"的治国方针。"仁义为本"强调政权的合法性，注重是公平；"无为为用"则强调政权的合理性、注重效率。把"仁义为本"和"无为为用"结合起来即是把合法性与合理性，公平与效率结合起来，这就使陆贾治道有很强的现实操作性，有助于儒学全面影响汉初社会，大大地促进儒学意识形态化进程。干春松说："儒家的制度化不仅体现在儒家本身的存在方式的制度保证上，而且也体现在儒家观念在社会行为中的落实上。"④ 陆贾治道落实到汉初社会中的体现主要有两方面。首先，对上层社会的影响："仁义为本""无为为用"作为一种治国方针，严重影响汉初统治者的政治决策，促进了儒学与王权磨合，并有启"文景之治"。其次，对下层社会的影响："仁义为本""无为为用"作为一种制度精神也严重影响汉代乡里制度建设，促使儒学普及千家万户，奠定了民族精神的思想基础。

董仲舒也正是继承荀子、陆贾的现实主义传统，针对汉初诸侯王"尾大不掉"，汉王朝亟待加强中央集权现状，建立天人哲学体系，论证君权神受，封建"大一统"的神圣性、合理性，最终促使儒学意识形态化。

由以上几点可知，《新语》实则是汉代儒学意识形态化的先声。

---

① 王利器撰：《新语校注》，中华书局2012年版，第55页。
② 王利器撰：《新语校注》，中华书局2012年版，第173页。
③ 王利器撰：《新语校注》，中华书局2012年版，第1页。
④ 干春松著：《制度化的儒家及其解体》，中国人民大学出版社2003年版，第37页。

第六章 治道的当代启示

陆贾治道不但对汉代治理有重大影响，其实对当代治理亦有重要启示。首先，有启践行科学发展观：科学发展观深深植根于传统治道土壤，全面、协调、可持续的发展观与陆贾"天人合策"的治道本体论、"以人为本"的发展观与其"得之于民"的治道目标论、如何践行科学发展观与其"统变贵和"治道方法论，都有重要渊源。故其治道有启学习和践行科学发展观。其次，有启构建和谐社会："设计异化"（设计由造福人异化成祸害人）是构建社会主义和谐社会亟待解决的难题，陆贾涉及"设计异化"命题，发现"以人为本"是导致其误区，强调"以仁为本"是解决其出路。这对如何构建社会主义和谐社会有重要启示。最后，有启创新设计管理："设计人"时代已来临，如何构建"设计人"管理理论，以取代"政治人"假设、"经济人"假设、"文化人"假设基础上的管理理论，实现"管理移位"，是当代设计界亟待解决的难题。陆贾治道同样亦有启创新今天的设计管理：须坚持"统物通变"的设计管理移位、"仁义为本"的设计管理理念、"无为为用"的设计管理模式。

第一节　有启践行科学发展观

所谓科学发展观即："坚持以人为本，树立全面、协调、可持续的发展观，促进经济、社会和人的全面发展。"它包括：以人为本的发展观，全面的发展观，协调的发展观和可持续的发展观。胡锦涛说："科学发展的理念，是在总结中国现代化建设经验、顺应时代潮流的基础上提出来的，也是在继承中华民族优秀文化传统的基础上提出来的。"[①] 民族优秀文化的核心是传统治道，因为"夫阴阳、

---

① 中共中央文献研究室编：《科学发展观重要论述摘编》，中央文献出版社、党建读物出版社2009年版，第8页。

儒、墨、名、法、道德，此务为治者也"①（《史记·太史公自序·论六家要旨》）。故"继承中华民族优秀文化传统"则主要指继承传统治道精华。传统治道特指中国传统文化（包括经史子集，尤其是儒、道、法等各派哲学）中所蕴含的"修、齐、治、平"思想。科学发展观深深植根于传统治道土壤中。而陆贾治道是传统治道的重要组成部分，其不但"亦有启文景萧曹之治者"，亦有启今天的科学发展观："天人合策"的治道本体论有启全面、协调、可持续的发展观，"得之于民"的治道目标论有启"以人为本"的发展观，"统变贵和"治道方法论有启如何践行科学发展观。本着"吸其精华，弃其糟粕，古为今用"的原则，发掘其渊源，继承并超越之，对如何学习和践行科学发展观，有重要的理论价值和实践意义。

一、"天人合策"传统治道本体论有启全面、协调、可持续的发展观

全面、协调、可持续的发展观是科学发展观的重要内容，其与陆贾"天人合策"的治道本体论有重要渊源。所谓治道本体即治道的依据。陆贾的治道本体乃"天人合策"。

陆贾说："礼义不行，纲纪不立，后世衰废，于是后圣乃定'五经'，明'六艺'，承天统地，穷事察微，原情立本，以绪人伦，宗诸天地，纂修篇章，垂诸来世，被诸鸟兽，以匡衰乱，天人合策，原道悉备，智者达其心，百工穷其巧，乃调之以管弦丝竹之音，设钟鼓歌舞之乐，以节奢侈，正风俗，通文雅。"②（《新语·道基》）从"先圣"至"中圣"，一直都是缺什么补什么，若就崇古贱今者而言，那几乎是完美社会的典范。然而，既然完美了，为何还会有"后圣"？陆贾没有明说，但就其对"后圣"阶段的论述来看，显然是"中圣"的努力失败了，无法让"礼义""纲纪"确切地实践于人民的生活当中。至于失败的原因，大概就在"中圣"无法"承天统地""原情立本"。"承天统地"是对天道的认识，"原情立本"则是对人道的把握。唯有对天道和人道全面理解与掌握，才能最终做到"天人合策，原道悉备"③（《新语·道基》），唯有如此方能

---

① ［西汉］司马迁撰：《史记》，中华书局1959年版，第3288–3289页。
② 王利器撰：《新语校注》，中华书局2012年版，第21页。
③ 王利器撰：《新语校注》，中华书局2012年版，第21页。

取得良好的治道效果。换言之，要达到良好的治理效果，就须决策时全面把握天道与人道，统筹、协调二者关系，亦即"天人合策"。故"天人合策"实是陆贾治道的本源。

"天人合策"是传统"天人合一"思想的继承与发展。"天人合一"是中国文化的根本观念，也是传统治道的本源。孔子说："大哉，尧之为君也！巍巍乎！唯天为大，唯尧则之。"①（《论语·泰伯》）老子说："人法地，地法天，天法道，道法自然。"②（《老子·第二十五章》）无论是"唯人则天"还是"人法自然"其实都是强调治国要效法天地自然，实现"天人合一"，故"天人合一"是传统治道之本源。"天"③ 在中国传统文化中有多层的含义，但主要指"自然"，正如孔子所言："天何言哉？四时行焉，百物生焉，天何言哉？"故季羡林所强调："我认为'天'就是大自然，'人'就是我们人类。天人关系是人与自然的关系。"④ 故"天人合一"即主要强调人与自然和谐统一，是儒道各家的共同主张。"天人合一"主要有两层意思："天人合道"和"天人合德"。道家主张"天人合道"，认为人是自然的一部分，人要顺应、效法自然，在"道法自然"基础实现"天人合一"。正如老子说："人法地，地法天，天法道，道法自然。"⑤（《老子·第二十五章》）其本质即主张师法自然，探寻"天人合一"。而《庄子·齐物论》："天地与我并生，而万物与我为一。"⑥ 即天人本是合一的，但由于后天典章制度、道德规范，使人丧失了原来的自然本性，变得与自然不协调，故要"绝圣弃智"，在"无以人灭天"基础上回归自然，达到"万物与我为一"精神境界。为此就要无为而治，尽量不干扰人们的生活。可见，道家无为而治的治道其实就是源自"道法自然""天人合道"的本源论。儒家亦主张"天人合一"，提出"天人合德"主张，即人要加强道德修养，以德配天，在"天人合德"基础上实现"天人合一"。《周易·乾卦·文言》："夫大人者，与天地合其德，与日月合其明，与四时合其序，与鬼神合其吉凶。先天而天弗违，后天而奉天时。"⑦ 即

---

① 程树德撰：《论语集释》，中华书局 2010 年版，第 549 页。
② ［三国］王弼注、楼宇烈校释：《老子道德经注校释》，中华书局 2008 年版，第 64 页。
③ 在中国古代哲学中，天有三重含义：人格神、自然、天赋道德，本文主要是指自然之天，亦有道德之天的含义。
④ 季羡林著：《"天人合一"新解》，收入《季羡林自选集》，首都师范大学出版社 2009 年版，第 289 页。
⑤ ［三国］王弼注、楼宇烈校释：《老子道德经注校释》，中华书局 2008 年版，第 64 页。
⑥ ［清］郭庆藩撰：《庄子集释》，中华书局 2003 年版，第 79 页。
⑦ 黄寿祺、张善文著：《周易译注》（修订本），上海古籍出版社 2001 年版，第 21 页。

强调人之德要与天地自然之德相合。《礼记·中庸》也说:"诚者,天之道也;诚之者,人之道也。……唯天下至诚,为能尽其性;能尽其性,则能尽人之性;能尽人之性,则能尽物之性;能尽物之性,则可以赞天地之化育;可以赞天地之化育,则可以与天地参矣。"① 即认为"诚"是天人的共同德性,只要发扬"诚",即可"与天地叁",实现"天人合德"。孟子又说:"尽其心者,知其性也。知其性,则知天矣。"②(《孟子·尽心上》)即强调天道与人性可以合二为一。总之,要实现"天人合德",治国者就必须加强道德修养,以人德配天德,实行"德治"。故儒家"以德配天"的"德治"主张实源"天人合德"的本源论。后陆贾吸纳吸取阴阳家思想,提出"天人合策"论。董仲舒在此基础上又提出"天人感应"论,说:"君臣、父子、夫妇之义,皆取诸阴阳之道。……王道之三纲,可求于天。"③(《春秋繁露·基义》)"是故仁义制度之数,尽取之天。"④(《春秋繁露·基义》)明确提出儒家治道源自"天人合德"。而明确提出"天人合一"概念,却始自张载:"儒者则因明致诚,因诚致明,故天人合一,致学而可以成圣,得天而未始遗人。"⑤(《正蒙·乾称》)强调儒家修养的最高境界就是"天人合一",体现人和自然的共同"性命之理"⑥(《正蒙·参两》)。而其"民胞物与"的治世情怀实源自"天人合一"的治道本源。而王夫之则进一步提出:"知天之理者,善动以化物。"⑦(《读通鉴论》卷二)即只要掌握自然规律,并"因时不逆"遵循自然规律,就可充分发挥人能动性,"善动以化",实现"天人合一"。

总之,陆贾"天人合策"之意即要使礼仪、纲纪等治道落实于治国实践,就需决策时综合考虑天道与人道,实现天道与人道统一。单纯考虑天道,或单考虑人道,决策都会有欠缺,都无法在百姓确立礼仪、纲纪等治国之道,治国失败在所难免。须指出,先秦的"天人合一",无论是儒家的"天人合德",还是道家的"天人合道",某种程度都只是理论探讨,唯到陆贾引入阴阳家的阴阳五行思想,提出"天人合策"时,才真正统筹天道与人道,并术化致用于治国实践,而董仲舒的"天人感应"思想则是其发展的结果,对两汉政治产生深远影响,

---

① [东汉]郑玄注、[唐]孔颖达疏、龚抗云整理、王文锦审定:《礼记正义》,北京大学出版社2000年版,第1446—1448页。
② [清]焦循撰:《孟子正义》,中华书局1987年版,第877页。
③ [清]苏舆撰、钟哲点校:《春秋繁露义证》,中华书局1992年版,第432—434页。
④ [清]苏舆撰、钟哲点校:《春秋繁露义证》,中华书局1992年版,第434页。
⑤ [北宋]张载撰:《张载集》,中华书局1978年版,第65页。
⑥ [北宋]张载撰:《张载集》,中华书局1978年版,第12页。
⑦ [明]王夫之撰:《读通鉴论》,岳麓书社2011年版,第136页。

而陆贾无疑是开拓者。故王利器在注"天人合策"时说:"〔一〇〕天人合策,案:此即后来董仲舒天人相感说之滥觞。"①

总之,"天人合策"强调自然与人统一,人的精神、行为与外在自然一致,自我身心平衡与自然环境平衡统一,以及由于这些统一而达到的天道与人道的统一,从而实现"天人""人物""人我""人心"四重和谐。它是中国哲学的重要范畴之一,对传统治道产生深远影响,科学发展观作为当代治道也不例外:首先,治国过程中要树立天人和谐观,注重人和自然和谐。可持续发展②强调既满足人的发展,又保护环境,合理利用资源;既满足当代人的发展,又不以损害子孙后代的发展为代价。可见,可持续的发展观与"天人合策"精神一脉相承。其次,要确立整体思维,不能只从人或只从天的角度思考问题,应从二者对立统一的整体中思考。坚持全面发展,即以经济建设为中心,推进经济建设、政治建设、文化建设、社会建设共同进步,推进物质文明、政治文明、精神文明、生态文明共同发展,在实现社会全面进步中促进人的全面发展。可见,全面发展观的精神实质与"天人合策"整体思维何其相通。最后,要确立协调思维,要能协调天人关系,使二者和谐,而不是冲突。坚持协调发展,就是要使各个地区、各个部门、各个领域比例适当、结构合理、相互促进、良性运行,统筹城乡发展、统筹区域发展、统筹经济社会协调发展、统筹人与自然和谐发展、统筹国内发展与对外开放,推进生产力和生产关系、经济基础和上层建筑相协调,推进经济、政治、文化、社会建设的各个环节和各个方面相协调。可见,协调发展观与"天人合策"的协调思维同样一脉相承。由上述可知:从某种程度上说"天人合策"实是科学发展观的传统治道本源,这对如何落实科学发展观有重要现实意义。

首先,"天人合策"的天人和谐观,有利于确立、落实可持续发展观。西方工业革命以来,随着科技的飞速发展,人的能力得到充分释放,人们相信"人定胜天",将人凌驾于自然之上,导致今天环境破坏,生态失衡,最终威胁人的发展。而我国人口众多、人均资源极其有限及长期实现粗放型经济增长方式、盲信"人定胜天"等,又进一步恶化人与环境、资源、生态关系,严重阻碍可持续发展。而传统治道主张"天人合策",强调"天不违人,人不违天",天人和谐,成为医治今天人与自然冲突、实现可持续发展的救世良方。

---

① 王利器撰:《新语校注》,中华书局2012年版,第23页。
② 坚持可持续发展,就是要使经济发展与人口资源环境相协调,人与自然相和谐,发展循环经济,建设资源节约型、环境友好型国家,走生产发展、生活富裕、生态良好的文明发展道路。

其次,"天人合策"的整体思维,有利于确立、落实全面发展观。当前,我国已出现经济发展与道德滑坡二离背反,经济发展与社会发展不同步,物质文明与政治文明、精神文明、生态文明不对称等许多问题;社会矛盾关系由不突出抓好主要矛盾就无法解决非主要矛盾的阶段进入到了不兼顾解决好某些非主要矛盾就难以继续抓好主要矛盾的阶段。而"天人合策"的本质即其整体思维,是中国文化的精髓。吾师黎红雷教授所说:"中国哲人并不孤立地探索'天',也不单独地考虑'人',而是把'天'与'人'作为对立的整体来研究。"[1] "从以上概况中我们可以看,中国哲学天人本体论的根本特点,就在于它的整体性。"[2] 这种整体思维对中国文化有着深远影响,形成了国人系统全面的思维习惯,故对如何纠正当前片面发展偏差,落实全面的发展观,有重要价值。

最后,"天人合策"的协调思维,有利于确立、落实协调发展观。我国城乡、区域、经济、社会,发展不协调由来已久,且大有愈演愈烈之势,故解决发展中的不协调问题,是现代化建设的必然要求,也是发展的迫切需要。而"天人合策"强调既要反对"蔽于天而不知人",也反对"蔽于人而不知天",主张正确协调二者关系,最终实现天人和谐,对国人产生深远影响,对今天如何确立协调思维,正确协调发展过程中的方方面面的关系,实现协调发展有重要现实价值。

但也须看到:作为传统治道的本源,"天人合策"也存在某些糟粕。如其后被董仲舒发展为"天人感应"论,虽对制约专制王权的胡作非为有一定的效果,但显然其更是神化、强化专制王权的帮凶,与科学发展观背道而驰。故要"古为今用"就须反对食古不化,对其进行辩证吸收和超越。

二、"得之于民"传统治道目标论有启"以人为本"的发展观

"以人为本"是科学发展观的本质和核心,与陆贾"得之于民"的传统治道目标论有重要渊源。

陆贾治道的核心是"仁义为本""无为为用",但无论"仁义为本"还是"无为为用",最终目标是"得之于民",即获得人民支持,唯如此方能长治久安,故"得之于民"是陆贾治道的目标。正如陆贾说:"夫欲富国强威,辟地服

---

[1] 黎红雷著:《儒家管理哲学》,广东高等教育出版社1997年版,第39页。
[2] 黎红雷著:《儒家管理哲学》,广东高等教育出版社1997年版,第42页。

远者，必得之于民；欲建功兴誉，垂名烈，流荣华者，必取之于身。"①（《新语·至德》）"建国疆威，辟地服远"即治国，"得之于民"即得到人民拥护。一句话国家治理必须得到人民的支持拥护。那么如何才能"得之于民"呢？"故设道者易见晓，所以通凡人之心，而达不能之行。"②（《新语·慎微》）即治道要通俗易懂，能打通百姓之心，才能最终实行。这显然与孟子"得民得心"的王道学说一脉相承。如孟子说："得天下有道：得其民，斯得天下矣；得其民有道：得其心，斯得民矣。"③（《孟子·离娄上》）

陆贾"得之于民"思想是对传统"以人为本"治道目标的继承与发展。

治道目标即治国最终旨归，即最终目标是什么。传统治道认为是人，即"以人为本"，即以人作为考虑一切问题的根本和最终目标。如儒家认为是治国的目标是"安人"，正如吾师黎红雷说："儒家管理哲学的根本目标是安人。"④人为万物之灵，天地之间人为贵，是中国传统文化的主要基调。早在2000多年前管仲就最早提出了"以人为本"的主张，他说："夫霸王之所始也，以人为本，本理则国固，本乱则国危。"⑤（《管子·霸言》）下面主要从儒、道、墨三家论述传统的人本思想。

儒家的人本思想。其一，在人神关系上：不事鬼神。如孔子说："务民之义，敬鬼神而远之，可谓知矣。"⑥（《论语·雍也》）"未能事人，焉能事鬼？"⑦（《论语·先进》）再如："子不语怪，力，乱，神。"⑧（《论语·述而》）。孔子对中华文化的重要贡献就在告别殷商时代鬼神信仰，高扬人文精神，使中国后来基本没有出现欧洲中世纪黑暗的神权政治。其二，在人物关系上：主张人贵于物。如《论语·乡党》："'厩焚，子退朝，曰：'伤人乎？'不问马。"⑨ 之所以问人不问马，因为孔子认为人贵于物，人比马重要。其三，在人与自然关系：强调人的主体性。如《周易》就曾提出"天地人三才"的主张，认为人与天地并立平等；又如仲长统则明确提出"人事为本，天道为末"主张；再如王夫之则进一步提

---

① 王利器撰：《新语校注》，中华书局2012年版，第130页。
② 王利器撰：《新语校注》，中华书局2012年版，第106页。
③ ［清］焦循撰：《孟子正义》，中华书局1987年版，第503页。
④ 黎红雷著：《儒家管理哲学》，广东高等教育出版社1997年版，第283页。
⑤ 李山译注：《管子》，中华书局2009年版，第143页。
⑥ 程树德撰：《论语集释》，中华书局2010年版，第406页。
⑦ 程树德撰：《论语集释》，中华书局2010年版，第760页。
⑧ 程树德撰：《论语集释》，中华书局2010年版，第480页。
⑨ 程树德撰：《论语集释》，中华书局2010年版，第712页。

出"善动化物""以人造天"的主张;这些均高扬人的主体性。其四,在人与人关系:强调"爱人"。如孔子主张"仁者爱人""忠恕之道""己欲立而立人""己欲达而达人"。其五,在人与社会尤其是君民关系中主张:"民为邦本"。如孔子说:"节用而爱人,使民以时。"①(《论语·学而》),并提出"修己以安人""修己以安百姓"的主张;孟子则提出:"民为贵,社稷次之,君为轻。"②(《孟子·尽心下》)并从性善论基础上提出"仁心""仁政"论:"人皆有不忍人之心。先王有不忍人之心,斯有不忍人之政矣。以不忍人之心,行不忍人之政,治天下可运之掌上。"③(《孟子·公孙丑上》)并进一步提出"保民而王"的主张:"保民而王,莫之能御也。"④(孟子·梁惠王上)荀子则说:"传曰:'君者、舟也,庶人者、水也;水则载舟,水则覆舟。'"⑤(《荀子·王制》)主张:"天之生民,非为君也;天之立君,以为民也。"⑥(《荀子·大略》)并明确提出"爱民、裕民、富民"的主张;而陆贾在先秦民本思想基础上,明确提出"得之于民"的主张;后张载、朱熹等宋儒对其"得民"思想又进一步继承与发展。如张载说:"民吾同胞,物吾与也。"⑦(《张载集·西铭》)朱熹说:"天下之务莫大于寻恤民。"⑧(《宋史·朱熹传》)。而儒家民本思想不仅指满足人的物质需求,还强调满足人的精神需求:受教育的需求。《论语·子路》:"子适卫,冉有仆。子曰:'庶矣哉!'冉有曰:'既庶矣。又何加焉?'曰:'富之。'曰:'既富矣,又何加焉?'曰:'教之。'"⑨ 即"庶之""富之"之后还须"教之"。其六,在人与自我关系:强调修身养性,成仁成圣。如强调"涂之人可以为禹"⑩(《荀子·性恶》),明确主张在成圣道路上众生平等,只要发挥成圣的主体能动性,人人都可以成圣。

道家的人本思想。老子:"故道大,天大,地大,王亦大。域中有四大,而王居其一焉。"⑪(《老子·第二十五章》)明确指出人是"四大"之一;并最早

---

① 程树德撰:《论语集释》,中华书局2010年版,第21页。
② [清]焦循撰:《孟子正义》,中华书局1987年版,第973页。
③ [清]焦循撰:《孟子正义》,中华书局1987年版,第232页。
④ [清]焦循撰:《孟子正义》,中华书局1987年版,第79页。
⑤ [清]王先谦撰:《荀子集解》,中华书局1988年版,第152-153页。
⑥ [清]王先谦撰:《荀子集解》,中华书局1988年版,第504页。
⑦ [北宋]张载撰:《张载集》,中华书局1978年版,第62页。
⑧ [元]脱脱等撰:《宋史》,中华书局1977年版,第12752页。
⑨ 程树德撰:《论语集释》,中华书局2010年版,第905页。
⑩ [清]王先谦撰:《荀子集解》,中华书局1988年版,第442页。
⑪ [三国]王弼注、楼宇烈校释:《老子道德经注校释》,中华书局2008年版,第351页。

明确提出人的异化问题："大道废，有仁义；智慧出，有大伪；六亲不和，有孝慈；国家昏乱，有忠臣。"①（《老子·第十八章》）并为此开出无为而治、"小国寡民"药方。庄子则一方面主张"不遣是非，以与世俗处"，另一方面主张"不为物所役""齐万物""齐物我""无待""无己"，最终实现人精神上的自由与解放："逍遥游"；嵇康则主张不为名教所累，追求本真自由，提出"以六经为芜秽，以仁义为臭腐"②（《难自然好学论》）、"越名教而任自然"③（《难自然好学论》）等主张。可见道家不同儒家，它以出世的方式，从追求个人的本真自由方面发展传统文化中的人本思想，恰可弥补儒家这方面的不足。

墨家的人本思想主要有："兼相爱""交相利""非攻""兴天下之利，除天下之害"等，与儒家人本思想相近，但有很强的平民色彩，可惜其最终走向"尚同"，走向君主专制，违背了"以人为本"初衷。

总之，陆贾"得之于民"思想是对先秦儒、道、墨等诸子民本思想的继承与发展，因为无论"爱民、裕民、富民"，还是"齐万物""齐物我""无待""无己"，抑或"兼相爱""交相利""非攻""兴天下之利，除天下之害"等治国主张，最终还要得到人民支持，唯如此方能长治久安，实现统治者的治国理想。

科学发展观是"以人为本"的发展观，以满足人的全面需求和促进人的全面发展作为经济和社会发展的根本出发点和落脚点。这就要求党员干部坚持以最广大的人民群众的根本利益为本，切实解决人民群众最关心、最迫切的实际问题，真正确立"权为民所用，情为民所系，利为民所谋"的意识，做到发展为了人民、发展依靠人民、发展成果由人民共享。可见，科学发展观作为根本的治国之道，其最终是为了人，是"以人为本"。它与陆贾治道中的"得之于民"的治道目标论存在重要渊源关系。换言之，"得之于民"的治道目标论对落实"以人为本"发展观有重要启示：

首先，要注重服务对象的全体性，关注绝大多数普通百姓的利益，如此方能真正落实"得之于民"主张。改革开放这30多年，是人民得到实惠最多的30多年，但也须看到在成果分配方面存在较严重不平衡，出现较严重的贫富分化，导致民怨增加。陆贾的"得之于民"治道目标论启示我们始终把"人民高兴不高

---

① ［三国］王弼注、楼宇烈校释：《老子道德经注校释》，中华书局2008年版，第310页。
② 戴明扬撰：《嵇康集校注》，人民文学出版社1962年版，第258页。
③ 戴明扬撰：《嵇康集校注》，人民文学出版社1962年版，第260页。

兴、人民满意不满意、人民赞成不赞成"作为检验各项工作得失的最根本标准，真正关注绝大多数普通百姓的利益，如此方能解决此难题。

其次，要注重人的需求的全面性，不但要注重人的物质需求，还要注重其精神需求。改革开放以来，我们在满足人民物质需求方面成就举世瞩目，但也出现经济发展与道德滑坡二离背反，这说明我们在满足人民精神需求方面还做得不够。而陆贾继承孔子的民本思想，强调儒家"道德导向无为"，不但"富之"，满足人民基本物质需求，更应"教之"，满足其精神需求，如此方能长治久安。这对如何防止物质文明与精神文明一手硬一手软，真正落实"以人为本"发展观的有重要启示。

最后，要注重人的自由与解放，关注人的全面发展。随着工业化进程的加速，人的片面发展问题日益严重，马克思100多年前所痛斥人的异化现象也都在我国出现。故避免人的异化，实现人的自由全面发展，是落实科学发展观的必然要求。何谓"异化"，按照马克思的观点：它同阶级一同产生，是人物质生产和精神生产及其产品异化成异己力量，反过来统治人的一种社会现象。而早在1000多年前，陆贾就看到这个问题，并提出解决之策。陆贾认为设计造物本是造福人，满足人的正当合理需求，实现人与人、人与自然和谐，即"设计和谐"。但后世其却成为统治阶级压迫剥削人民的帮凶，导致人与人、人与万物、人与自然关系紧张，即"设计冲突"。造福于人的设计异化成祸害于人的异己力量，完全违背了先圣设计发明的初衷，这就是"设计异化"。那么，如何解决这个问题呢？陆贾提出："故圣人卑宫室而高道德，恶衣服而勤仁义，不损其行，以好其容，不亏其德，以饰其身，国不兴不事之功，家不藏不用之器，所以稀力役而省贡献也。"①（《新语·本行》）在此陆贾提出"家不藏不用之器""省贡献"等观点，无疑是落实"得之于民"，医治"设计异化"，实现人全面发展的药方。这对当前如何防止人的异化，落实"以人为本"，实现人的自由全面发展依然有重要借鉴意义。

当然，"得之于民"的治道目标论也有其历史局限性。首先，其立场多是官本位，是站在统治阶级的立场来谈"得之于民"。尽管其强调"得民"是其目标，但"得民"最终还是为了维护其统治。故从终极目标来说，"得之于民"是手段而非目标；而科学发展观与之完全相反，其是目标而非手段。其次，陆贾的"得之于民"强调的是统治阶级如何得到民众支持，为此就替民作主，为民作

---

① 王利器撰：《新语校注》，中华书局2012年版，第167页。

主,而非由民作主,其实质是专制而非民主,与现代民主精神完全是两码事,与今天科学发展观中的"以人为本"尚有很大差距。总之,要实现"以人为本"的发展观,一方面须对陆贾"得之于民"的传统治道目标论进行扬弃与超越,另一方面更须对马克思的"人的全面、自由发展"思想、毛泽东的"为人民服务"思想,以及江泽民的"三个代表"重要思想继承与发展。

三、"统变贵和"治道方法论有启如何践行科学发展观

治道方法论即实现治道目标的根本方法。陆贾强调"统变贵和",认为如此方能统筹权变,和则安人,最终实现"得之于民"的治道目标。故"统变贵和"是中国传统治道的方法论。可见,在陆贾治道中,"天人合策"是本源,"得之于民"是目标,而"统变贵和"则是源自本源,实现目标的根本方法。陆贾说:"夫驴骡骆驼,犀象瑇瑁,琥珀珊瑚,翠羽珠玉,山生水藏,择地而居,洁清明朗,润泽而濡,磨而不磷,涅而不淄,天气所生,神灵所治,幽闲清净,与神浮沉,莫不效力为用,尽情为器。故曰,圣人成之。所以能统物通变,治情性,显仁义也。"①(《新语·道基》)可见:万物之所以能"莫不效力为用,尽情为器"重要原因是因为"圣人成之"。而圣人之所以能做到这点是因为"能统物通变,治情性,显仁义也",即根据万物的不同物性进行通变,并在这个过程中修炼情性,显示仁义。即圣人在"统物通变""圣人成之"的设计造物中显示仁义;换言之,仁义是其设计造物所贯彻的基本原则,即"以仁为本"。故能使万物"莫不效力为用,尽情为器",既满足人的需求,又使人与万物和谐,最终实现"设计和谐"。可见,"贵和"是陆贾治道的重要主张。在这陆贾实提出两层含义:"统物通变"与"贵和"。所谓"统物通变"即悉察天文、地理、人事,根据情况变化而变通,反对墨守陈规、食古不化。《史记·郦生陆贾列传》:"陆生时时前说称诗书。高帝骂之曰:'乃公居马上而得之,安事诗书!'陆生曰:'居马上得之,宁可以马上治之乎?且汤武逆取而以顺守之,文武并用,长久之术也。昔者吴王夫差、智伯极武而亡;秦任刑法不变,卒灭赵氏。乡使秦已并天下,行仁义,法先圣,陛下安得而有之?'"② 在此陆贾指秦败亡的根本原因就在不能"统物通变",逆取顺守,实现"管理移位":实现从战时的以法家严刑竣法治国到

---

① 王利器撰:《新语校注》,中华书局2012年版,第27页。
② [西汉]司马迁撰:《史记》,中华书局1959年版,第2699页。

战后的以儒家"仁义为本""无为为用"治国转变。所谓"贵和"亦即"和为贵",陆贾治道的核心是"仁义为本""无为为用",其本质则是和谐治理,简称"和治",其目标即构建和谐社会,故"贵和"是其治道主轴与精华。

那么"统变"的目的是什么呢?和谐。陆贾的"贵和"思想实是对传统和谐思想的继承与发展。中国传统文化非常重视和谐,即"贵和"。《论语·学而》:"礼之用,和为贵。"① 老子:"万物负阴而抱阳,冲气以为和。"②(《老子·第四十二章》)孟子:"天时不如地利,地利不如人和。"③(《孟子·公孙丑下》)"贵和"思想十分重视宇宙自然和谐,人与自然和谐,特别是人与人之间和谐。因为和则安人,只有"贵和"方能最终实现"以人为本"。那么,如何做到"和"呢?孔子说:"君子和而不同,小人同而不和。"④(《论语·子路》)可见"和"与"同"不一样,"和"是有对立的统一,而"同"是无差别的统一,实是和稀泥而非"和"。孔子还提出"和必中节"观点,他说:"有所不行,知和而和,不以礼节之,亦不可行也。"⑤(《论语·学而》)即就算追求"和"也必须遵循一定的规范和度,不能过"犹不及",否则就是和稀泥。而要达到"和"还须化解矛盾,为此张载提出"仇必和而解"的主张,他说:"有象斯有对,对必反其为,有反似有仇,仇必和而解。"⑥(《张子正蒙·大和》)即矛盾必然通过和谐共存而非你死我活斗争的方式而得到解决。而要"仇必和而解"就须推己及人,换位思考,这就是孔子所说的"己所不欲,勿施于人"⑦(《论语·卫灵公》)、"己欲立而立人,己欲达而达人"⑧(《论语·雍也》)。总之,"统变"是手段,"贵和"是目标,二者最终是为了"安人"亦即"以人为本"。

"统变贵和"的治道方法论对今天如何践行科学发展观有重要启示。

胡锦涛说:科学发展观,第一要务是发展,核心是以人为本,基本要求是全面协调可持续发展,根本方法是统筹兼顾。那么如何做到统筹兼顾,从传统治道的角度看,关键应做到"统变贵和"。因为"统变"方能统筹各方面的因素,"贵和"方能兼顾各方面的利益。"统变贵和"是古代调节社会矛盾使之达到中

---

① 程树德撰:《论语集释》,中华书局2010年版,第46页。
② [三国]王弼注、楼宇烈校释:《老子道德经注校释》,中华书局2008年版,第29页。
③ [清]焦循撰:《孟子正义》,中华书局1987年版,第251页。
④ 程树德撰:《论语集释》,中华书局2010年版,第935页。
⑤ 程树德撰:《论语集释》,中华书局2010年版,第47页。
⑥ [北宋]张载撰:《张载集》,中华书局1978年版,第10页。
⑦ 程树德撰:《论语集释》,中华书局2010年版,第1106页。
⑧ 程树德撰:《论语集释》,中华书局2010年版,第428页。

和状态的具体方法。它要求根据外界环境的变化，统筹兼顾各方面的因素，进行变通，最终实现人身心、人与人、人与自然关系和谐。这种思想，表现在社会发展方面，要求针对当前国家经济正欲起飞，各方面矛盾凸显出来的现状，为防陷入"拉美陷阱"，应因时变通，实现从"效率优先，兼顾公平"转变为"效率与公平并重"，努力构建和谐社会，积极化解矛盾，减少不和谐因素，缩小城乡地区差别和贫富差距，建立完善的社会保障制度，维护和实现社会公平正义，在经济发展基础上促进社会全面发展。由此可见，"统变贵和"的治道方法论，对如何践行科学发展观有重要启示。

"统变贵和"的治道方法论要求践行科学发展观时统筹变通。毫不夸张地说，中华人民共和国成立以来，我们在发展中所遇到的问题几乎都与违背"统变贵和"的方法论有关。强调"抓革命、促生产"，强调以阶级斗争为纲，不能及时实现从革命到建设的转变。党的十一届三中全会后，邓小平同志拨乱反正，实现从"阶级斗争为纲"到"以经济建设为中心"、改革开放的伟大转变。其特点一是注重经济发展，二是注重公平。正如邓小平所说：社会主义的本质是解放生产力、发展生产力，消灭剥削，消灭两极分化，实现共同富裕。30多年来，中国经济高速发展，人民生活水平显著提高，社会整体才日渐和谐。但是，我们在落实改革发展观时却没很好遵循邓小平的教导，"矫枉过正""过犹不及"，过于追求经济发展，忽略理想、信仰；过于追求效率，忽略公平，导致今天出现发展困境：经济与道德、效率与公平二离背反等。之所以出现以上问题，根源也在于违背"统变贵和"治道方法论。正是没能"统变贵和"我们才没能正确统筹效率与公平、理想与现实、物质文明与精神文明之间的关系，也才导致社会各种矛盾凸显出来。

"通变贵和"的方法论要求践行科学发展观时要构建和谐社会。构建和谐社会是科学发展观的重要内容。如何构建和谐社会不仅是个理论认知问题，更是具体落实方法问题。毛泽东时代主张"以阶级斗争为纲"，试图以斗争的方式来解决矛盾和冲突，结果是人与人关系极度紧张。改革开放以来，我们抛弃"以阶级斗争为纲"的极左路线，坚持"以经济建设为中心""效率优先，兼顾公平"，取得举世瞩目的成就，但也付出两极分化，人与人、人与自然关系恶化的代价。故构建和谐社会也就成为落实科学发展的重要内容。"统变贵和"强调因时权变，反对固步自封，强调"和为贵""和而不同""仇必和而解"，强调以"和"来化解冲突，反对以"仇"或者说斗争方式作为解决之道，对如何构建和谐社会有重要的方法论意义。

当然"统变贵和"也有消极的一面：尽管"统变"本意是"统筹变通"，完全是正面的，但后人却有受此影响，不顾条件求变，如毛泽东时代，不断变更生产关系，以求跑步进入共产主义，其结果是欲速不达。"贵和"本无和稀泥意思，但后人却有为和而和，为了一团和气，是非不分，甚至丧失原则，完全违背孔子"和而不同""和必中节"的初衷。这些都是在借鉴"统变贵和"治道方法论，践行科学发展观时所应扬弃和超越。当然，落实科学发展除要借鉴超越"统变贵和"外，同样更要继承与发展马克思主义唯物辩证法、毛泽东的《矛盾论》《正确处理人民内部矛盾》《论十大关系》及邓小平的《解放思想，实事求是，团结一致向前看》等著作中的方法论。

须指出：科学发展观作为重要治国之道既是对新时期发展过程中所出现的诸多问题的应对之道，也是对马列主义、毛泽东思想、邓小平理论和"三个代表"重要思想的继承和发展，同是也深深植根传统治道土壤中。本着"吸其精华，弃其糟粕，古为今用"的原则，发掘陆贾的治道智慧，继承并超越之，对如何学习和践行科学发展观，无疑有重要的理论价值和实践意义。

第二节 有启构建和谐社会[①]

当前探讨如何化解社会矛盾，构建和谐社会的理论文章很多，但却鲜有从"设计异化"的视角探讨之。所谓"设计异化"即设计由造福人异化成祸害人，是化解社会矛盾、构建和谐社会亟待解决的难题。

《新语》是政论，主要是治国思想，但其中包含深刻的设计智慧，涉及设计异化问题：何谓"设计异化"；"设计异化"产生的重要原因："以人为本"[②]；解决的对策："以仁为本"等。故其不但"似亦有启文、景、萧、曹之治者"，同样何曾不也有启当代设计，对如何构建社会主义和谐社会有重要价值："以人为本"是导致其误区，"以仁为本"是化解其出路。为此，就须实现设计理念的伟大变革：从"以人为本"转为"以仁为本"，即从当前以人为中心，仅关爱人

---

① 本节是广州美术学院课题"红色设计学——思想政治教育与设计学融合的可能性研究"的研究成果。
② 科学发展观中的"以人为本"与设计中的"以人为本"含义有较大区别。在科学发展其完全是褒义，值得肯定。在设计中绝大多数人只看到其正面作用，而忽略其负面作用。事实上它应有褒有贬，一方面，它可促进"设计和谐"，值得肯定；另一方面，它也可导致"设计异化"，无疑应否定。

及其需求，转为不仅"亲亲"：关爱用户及其需求，还须兼顾并推及"仁民爱物"：关爱他人、人类，关爱万物、自然；最终实现"人心"（人内心）、"人我"（人与人）、"人物"（人与其他物种、人与产品）、"天人"（人与自然）四重合谐，即"设计和谐"。这无疑对如何构建和谐社会提供了新思路。

一、"设计异化"：构建和谐社会亟待解决的难题

陆贾说："天下人民，野居穴处，未有室屋，则与禽兽同域。于是黄帝乃伐木构材，筑作宫室，上栋下宇，以避风雨。"①（《新语·道基》）又说："川谷交错，风化未通，九州绝隔，未有舟车之用，以济深致远；于是奚仲乃桡曲为轮，因直为辕，驾马服牛，浮舟杖楫，以代人力。"②（《新语·道基》）"伐木构材，筑作宫室，上栋下宇""桡曲为轮，因直为辕"即设计发明。所谓设计即设想、运筹、计划与预算，是人类为实现某种特定目的而把自己的意志加在自然界之上，用以创造人类文明的一种广泛活动。在这陆贾指出：黄帝、奚仲等先圣设计制造宫室、舟车，其目的是改善人的生存环境，造福人类，实是满足其正当合理（生活必需品）需求，实现人与自然和谐。（那种完全反设计，以致甚至连人基本正当合理需求都忽视，不是人和自然和谐，而是冲突）但后世发展却违背了先圣设计发明的初衷："鲁庄公一年之中，……刻桷丹楹，眩曜靡丽，收民十二之税，不足以供邪曲之欲，缮不用之好，以快妇人之目，……于是为齐、卫、陈、宋所伐，贤臣出，邪臣乱，子般杀，鲁国危也。"③（《新语·至德》）"秦始皇骄奢靡丽，好作高台榭，广宫室，则天下豪富制屋宅者，莫不仿之，设房闼，备厩库，缮雕琢刻画之好，博玄黄琦玮之色，以乱制度。"④（《新语·无为》）在此陆贾指出：鲁庄公、秦始皇等统治者放纵私欲，"兴筑作""刻桷丹楹，眩曜靡丽""好作高台榭，广宫室"，其设计造物结果造成"上困于用，下饥于食"的君民冲突。而空前强大的秦帝国很大程度就是因设计建造阿房宫、秦皇陵、万里长城所导致的君民冲突而二世而亡。在此，陆贾已涉及人类亟待解决的难题："设计异化"。何谓"异化"，按照马克思的观点：是同阶级一同产生，是人物质生产和精神生产及其产品变成异己力量，反过来统治人的一种社会现象。先圣设计发

---

① 王利器撰：《新语校注》，中华书局2012年版，第13页。
② 王利器撰：《新语校注》，中华书局2012年版，第16页。
③ 王利器撰：《新语校注》，中华书局2012年版，第138–139页。
④ 王利器撰：《新语校注》，中华书局2012年版，第77页。

明本是造福人，满足人正当的合理需求，实现人与人、人与自然和谐，即"设计和谐"。但后世其却成为满足人不合理需求或者说纵欲的帮凶，导致人与人、人与万物、人与自然关系紧张，即"设计冲突"。"设计和谐"的目标却产生"设计冲突"的结果，造福人的设计异化成祸害人的异己力量，完全违背先圣设计发明的初衷，这就是"设计异化"①。

当前，随着人类设计能力的不断发展，其在满足人类需求，促进社会和谐方面的作用越来越大，与此同时其副作用："设计异化"也愈演愈烈，对人与自然的伤害也已到难以承受的程度，主要表现如下：

其一，加剧"天人"冲突，即加剧人与自然的冲突。随着人设计能力的发展，人类征服自然、改造自然的能力迅速强化，凭借这种能力，人向自然索取资源达到前所未有程度；同样人对自然倾泻人造物（废气、废水、废料、废产品等）也达到前所未有程度，这就必然导致和加剧资源枯竭、环境破坏、生态失衡。如：今天为什么会全球变暖？因为我们设计制造大量工业产品，如汽车等，排放大量废气、废热；今天为什么会那么多河流湖泊被污染？同样因为设计制造大量产品时排放大量废水。这正如尹定邦所说："千万年来，我们把清洁的空气和无污染的水认为是理所当然，并且永远不变的。然而，现在这一切都发生急剧变化，当然，产生有害空气及被污染的河流湖泊的原因是复杂的，但是，通常工业设计师和工业及其他引发事物，对这一惊人的变故同时负有不可推卸的责任。"② 在此尹定邦明确指出设计是加剧"天人"冲突的罪魁祸首之一。

其二，加剧"人物"冲突，即加剧人与万物及人与设计产品的冲突。人与动物的最大区别在于人能设计制造工具，动物不能。今天随着人设计造物能力的强化，任何体格强壮的动物，在与人竞争中都不堪一击，人可以轻而易举灭绝许多珍稀物种。今天为什么许多物种已灭绝，或者濒临灭绝？重要原因是人设计造

---

① 其实早在2000多年前墨子就早已意识到"设计异化"的存在："古之民未知为舟车时，重任不移，远道不至。故圣王作为舟车，以便民之事。……故法令不急而行，民不劳而上足用，故民归之。当今之王，其为舟车与此异矣。完固轻利皆已具，必厚作敛于百姓，以饰舟车，饰车以文采，饰舟以刻镂。女子废其纺织而修文采，故民寒；男子离其耕稼而修刻镂，故民饥。"（《墨子·辞过》）墨子认为：古之圣王设计造物就是为了"便民"，满足人的正当合理需求，所以才会"民不劳而上足用"即百姓不劳累而统治者财用充足。可见这种设计是统治者与被统治者利益都得到满足，故两全其美，皆大欢喜，实乃"设计和谐"。反之，"当今之王"设计造物则是为了个人文饰之好，追求不合理需求或者说纵欲，故不惜"厚作敛于百姓"，导致"民寒""民饥"。可见统治者文饰之好的满足是在牺牲百姓利益为代价，必然导致即统治者与被统治者之间的利益冲突，此实乃"设计冲突"。"便民"的设计异化成祸民的工具，此即"设计异化"。可见，"设计异化"由来已久，是人类亟待解决的难题。

② 尹定邦著：《设计学概论》，湖南科学技术出版社2003年版，第212页。

物能力飞速发展。另外，随着人设计造物的发展，各式各样产品如雨后春笋般冒出，以满足不同人的不同需求。其后果是：首先，人身心退化，对产品依赖空前强化，无法设想这些产品一旦出故障人将如何生存与生活，如曾经引起广泛担忧的网络"千年虫"就说明这点。其次，许多产品本身有严重副作用，如网络导致某些青少年上网成瘾，某些不良动漫导致某些青少年暴力犯罪，等等。最后，许多产品（尤其是一次性产品）不可回收再用，报废后不知如何处置，往往造成二次污染，如我们设计制造大量塑料袋等塑料产品，由于不能回收又难以降解，直接导致白色污染等，都说明设计也加剧了人与产品的冲突。

其三，加剧"人我"冲突，即加剧不同人群的冲突。人类设计造物能力的发展加速了社会财富生产，提高了人们生活水平，但同样也加速了财富集中，加剧了贫富分化。而贫富分化历来是社会冲突的根源，因为中国历来是"不患寡而患不均"①（《论语·季氏》）。另外，设计还助长富人奢侈享乐，使贫富分化光天化日化。如一方面是强势人群的奢侈设计，另一方面却是弱势人群的许多基本设计需求都无法满足，这往往成为冲突的导火线。这种冲突可归纳为发达国家与发展中国家、城里人与乡下人、富人与穷人以及当代人与子孙后代的冲突等。如：在中国当前设计的主要服务对象是占总人口30%的市民，而非占70%的农民，故一方面是农民迫切需要却缺乏设计服务，另一方面市民面对琳琅满目的设计产品却因如何挑选而犯愁，这无疑加剧了城乡冲突。再如：当前北京、上海、深圳等大都市，一方面是为富人设计建造的高档小区拔地而起，另一方面却是许多穷人无立锥之地，这无疑又加剧了贫富冲突。

其四，加剧"人心"冲突，即加剧人内心世界的冲突。其实早在先秦时期庄子就认识到设计会引起"人心"冲突：子贡见一丈人"抱瓮而出灌"，就向他推荐一名为"槔"的提水工具，不想丈人忿然作色而笑曰："吾闻之吾师，有机械者必有机事，有机事者必有机心。机心存于胸中则纯白不备。纯白不备则神生不定，神生不定者，道之所不载也。"②（《庄子·天地》）丈人认为"槔"这类设计产品使人"纯白不备则神生不定"，即使人心神不宁，产生"人心"冲突。今天随着人设计造物能力的发展，"人心"冲突大有愈演愈烈之势。人们似乎迷信设计万能：只要有需求，设计自然能满足，于是人欲狮子大开口；但设计造物能力发展再快也不可能有人欲望无限膨胀快。故设计一方面极大地满足了物欲，但

---

① 程树德撰：《论语集释》，中华书局2010年版，第1137页。
② [清] 郭庆藩撰：《庄子集释》，中华书局2003年版，第433页。

另一方面也无限刺激、膨胀了物欲，使之更欲壑难填，导致人一直生活在更不满足状态，内心更无法平静与和谐。另一方面，无限追求设计产品的满足，却不得不担忧因此而导致的"设计异化"。故灵与肉、理性与情欲一直处在矛盾中，加剧了"人心"冲突，这也是为什么今天物质水平达到前所未有的高度，但许多人却感觉幸福指数不升反降的重要原因。

而防止"设计异化"，化解以上"天人""人物""人我"及"人心"冲突则是构建社会主义和谐社会亟待解决的难题。何谓和谐社会？胡锦涛在《中共中央关于构建社会主义和谐社会若干重大问题的决定》中指出："我们所要建设的社会主义和谐社会，应该是民主法治、公平正义、诚信友爱、充满活力、安定有序、人与自然和谐相处的社会。"① 可见，社会和谐是中国特色社会主义的本质属性。"民主法治、公平正义、诚信友爱、充满活力、安定有序"强调的是人与人及人与社会和谐，"人与自然和谐相处"强调是人与自然和谐。可见，和谐社会主要包括两层含义：人的和谐、人与自然和谐。再细分其实就是前面所提到的"人心""人我""人物""天人"四重和谐。至于如何构建和谐社会，许多人分别提出：加强社会事业建设，制度建设，和谐文化建设，完善社会管理，激发社会活力，实施可持续发展，坚持和平崛起等举措原则。但具体从设计角度，探讨如何构建和谐社会，至今尚罕见。其实，防止"设计异化"、实现"设计和谐"，既是构建和谐社会的应有内容，更是构建其的重要举措，故其是构建和谐社会无法回避、必须解决的难题。

当今社会已进入"设计人"时代，设计对社会有广泛而深远影响。尹定邦说："设计其实就是人类把自己的意志加在自然界之上，用以创造人类文明的一种广泛的活动。"② 设计是重要的生产力，是人类文明的重要推力，正是它推动了人类社会依次从"政治人"时代、"经济人"时代、"文化人"时代再演化成今天的"设计人"时代。今天，人无时不生活在设计环境中，设计对社会的影响也无处不在：从城市到乡村，从办公室到家庭等；从经济到政治，从文化到生态等；从物质层面到精神层面等；设计都广泛影响着人与人、人与社会、人与自然的关系。而这种影响又是根本性的，其程度之深再怎么说都不为过：设计是物质生产和精神生产的源，而不是流；是其本而不是末，它从源头或者根本对社会

---

① 胡锦涛：《中共中央关于构建社会主义和谐社会若干重大问题的决定》，见新华网，2006 年 10 月 18 日。

② 尹定邦著：《设计学概论》，湖南科学技术出版社 2003 年版，第 209 页。

和人类产生深远影响。故设计决定企业存亡、国家兴衰、社会和谐与否，绝非夸大其词。

设计从源头、根本上影响和谐社会的构建。"设计和谐"既是构建和谐社会的应有内容，更是构建和谐社会重要手段。它通过绿色设计、可持续设计，满足人合理的物质需求，实现人与自然的和谐；通过普及大众产品，引导和谐文化和精神，实现人与人、人与社会和谐；通过在产品贯彻艺术理念，实施广泛美育影响，实现人身心和谐。故其在构建和谐社会中具有举足轻重的作用和意义。正如李公明所说："设计是促进和谐社会最重要的生产力。"① 但也必须看到设计是柄双刃剑，它既可以从源头、根本上实现"设计和谐"、构建和谐社会，但也可以从源头、根本上导致"设计异化"，破坏和谐社会的构建。故设计既可是构建和谐社会的重要推手，也可以成为破坏和谐社会的元凶。这正如国际工业协联合会（ICSID）第十一届年会大会主席彼得·拉米兹·瓦茨贵兹（Pedro Ramirez Vazquez）所说的那样："设计作为人类发展的重要因素，既可能成为人类自我毁灭的绝路，也可能成为人类达到一个更加美好的世界的捷径。"②

二、"以人为本"：导致"设计异化"的误区

那么，怎样防止"设计异化"、构建和谐社会呢？陆贾说："故地封五岳，画四渎，规洿泽，通水泉，树物养类，苞殖万根，暴形养精，以立群生，不违天时，不夺物性，不藏其情，不匿其诈。故知天者仰观天文，知地者俯察地理，跂行喘息，蜎飞蠕动之类，水生陆行，根著叶长之属，为宁其心而安其性，盖天地相承，气感相应而成者也。"③（《新语·道基》）陆贾认为先圣对待万物是以"不违天时，不夺物性"为前提，以"仰观天文，俯察地理"为方法，故能"宁其心而安其性"，实现人与物（万物）、人与天（自然）的和谐。而后世之人则相反："铄金、镂木，分苞烧殖，以备器械，于是民知轻重，好利恶难，避劳就逸。"④（《新语·道基》）"后世淫邪，增之以郑、卫之音，民弃本趋末，伎巧横出，用意各殊，则加雕文刻镂，传致胶漆丹青、玄黄琦玮之色，以穷耳目之好，

---

① 李公明著：《设计促进和谐社会》，金羊网，2005-07-22。
② 尹定邦著：《设计学概论》，湖南科技出版社2003年版，第213页。
③ 王利器撰：《新语校注》，中华书局2012年版，第6、7、8页。
④ 王利器撰：《新语校注》，中华书局2012年版，第18页。

极工匠之巧。"①(《新语·道基》)可见,后世设计造物则以"好利恶难,避劳就逸","以穷耳目之好"即以纵欲为目标,为满足这种欲望,也就必然导致其违背先圣效法天地,"不夺物性"的设计前提,导致"设计异化"。而这种为了满足人(个体、群体、人类)需求,不惜把自己凌驾于他人、天地万物之上的设计其实就是"以人为本"设计。"以人为本"易导致两大趋势:一类是以人类为本,以满足人类需求为目标,走向人类中心主义;另一类是以特定人为本,亦即以细分用户为中心,以满足特定个体、群体需求为目标,走向个人主义。二者都会导致"设计异化",妨碍和谐社会构建。

"以人为本"取代"以物为本"是设计理念的伟大变革。管仲早在2000多年前就最早提出了"以人为本"的主张:"夫霸王之所始也,以人为本,本理则国固,本乱则国危。"②(《管子·霸业》)孟子则倡导:"民为贵,社稷次之,君为轻。"③(《孟子·尽心下》)荀子则主张:"天之生民,非为君也,天之生君,以为民也。"④(《荀子·大略》)可见,在中国传统文化中,"以人为本"本是一种治国理念,即强调一切为了人,一切依靠人,切实以人作为考虑一切问题的根本和最终目标。当前"以人为本"又演化成重要的设计理念,何谓"以人为本",设计界众说纷纭:或强调人性化设计,满足人的安全、舒适、便利、情感需求,或呼吁设计为公众服务,等等,但基本都从不同角度作了肯定解读;但通常认为其共性是:设计的目标是人不是物,设计以人为中心,以满足人的需求为目标,是以人为衡量一切事物之标准的人本主义思潮在设计中的体现。正如李砚祖所说:"从根本的意义上看,设计……是以人的需要的满足为目的的,最终是为人的设计而不是物的设计。设计是人学,是为人的服务学。"⑤尹定邦等说:"'顾客第一',设计师要以客户的利益和要求为最高目标,积极满足他们的欲望与需求。"⑥波兰工业设计师和理论家安德热·帕洛夫斯基甚至声称应由消费者主要决定设计产品的功能和意义。而"以物(建筑、产品、机器)为本"则强调尊重物性,注重设计产品的耐用性,在物质匮乏时代其存在意义很显著,其不足在于忽略人的因素,忽略人的舒适、安逸、情感需求,导致人在使用产品时不

---

① 王利器撰:《新语校注》,中华书局2012年版,第25页。
② 李山译注:《管子》,中华书局2009年版,第143页。
③ [清]焦循撰:《孟子正义》,中华书局1987年版,第973页。
④ [清]王先谦撰:《荀子集解》,中华书局1988年版,第504页。
⑤ 李砚祖著:《工艺美术概论》,山东教育出版社2002年版,第60—166页。
⑥ 尹定邦、陈汗青、邵宏著:《设计的营销与管理》,湖南科技出版社2003年版,第76页。

舒服、不和谐。"以人为本"正好弥补其这方面的不足，是满足人舒适、安逸、情感需求，实现人与产品和谐的重大发展，因此无疑是设计理念的伟大革命。

"以人为本"本身存在有助"设计和谐"的一面，但也有滑向"设计冲突"的隐忧。要正确理解"以人为本"，就必须搞清两层含义：首先，人性善恶。孟子认为人性本善，荀子则相反，认为："人之性恶，其善者伪也。"①（《荀子·性恶》）但他们都认为，通过后天环境，人都可能为善为恶。笔者认为生活中人有善恶之分，同一个人身上也有善（人性）恶（兽性）之分。故"以人为本"，既可是以善人为本，以善性为本，导致"设计和谐"；也可是以恶人为本，以恶性为本，产生"设计冲突"。其次，需求合理与否。人的需求有正当合理与非正当合理之争。今天我们所强调的设计"以人为本"，一方面极大地满足了人正当合理的需求，产生可喜的"设计和谐"，有利于构建和谐社会。另一方面由于社会环境人欲横流，致使其异化成追求不合理需求，或者说纵欲享乐，导致"设计冲突"，妨碍和谐社会构建。可见，"以人为本"其初衷是为了改变"以物为本"所导致人（使用者）物（设计产品）之间的不和谐，满足人正当合理需求，但在解决这一难题过程中，却"过犹不及"，产生心身、人我、人物、天人的新冲突。毫不夸张地说，现在某些设计往往打着"以人为本"的旗号，实质却是纵容恶性，鼓动追求不合理享受，完全违背"以人为本"的初衷。故某种程度说，对某些设计造物者来说"以人为本"实是"以利为本"；对某些使用者来说，其实是"以欲为本"。此外，纵使是为了满足人的正当合理需求，也不能违背先圣效法天地，"不夺物性"之设计前提，否则，在满足人正当合理需求，实现某方面"设计和谐"的同时，却可能在其他方面产生更多的"设计异化"或"设计冲突"，与构建和谐社会背道而驰。

须指出：设计并不必然加剧"人心""人我""人物""天人"冲突，"设计异化"的元凶不在设计，而在其理念。因为任何设计都是受设计理念指导。今天"设计异化"之所以会愈演愈烈，其深层原因就在指导它的设计理念："以人为本"有偏差，即其已异化成设计误区。从某种意义上说，它是设计加剧"设计冲突"，破坏社会和谐的罪魁祸首，下面从以下几个方面说明之。

首先，"以人为本"是设计加剧"天人"冲突的深层原因。设计之所以加剧人与自然的冲突，根本原因就在其理念"以人为本"，导致以人为中心，单纯追求其需要满足，走向人类中心主义，故不得不择手段不断向自然索取资源。我

---

① ［清］王先谦撰：《荀子集解》，中华书局1988年版，第434页。

们何苦要设计制造那么多工业产品，一则耗费资源，另则又破坏环境，深层因素就在"以人为本"，要满足人无限需求。而"以人为本"的最大问题就在把人凌驾于天地万物之上，把自然当作征服与掠夺对象。这样二者冲突加剧就在所难免。正如章利国说："面对日益严重的生态环境问题，越来越多的人认识到，设计和生产一味突出'以人为本'，单纯追求人的需要满足和生活水平提高，很容易带来一系列负面效应，反过来阻止以人为本设计的可持续性发展。"①

其次，"以人为本"也是设计加剧"人物"冲突的深层原因。设计本不必然导致人与万物冲突，但"以人为本"，将人凌驾于万物之上，则必然导致。人为什么要设计制造那么多耗能排废产品？某些人为什么要以珍稀动物的皮毛为设计对象？这都可能致使某些物种灭绝或濒临灭绝啊，其原因就在"以人为本"，将人凌驾于万物之上。同样，设计之所以也加剧人与产品的冲突，也在"以人为本"，在人五花八门、无限而无节制的需求与欲望，因为它，我们不得不设计出各种样式、层出不穷的新产品，才导致产品统治人、二次污染及其他严重的副作用。

再次，"以人为本"还是设计加剧"人我"冲突的深层原因。由于资源的稀缺性，匮乏的自然资源无法满足人类快速膨胀的无限需求。这导致其向外掠夺的同时，也不得不向内竞争，即不同人群为争夺有限的设计资源而竞争。正如章利国所说："这种'无限的需求'导致了消费的竞争。例如，美国一个国家的能源消费就是全世界不发达国家一百倍以上。"② 因此，兼顾他人需求往往可望而不可及。故"以人为本"，满足人的需求也就演化成以部分人即用户为本，满足用户的需求。而有钱有势的强势人群具有更强的购买力，故其又常异化成主要以强势人群及其需求为本。由于资源稀缺性，设计难免主要为用户、为强势人群服务，必然导致其为非用户、弱势人群服务份额大大减少。如前段时间深圳、上海等大都市，多数土地及设计师被用于设计建造高档小区，这就使设计建造经济适用房，满足中低收入者需求的资源大大减少，直接导致民怨沸腾。可以毫不夸张地说：当前设计主要为发达国家服务，忽略第三世界，集中为城里人服务，忽略乡村，主要为有钱人服务，忽略穷人，所导致的人我冲突，很大程度都是打着"以人为本"，满足人的需求的旗号下进行的。

最后，"以人为本"还是加剧"人心"冲突的深层原因。"以人为本"违背

---

① 章利国著：《现代设计社会学》，湖南科技出版社 2005 年版，第 65 页。
② 章利国著：《现代设计社会学》，湖南科技出版社 2005 年版，第 209 页。

传统的"天人合一"智慧,将人凌驾于天地之上,无限膨胀人的贪欲,导致两大误区,一是以人类为本,以满足人类的设计需求为目标,走向人类中心主义;二是以特定人为本,亦即以细分用户为中心,以满足特定个体、群体设计需求为目标,走向个人主义。其结果是一方面人的设计欲望无限膨胀,人的设计期望值无限高胀;另一方面却因此导致"人我""人物""天人"冲突空前加剧。这也是为什么设计会激化灵与肉、理性与情欲矛盾,加剧"人心"冲突的根本原因。

当前设计界普遍主张:设计应"以人为本",设计的目标就是满足人需求。陆贾的设计智慧告诉我们,这个观点虽有一定道理,却有严重局限性,从某种程度上说它已成为一个误区,正是它导致"设计异化"与"设计冲突",妨碍和谐社会构建。故笔者认为设计的目标不应只是满足人的需求,而是和谐,是满足人的正当合理需求,实现"人心""人我""人物""天人"四方面的和谐,即"设计和谐"。唯如此方能构建和谐社会。

三、"以仁为本":解决"设计异化"的出路

如何防止"设计异化"、实现"设计和谐",构建和谐社会呢?陆贾说:"夫驴骡骆驼,犀象瑇瑁,琥珀珊瑚,翠羽珠玉,……,莫不效力为用,尽情为器。故曰,圣人成之。所以能统物通变,治情性,显仁义也。"①(《新语·道基》)这与《考工记》所主张的"天有时、地有气、材有美、工有巧,合此四者然后可以为良"的造物原则是一致的。其中"圣人成之"即"工有巧","成之"和"巧"即设计造物。可见,万物之所以能"莫不效力为用,尽情为器"的重要原因是"圣人成之"也即"工有巧"。而圣人之所以能做到这点是因为"能统物通变,治情性,显仁义也",即根据万物的不同物性进行通变,并在这个过程中修炼情性,显示仁义。即圣人在"统物通变""圣人成之"的设计造物中显示仁义;换言之,仁义是其设计造物所贯彻的基本原则,即"以仁为本"。故能使万物"莫不效力为用,尽情为器",既满足人的需求,又使人与万物和谐,最终实现"设计和谐"。在此陆贾已暗示要实现"设计和谐"就必须遵循以"以仁为本"的设计理念。

"仁"是儒家最重要的概念。《论语·颜渊》:"樊迟问仁,子曰'爱人'。"②

---

① 王利器撰:《新语校注》,中华书局 2012 年版,第 27 页。
② 程树德撰:《论语集释》,中华书局 2010 年版,第 873 页。

即"爱人"是"仁"的核心含义;《中庸》:"仁者爱人,亲亲为大。"① 可见,"仁"的第一层含义是爱亲。《论语·学而》:"泛爱众,而亲仁。"② 即光爱亲尚不够,还须推己及人至爱大众,也即孟子所强调的"仁民"。《孟子·尽心上》:"亲亲而仁民,仁民而爱物。"③ 即光"亲亲""仁民"尚不够,还要推及"爱物"。显然儒家的"仁"是种由近及远、推己及人的"推爱",由爱亲推及爱普通大众,再推及爱万物。故一般认为"仁"包括三层意思:亲亲、仁民、爱物,实则是天人合一。但笔者认为"仁"还有一层含义往往被忽视,即"乐":仁者"与天地万物同体",最终能在"民胞物与""泛爱万物"的博爱中享受到内心最大快乐与和谐,故程颐说:"颜子所独乐者,仁而已。"④(《河南程氏外书》卷一)

所谓"以仁为本",即坚持儒家仁爱原则(亲亲、仁民、爱物、乐、天人合一),并以之贯彻到设计中,不但关爱用户,还推及关爱他人、关爱万物,关爱天地自然,最终达到"人心""人我""人物""天人"四重和谐。其实质就是防止"设计异化",实现"设计和谐",构建和谐社会。如果说"以物为本"是"正","以人为本"则是"反",二者都有优点,但都"过犹不及",那"以仁为本"则是"和",兼有二者的优点,却避免其不足,故其取代"以人为本",是继以"以人为本"取代"以物为本"后,设计理念的又一次伟大变革,对如何构建和谐社会有重要指导意义。

首先,须"亲亲",以用户为中心,关爱用户。用户是"设计人"的衣食父母,是其亲。从儒家"爱有差等"观点看,"以仁为本",首从"亲亲"开始,即从关爱用户开始,而关爱用户就须关爱其需求。而当前流行的"以用户为中心的设计"(user centered design,简称为 UCD)强调以用户为中心,从用户的需求和体验出发,进行体贴入微的设计,最大程度满足用户的物质与精神需求,它实是儒家"亲亲"精神在设计中贯彻。但是否关注用户需求就是其需要什么,就设计什么呢?显然不是。儒家"亲亲"含义之一是:"事父母几谏。"⑤(《论语·里仁》) 即父母有过,儿女应劝谏其改过。故对于用户不正当合理需求,"设计人"有义务进行正确引导、教育,使之确立绿色、环保、健康的消费观。

---

① [东汉]郑玄注、[唐]孔颖达疏、龚抗云整理、王文锦审定:《礼记正义》,北京大学出版社 2000 年版,第 1440 页。
② 程树德撰:《论语集释》,中华书局 2010 年版,第 27 页。
③ [清]焦循撰:《孟子正义》,中华书局 1987 年版,第 949 页。
④ [北宋]程颢、[北宋]程颐撰:《二程集》,中华书局 1981 年版,第 165 页。
⑤ 程树德撰:《论语集释》,中华书局 2010 年版,第 245 页。

遗憾的是，当今设计界很少有"事父母几谏"爱亲精神，而更多的是迎合、放纵甚至引诱用户从事不良消费，以便获得更大利益，这其实是最大的不仁，与构建和谐社会背道而驰。

其次，还要推及"仁民""泛爱众"，兼顾非用户的利益，关爱他人，关爱人类。儒家"仁"的可贵之处在于不局限于爱亲，还推广于爱大众，这要求设计不能局限于关爱用户，还须兼顾非用户亦即关爱他人、关爱人类。正如尹定邦所说："设计适销对路的产品，只可以说是设计师工作职责中的一部分，而设计师社会职责的内涵，比设计师工作职责的内涵还要深广得多。……用简单的一句话说：'为人类的利益设计'，是社会对设计师的要求，也是设计师崇高的社会职责所在，……"① 尹定邦强调不但要为用户"设计适销对路的产品"，还要"为人类的利益设计"，实则是儒家的"仁"从"亲亲"推及"仁民""泛爱众"的升华，是"以仁为本"的体现，也是防止"设计异化"，构建和谐社会的必然要求。而可持续设计强调从人和环境的和谐可持续发展出发，设计既能满足当代人的需要又兼顾保障子孙后代永续发展的需要，既满足用户需求，又兼顾非用户利益的产品、服务，最大程度上实现用户与非用户的和谐，它实是儒家"仁民""泛爱众"思想在设计中贯彻的结果，也是构建和谐社会的重要举措。

再次，还要推及"爱物"，兼顾其他物种种族生存权并爱惜物力。尹定邦所强调的"为人类的利益设计"同样"虽然没错，但却也未免过于狭隘"。设计人除有应有"为人类的利益设计"的社会职责，同样还须有敬天爱物，关爱其他物种种族生存权的生态职责、环境职责。可见，从"仁民"到"爱物"，是继"亲亲"到"仁民"后"仁"的再次升华。比如，今天我们之所以倡导低碳设计，重要原因就是防止全球变暖危及极地生物的生存，这其实就是儒家"爱物"精神在设计中的体现。此外，"仁"还有惜物、节俭的延伸含义，而汉初思想家陆贾早就认识到这点，他说："故圣人卑宫室而高道德，恶衣服而勤仁义，不损其行，以好其容，不亏其德，以饰其身，国不兴不事之功，家不藏不用之器，所以稀力役而省贡献也。"②（《新语·本行》）在此陆贾提出"家不藏不用之器""省贡献"的观点，认为是"勤仁义"的表现。其实墨子早于陆贾也提出类似观点："是故古者圣王制为节用之法，曰：凡天下群百工，轮车鞼匏，陶冶梓匠，

---

① 尹定邦著：《设计学概论》，湖南科学技术出版社2003年版，第209页。
② 王利器撰：《新语校注》，中华书局2012年版，第167页。

使各从事其所能曰：凡足以奉给民用则止，诸加费不加民利者，圣王弗为。"①（《墨子·节用中》）墨子在此明确提出"节用"设计伦理，和陆贾"省贡献"观点一样，都是强调要爱惜物力，这对当今设计有重要启示：首先，设计造物应有度，否则就是纵欲，浪费物力；为此就应反对奢侈设计，倡导节制的消费理念。其次，主张节俭消费，爱惜产品，应尽量延长其使用寿命，并使之报废后能回收利用；为此要反对一次性设计及一次性消费。

又次，还要"敬天爱人"，推及关爱、保护自然。设计不但要关爱用户、关爱他人、关爱万物，还须关爱天地自然。天地人是一体，人绝不能凌驾于天地之上。故设计关注人的利益不能以滥采滥伐，掠夺自然为前提，也不能以滥排滥放，破坏环境为代价。故章利国所说："着眼于人与生态环境（首先是自然环境）协调和谐的设计，乃是当今时代的呼唤。"② 而当前设计界大力倡导绿色设计（green design）也称生态设计、环境设计，与儒家"仁"所倡导的"敬天爱人"，关爱、保护自然的理念一脉相承，强调应将产品环境属性（可拆卸性、可回收性、可维护性、可重复利用性等）列为设计目标，保证产品应有的功能、使用寿命、质量的同时，减少环境污染、减小能源消耗，并使产品和零部件可回收循环或者重新利用。而上海世博会德国馆的设计堪称"敬天爱人"，关爱、保护自然的具体典范。围绕"低碳、和谐、可持续发展城市"这三大主题下，德国馆在节能环保设计方面下足功夫。如：外墙使用的是网状的、透气性能良好的革新性建筑布料，其表层织入一种金属性的银色材料。一则可对太阳辐射具有很高的反射力，为展馆遮阳；二则也可防止展馆内热气的聚积，减轻展馆内空调设备的负担；三则所有建筑布料皆可回收再用。

最后，要"仁而乐"，关注人内心世界和谐。不断设计出各种产品满足人的需求，并非就能提高幸福指数，正如纵欲最终并不能带来内心快乐与幸福。设计不能只关注人的物质欲望满足，还须关注其精神世界的快乐和谐，设计不应诱使人们纵欲，而应引导人们适度、健康、绿色消费，使人与人、人与物、人与自然和谐，最终也使人内心和谐，这种和谐的最高境界就是程颐所说的"仁而乐"。这也是防止"设计异化"，构建和谐社会的重要内容。而苏州园林之所以有"江南园林甲天下，苏州园林甲江南"美称，就在借鉴传统"天人合一"思想，"不

---

① ［清］孙怡让撰：《墨子间诂》，中华书局2001年版，第163页。
② 章利国著：《现代设计社会学》，湖南科技出版社2005年版，第111页。

出城郭而获山水之怡,身居闹市而有灵泉之致"。孔子曰:"智者乐水,仁者乐山。"①(《论语·雍也》)故身居闹市而有山林之乐,不离凡尘却可享和乐人生,是儒家"仁而乐"理念在设计中完美贯彻。而美国建设师 F.L. 赖特设计的"流水别墅"之所会成现代建筑的经典,也在其人与自然和谐:无论是裸露的岩崖,潺潺流下的瀑布,还是有雕塑感的片石墙,无不呈现了"天人合一"之境界,置身其中,无工业文明之喧嚣,有回归自然之悠然,与儒家"仁而乐"有异曲同工之妙,堪称完美家居之典范。

如何做到"以仁为本",防止"设计异化",构建和谐社会,任重道远,当前应首先从以下两方面努力:

第一,须对人进行"以仁为本"的设计伦理教育。陆贾说:"故上之化下,犹风之靡草也。……故君子之御下也,民奢应之以俭,骄淫者统之以理;未有上仁而下贼,让行而争路者也。故孔子曰:'移风易俗。'岂家令人视之哉?亦取之于身而已矣。"②(《新语·无为》)在此,陆贾强调"化":教化、教育的重要性,依然值得借鉴。当前,设计教育最大败笔在忽略设计伦理教育,设计发展与设计道德滑坡"二离背反"是不能忽略的事实。笔者所在的美术院校其设计走在全国前列,居然都没有开"设计伦理"课,窥一斑见全豹,可见设计伦理在中国的现状是何等难堪。故加强"以仁为本"设计伦理教育刻不容缓:首先要对用户进行教育,使他们明白,使用"以仁为本"的产品,从我做起,为人与人、人与物、人与自然和谐作贡献,是良好公民的基本道德素质。其次,要对公司、厂家这些设计生产单位进行教育,使其明白"以仁为本""义以生利"的设计伦理的重要性:公司、厂家只有注重"以仁为本",才能最终"义以生利",赢得用户;那种"见利忘义",违背"以仁为本"的厂家纵使赢一时之利,但最终会为社会唾弃。最后,要对设计师进行教育,要教育其坚持自己的设计良心,做到"义利合一",而不是"见义忘义"。为此,必须从学校开始,给"设计人"补上"以仁为本"的设计伦理课。

第二,须对违背"以仁为本"的设计进行惩治。儒家"仁"和"义"历来是联系在一起,何谓"义"?文化学者庞朴解为"合理的杀",即对不仁的行为进行惩治。"大义灭亲"的"义"就是此意。同样儒家例来强调"德主刑辅",在强调"德"即教化时,也不应因此忽略"刑"即刑罚,即对不仁的行为进行

---

① 程树德撰:《论语集释》,中华书局 2010 年版,第 408 页。
② 王利器撰:《新语校注》,中华书局 2012 年版,第 77-78 页。

惩治。正如陆贾所说:"夫法令所以诛暴也。"①(《新语·无为》)当今社会人欲横流,设计伦理说教往往显得苍白无力,要真正落实"以仁为本",还必须对违背它的设计进行惩治:一方面这要求政府完善设计立法,规范设计政策,对不仁的设计在法律、税收等各方面进行严格惩处。另一方面也要求全民参与,抵制不仁的产品,使之无利可图,方能正本清源,从根本杜绝其产生,实现"设计和谐",构建和谐社会。

总之,"设计异化"(设计由造福人异化成祸害人)是构建社会主义和谐社会亟待解决的难题。陆贾涉及"设计异化"命题,并看到"以人为本"是导致其误区,"以仁为本"是解决其出路。故有重要当代价值:要防止"设计异化"、构建和谐社会,就必须实现设计理念的伟大变革:从"以人为本"转为"以仁为本",即从当前以人为中心,仅关爱人及其需求,转为不仅"亲亲":关爱用户及其需求,还须兼顾并推及"仁民爱物":关爱他人、人类,关爱万物、自然;最终实现"人心"(人内心)、"人我"(人与人)、"人物"(人与其他物种、人与产品)、"天人"(人与自然)四重和谐,即"设计和谐"。这对如何构建社会主义和谐社会有重要启示。

第三节 有启创新当代设计管理

西方设计界有句名言:"好的设计意味着企业的成功。"撒切尔夫人也说:"英国可以没有政府,但是不可以没有设计。"设计决定企业成败,决定国家兴衰。因此,可以说"设计人"时代已经来临。而与此同时,"连结设计和管理之间的桥梁、集设计和管理两方面内容的一个门类——设计管理,已逐步凸显其重要性,成为企业经营发展、管理策略的一个重要部分"②。但设计管理作为一门新兴学科在中国却面临困境:首先,对管理学实行简单地拿来主义,用建立在"政治人"假设、"经济人"假设、"文化人"假设基础上的管理原理来管理今天的"设计人"行吗?其次,直接借鉴西方的设计管理理论来管理中国的"设计

---

① 王利器撰:《新语校注》,中华书局2012年版,第75页。
② 设计管理协会编、黄蔚等译:《设计管理欧美经典案例·译者序》,北京理工大学出版社2004年版。

人"是否会水土不服?显然前者回答是否定的,后者则是肯定的。那么应用什么样的理论来取代以上理论以指导当代设计管理管理实践呢?

陆贾提出"马上得天下,安能马上治之"的观点,使刘邦实现从以法家"严刑峻法"治国到以儒家"仁义为本""无为为用"的治国转变。其管理智慧包括:"统物通变"的管理权变、"仁义为本"的管理理念、"无为为用"的治理模式,等等。其优点在于:首先,能看到管理移位的必然性:由取天下到守天下,攻守异势、时代移位,故管理也必然要移位;其次,能指出正确移位的方向:把"仁义"和"无为"结合起来,取代法家的严刑峻法。故有人称其"似亦有启文、景、萧、曹之治者",同样何曾不也有启创新当代设计管理:首先,必须"统物能变",实行"管理移位",探索建构"设计人"管理理论,以之取代"政治人""经济人""文化人"管理理论,以指导今天的设计管理实践。其次,应坚持"仁义为本",实行人本管理,这是构建"设计人"管理理论的基本理念。最后,应坚持"无为为用",实行无为而治,这是构建"设计人"管理理论的重要模式。

一、"统物通变"的设计管理移位

(一) 从计划经济过渡到市场经济,设计绝对需要管理

所谓"统物通变"即悉察天文、地理、人事,根据情况变化而变通,反对墨守陈规、食古不化。陆贾说:"所以能统物通变,治情性,显仁义也。"①(《新语·道基》)而《史记·郦生陆贾列传》:"陆生时时前说称诗书。高帝骂之曰:'乃公居马上而得之,安事诗书!'陆生曰:'居马上得之,宁可以马上治之乎?且汤武逆取而以顺守之,文武并用,长久之术也。昔者吴王夫差、智伯极武而亡;秦任刑法不变,卒灭赵氏。乡使秦已并天下,行仁义,法先圣,陛下安得而有之?'"② 在此,陆贾指出秦败亡的根本原因就在不能"统物通变""逆取顺守",实现"管理移位",即从战时以法家严刑竣法治国到战后以儒家"仁义为本""无为为用"治国的转变。

随着从计划经济进入到市场经济,我国设计发生翻天覆地的变化。按吾师尹定邦的观点看,亦即从计划经济时的绝对服从和绝对自由两种设计转到市场经济

---

① 王利器撰:《新语校注》,中华书局2012年版,第27页。
② [西汉]司马迁撰:《史记》,中华书局1959年版,第2699页。

时的投入市场和脱离市场的两种设计。绝对自由设计是绝对服从设计的孪生姐妹，脱离市场的设计是绝对服从与绝对自由设计在新时期的变种，它们三者共同点是脱离市场。尹教授强烈呼吁设计应从脱离市场转到投入市场，并为此提出"设计移位"说。他说："这里说的移位是指从设计师的位置移到投资者、生产者、营销者、消费者及管理者位置上去，用他们的观点、方法、目的和追求来审视自己的设计，然后将他们的知识、技术、经验和智慧整合起来，使自己的设计提升到一个新的水平，使纵向竞争的各方面都感到满意或非常满意，使横向竞争的其他设计者难以夺走自己的设计机会，唯有如此，计划经济的设计和脱离市场的设计才可能真正投入到市场经济中来。"①

那么，尹定邦为什么强调"设计移位"呢？原因就在我国已由计划经济进入市场经济，"时代移位"了。按陆贾"统物通变"观点，"时代移位"了，管理同样也要移位。在此须指出：正是由于"时代移位"，导致"设计移位"，最终导致"设计管理移位"。问题是以前的设计基本不用管理，不用管理怎么移位呢？这种移位就是从"设计是艺术，不需要管理"移位为黄蔚所强调的：设计不同于艺术，绝对需要管理。② 亦即设计管理从"无"移位到"有"。③ 那种"老子凭设计打天下，要管理干嘛"的观点，与刘邦的"乃公居马上而得之，安事诗书"想法何其相似，说到底都是因为没能"统物通变"，没看到"时代移位"了，管理也要移位。所幸的是刘邦最终接受陆贾的意见，实现了"管理移位"，今天的设计人也须效法刘邦，认识到"统物通变"的重要性，实现"管理移位"。

而以用户为中心的一体化新产品开发，其实就是整合不同领域、协调不同领域的人才共同开发产品，其实就是落实尹定邦的"设计移位"说，只不过尹教授强调的是设计师要善于从生产者、营销者等的位置思考问题；而一体化开发由于整合不同领域、协调不同领域的人才，正可从人力资源上保证落实尹教授所强调的从不同位置思考问题的"设计移位"说，以求创造突破性产品。而整合不同领域、协调不同领域的人才其实就是设计管理。由此也不难看出：设计管理的产生正是由于从计划经济进入市场经济，"时代移位""设计移位"所导致。

---

① 邵宏、严善錞主编：《岁月铭记论文集》，湖南科技出版社 2004 年版，第 85-86 页。
② 原文刊于《羊城晚报》2006 年 9 月 22 日 C8 版。
③ 设计管理其实由来已久，我国古代的重要设计专著《考工记》已内含大量的设计管理智慧。

(二) 用建立在"政治人"假设、"经济人"假设、"文化人"假设基础上的管理理论来管理今天的"设计人"行不通

设计管理作为西方兴起不久的一门学科,时至今天尚不成熟,就是何为设计管理,也众说纷纭,《设计管理欧美经典案例》一书就列举了18种不同阐释。通观当前国内的设计管理教材,基本上就把设计学和管理学拼凑在一起,基本上是水是水,油是油,没有融会贯通。因为我们并没有完全搞清何为设计管理的特征和规律,而只是借鉴管理学的原理想当然来谈设计管理。

按陆贾"统物通变"观点:"时代移位"了,管理也须移位,因此用建立在"政治人"假设、"经济人"假设基础上的管理理论来管理"设计人"显然是不行,今天为什么管理设计团队常那么吃力?如:如果对设计师等专才设置过多限制,势必扼杀他们的创造性;如果放任其个性发挥,又使设计失去管理。原因就在我们往往还在用"政治人"时代、"经济人"时代的管理理论管理今天的"设计人",说到底还是没能针对"设计人"特性,探索设计管理的特点与规律,建立起一套可行的"设计人"管理理论,实现管理理论的再次移位。

值得一提的是就算用"文化人"管理理论也未必适用,为什么呢?"设计人"是"文化人"中最具创造力、成就感且最有个性的人群,与一般"文化人"不同,他们有"艺术人"的特质。"文化人"与"设计人"是共性与个性的关系,故"文化人"管理与"设计人"管理也是共性与个性的关系。正如刘瑞芬说:"设计管理具有个性与共性两种特性。设计管理具有一般管理的共性,亦具有艺术设计性质方面的个性。其中,个性的特质里包含对艺术创造力的管理。"[1]因此"文化人"管理的一些理念:变化管理、整体管理、创新管理、和谐管理,是知识经济时代管理的共性,对"设计人"管理有指导意义,但失之宽泛,没有针对性。故构建"设计人"管理理论,实现"管理移位"势在必行。

(三) 如何实现"管理移位",使"政治人"时代、"经济人"时代或"文化人"时代的管理移位于"设计人"时代的管理是设计界和管理界的时代课题

那么,如何使"政治人"时代、"经济人"时代或"文化人"时代的管理移位于"设计人"时代的管理呢?

---

[1] 刘瑞芬著:《设计程序与设计管理》,清华大学出版社2006年版,第30页。

首先，要借鉴西方的设计管理理论，设计管理作为一门学科在西方已有几十年历史，而引进到中国才20多年，因此学习西方，洋为中用，是我国实现"设计管理移位"的捷径。

其次，要借鉴"文化人"的管理理论，"文化人"包括"设计人"，他们是共性与个性的关系，"文化人"管理的一些理念：变化管理、整体管理、创新管理、和谐管理等对"设计人"管理无疑有指导意义。

再次，更为重要，要借鉴中国传统管理智慧。中国管理智慧根植于中国人的国民性，更适合对中国的"设计人"进行管理，它不像借鉴西方设计管理那样有水土不服的问题。另外，中国管理智慧作为中国传统文化的精华，展现出东方人特有管理魅力，具有普世价值，这也是继"美国式管理""日本式管理"之后，"中国式管理"为什么在今天会那么红火的原因。如：儒家的"德治"、道家的无为而治对设计团队管理无疑有指导意义，《孙子兵法》的战略智慧对今天的设计战略肯定也会有所启示，纵横家的攻心艺术对设计营销、设计投标也不无益处。我们运用"六经注我"或"我注六经"方式，古为今用，既是传统文化现代化的尝试，同样也是设计管理本土化（中国化）、构建"中国式设计管"、实现"管理移位"的需要。而本节其实就是借鉴中国传统管理智慧（陆贾的管理智慧）构建"设计人"管理理论的一次尝试。

最后，要把从实践中摸索的一些好的经验上升到理论。当前，国内许多设计管理者发现：借鉴西方设计管理理论指导中国设计管理实践，未必管用；相反，他们在实践中摸索的一些经验、土办法，效果还蛮不错。这些土办法，多立足于民族文化，针对民族特性，易为国人接受。如，某设计公司的老总曾对笔者说：我不懂设计，也没什么管理理论，我就是会做人，如果说哪本书对我帮助最大，我看就是《曾国藩家书》。问题是这些好的管理经验属于个人心得，很少上升到理论，并公之于众，实在可惜。建议从事设计管理理论研究的人多和从事设计实务的人交朋友，把他们成功的设计管理经验上升到理论；也建议忙于从事设计、设计管理实务的教师、设计管理者抽点时间对自己的实践经验进行总结，上升到理论。

这点尹定邦为我们做出表率，他把自己的设计管理经验概括为"动之以情、晓之以理、授之以权、呈之以利"十六字方针，这既是对中国传统管理智慧的借鉴，同样也是其多年设计管理实践经验的理论升华。

二、"仁义为本"的设计管理理念

"以人为本"作为西方设计管理的核心理念,已突破了"以物为本"的旧模式,是设计管理的深刻革命。是否"以人为本"已成为任何设计企业能否长期稳定发展的关键。① 故尹定邦说:"设计企业人员流动非常大,那些没有奉行'以人为本'的公司丧失他们一流人才的情况在我们身边时有发生。没有了优秀人才……至少是没有了他们的模范带头作用,那么,要保证既定的设计质量和设计水平就变得非常困难。结果就是:那些对人才不敏感的公司最终会垮掉,这是多么惨痛的教训!"②

值得一提的是,早在2000多年前孔子就提出:"天地之性,人为贵。"③(《孝经·圣治》)他还说:"仁者人也"④(《中庸》),意指"仁"这种道德意识是人之所以为"人"的本质属性。故陆贾的"仁义为本"其本质其实就是儒家的"以人为本"。但人性有善恶,人也有良莠,所以"以人为本",还不如以"仁义为本"更恰当、更确切。"仁义为本"在设计管理中的运用某种程度上就是:一切为了人(使用者)、一切依靠人(设计管理者、设计师),但显然不局限如此,它还有"仁民爱物"之意,意即不光关爱用户,还须推己及人关爱非用户、关爱人类、关爱天地万物。

陆贾把"仁"与"义"结合起来,认为仁义是宇宙万物的本体,也是治道(管理)的基础。⑤ 无论是"修己安人",还是"无为为用"都是以仁义为基础。

陆贾"仁义为本"的管理理念落实到治国就是儒家"德治"主张,其核心就是"修己安人"⑥,至于如何"修己安人",陆贾强调"仁义为本"。吾师黎红雷教授多年从事中国管理智慧的研究,硕果累累,但对"安人"管理却更是推崇备至,并以之指导广州钢铁公司的"安人"工程,引起很大的反响,他说:

---

① 其实"以人为本"相对"以物为本"是管理理念的重大革命,但"人本管理"并非设计管理的最高境界。
② 尹定邦、陈汗青、邵宏著:《设计的营销与管理》,湖南科技出版社2003年版,第96页。
③ 胡平生撰:《孝经译注》,中华书局1999年版,第19页。
④ [南宋]朱熹撰:《四书章句集注》,中华书局1983年版,第28页。
⑤ 仁义是宇宙万物的本源,是治道基础的观点。见拙文《〈新语〉无为思想的儒学渊源》,载《华南理工大学学报》(社会科学版)2004年第4期。
⑥ 儒家的"修己安人"有三层含义:"修己以敬""修己以安人(安部属)""修己以安百姓"。

"从现代管理的角度来看，所谓'安人'就是满足被管理者的需要。"① 故"仁义为本""修己安人"对当代设计管理有如下几方面的启示：

（一）要"仁义为本""修己以敬"，发挥设计管理者的主观能动性，满足其提高领导素养的需要

陆贾说："故治外者必调内，平远者必正近"②（《新语·怀虑》），其意强调：要管理他人就必须先加强自己的道德修养，管好自己才能管好他人。正如德鲁克在《卓有成效的管理者》中所说：管好自己是管理别人的前提。二者可谓英雄所见略同。

尹定邦说："知识型员工也由于自己的专长而自负，对权威的顶礼膜拜已成历史陈迹。"③ 设计师作为知识型员工最有创造力和成就感，最有个性而学有专长的人群，因此以势压人对其进行管理根本行不通，以德服人是不二选择。如何以德服人？管理者必须在生活与工作中时刻牢记"仁义为本"，时刻以恭敬的心态加强自己的道德修养，管好他人之前先管理好自己。作为设计管理者如果设计方面有所欠缺的话，还可借鉴其他设计师弥补，但构成管理者素养的道德修养如有不足的话，那就谁都帮了，完全靠自己个人后天努力。尤其在中国，儒家的"其身正，不令而行；其行不正，虽令不从"④（《论语·子路》）影响深远，即使在封建专制社会也是都屡试不爽，何况今天，社会日趋民主，尤其是设计师，他们有个性、不畏权威，不加强自我修养，提高领导素养，能管好他们吗？

（二）要"仁义为本""修己以安人"，实现人性化管理，满足设计师安全、自尊、自我发展、自我实现需求

长期以来设计团队军心不稳、高跳槽率一直困扰着设计企业长期稳定发展，如何解决这个难题呢？陆贾说："故上之化下，犹风之靡草也。"⑤（《新语·无为》）"上明而下清，君圣而臣忠。"⑥（《新语·术事》）其意为能否管好臣下与百姓关键在为政者能否"仁义为本"，做好表率，"修己安人"，它为设计团队如

---

① 黎红雷主编：《中国管理智慧教程》，人民出版社 2006 年版，第 50 页。
② 王利器撰：《新语校注》，中华书局 2012 年版，第 144 页。
③ 尹定邦、陈汗青、邵宏著：《设计的营销与管理》，湖南科技出版社 2003 年版，第 100 页。
④ 程树德撰：《论语集释》，中华书局 2010 年版，第 901 页。
⑤ 王利器撰：《新语校注》，中华书局 2012 年版，第 77–78 页。
⑥ 王利器撰：《新语校注》，中华书局 2012 年版，第 55 页。

何解决军心不稳、高跳槽率这一难题提供了有益启示。

1. 要"仁义为本""呈之以利",满足设计师安全(物质利益)需求

安全需求可分两类:一类是对当前安全的需求,即当前的工作特性及工作环境对人的安全性;另一类是对未来安全需要,如对未来生活的保障等。对某些设计师来说,前者常不是问题,后者却是关注的焦点之一。因此,要使设计师安心就必须关注其工资与福利,满足他们物质利益需求,这样才能免除其后顾之忧,留住优秀人才。这也是贯彻"仁义为本"的体现。笔者向尹定邦教授请教设计管理心得时,他一再强调要"呈之以利"①,要舍得花大钱聘请人才,这样优秀的设计师才会乐于为你所用,也才能为企业产生多倍利润。可见,"呈之以利",实则是"一本万利"。

2. 要"仁义为本",构建和谐安人的组织氛围,满足设计师自尊(归宿)需要

陆贾说:"骨肉以仁亲,夫妇以义合,朋友以义信,君臣以义序,百官以义承。"②(《新语·道基》)在此,陆贾指出"骨肉""百官"等一切人际关系都是因"仁义"而和谐。而营造和谐的氛围有利于安定人心即安人。③

设计团队主要是以思想为职业特征的人群,与一般蓝领有显著的区别,他们清高、自尊、死要面子,而"和谐安人"的组织氛围正可满足其以上心理需求。另外,由于来自不同的专业领域,因观念差异所导致的矛盾和冲突也必然会较以前那种单一团队大大增加,构建"和谐安人"的组织氛围难度也更大。一旦失去"和谐安人"的组织氛围,以至自尊需求得不到满足,他们往往或一走了之,或出工不出力。这都将给公司带来无法弥补的损失。故此,Cagan 和 Vogel 说:"本章一开始就把来自不同领域的相互独立的成员转变成一个和谐的团队作为目标。"④ 那么,如何构建和谐的组织氛围,满足他们自尊的需要呢?关键还在于坚持"仁义为本"。

3. 要"仁义为本",修己育人,满足设计师自我发展需要

陆贾说:"故上之化下,犹风之靡草也。……故孔子曰:'移风易俗。'岂家

---

① 尹定邦教授的"呈之以利"的"利"除有"物质利益"的含义外,还有名利、地位等多重含义。
② 王利器撰:《新语校注》,中华书局 2012 年版,第 35 页。
③ 曾仕强教授对"安人"的现代解读就是"四安":安股东、安员工、安顾客、安社会大众。
④ [美] Jonathan Cagan、[美] Craig M Vogel 著,辛向阳、潘龙译:《创造突破性产品——从产品策略到项目定案的创新》,机械工业出版社 2007 年版,第 146 页。

令人视之哉？亦取之于身而已矣。"①（《新语·无为》）"化"即教化，即育人，在此，陆贾充分认识到修己育人在国家治理中的重要意义。

设计师常更注重个体的成长而非组织目标的实现，这就要求设计企业注重育人，注重培育设计师。故刘瑞芬说："设计组织不应该仅仅是使用人的场所，设计组织还应该是发展、培养和造就人的学校。"② 但当前许多设计企业并没真正把设计师的个人成长落实到人力资源规划中，而仅仅把其当作赢利、实现公司利润目标的工具。其集中表现为注重对设计师使用，忽略对其培育。这显然与陆贾的"仁义为本"的育人精神相背离，无疑将对企业与员工产生极不利的影响。尹定邦说："设计师的培养不仅是设计企业发展的要求，也是留住优秀人才的重要手段，任何有长远眼光的设计管理者都不能忽视。"③ 那么，许多企业为什么不愿承担培育自己设计师的责任呢？根本原因就在担心自己好不容易培训出来人才被别人挖走。但当设计师感觉自己仅仅是企业的一个"高级打工者"时能形成对企业的绝对忠诚吗？这样就形成恶性循环。为什么会如此呢？说到底还在忽略"修己育人"，忽略对设计师的道德教育。

当前即使在注重设计师培育的企业中也大多存在如下两方面的不足。首先，忽略职业道德培育。单纯地注重员工的"专"：专业培育，忽视"红"：职业道德培育。而设计就是服务，职业道德有时甚至比专业素质更重要。尹定邦说："设计服务的价值在于为他人、为集体和为社会造物、造境、传信和传情。服务的道德、才能、热情和勤奋，一样不能少，没有道德的服务是卑鄙，没有才能的服务是愚昧的，没有热情的服务是僵死的，没有勤奋的服务是空洞的。"④ 在这尹定邦明确把道德排在才能之前，可见设计者职业道德的重要性。其次，忽略言传身教、"修己育人"。当前，设计企业一说人才培育就以为是专门、定期的专业培训，往往忽略设计管理者对下属，资历老的设计师对年轻设计师的言传身教。且即便言传身教，其内容也多是专业技能而并非职业道德。陆贾的"修己育人"可为我们提供有益启示：通过加强道德修养树立榜样，言传身教，进而影响下属、年轻设计师。不但教专业技能、更教职业道德；不但教其做事，更教其做人；不但使其尽快在实践中积累和掌握与设计有关的知识与经验，更让其学会职业伦理和做人道理，如知恩图报、仁爱忠恕等。这是用最低成本使组织成员迅速

---

① 王利器撰：《新语校注》，中华书局2012年版，第77-78页。
② 刘瑞芬著：《设计程序与设计管理》，清华大学出版社2006年版，第53页。
③ 尹定邦、陈汗青、邵宏著：《设计的营销与管理》，湖南科技出版社2003年版，第95页。
④ 邵宏、严善錞主编：《岁月铭记论文集》，湖南科技出版社2004年版，第91页。

成才的捷径，同样也是构建和谐的组织环境，留住人才的需要。

4. 要"仁义为本"，知人善用，满足设计师自我实现的需要

陆贾说："尧以仁义为巢，舜以稷、契为杖，故高而益安，动而益固。……秦以刑罚为巢，故有覆巢破卵之患，以李斯、赵高为杖，故有倾仆跌伤之祸，何者？所任者非也。"①（《新语·辅政》）在这，陆贾强调知人善任的重要性，它是"仁义为本"的体现。

设计师对知人善任有更高要求，只有管理者知人善任，才能让设计师有用武之地，实现职业理想。如果不能知人善任，设计师往往会离开。日本设计管理专家曾根据马斯洛的需求理论进行调研，发现不同文化背景和职业的人群其需求动机往往有明显差异，其中设计师一般有"成就动机"倾向，也就是说，其最高层次需要："自我实现需要"比较强烈。对很多设计师来说，创造出优秀产品，实现职业理想是其最大工作动机；迎接挑战、克服困难所获成功所带来的喜悦和成就感常远比其他报酬更重要。因此善于用人，"授之以权"，让其放手一搏以实现职业理想，是"以人为本"的充分体现。不能知人，使人怀才不遇或者说不能用人，使人不能尽其才，都是最大的不仁。故知人善任是"仁义为本"的基本要求。

（三）要"仁义为本""修己以安百姓"，实现人性化设计，满足使用者对便利、适用的设计产品的需求

陆贾认为坚持"仁义为本""修己以敬"，管好自己方能"安人"亦即管好部属，管好部属也才能进一步"安百姓"亦即管好人民。"安百姓"包含两层含义：首先，要满足人民基本物质需要；其次，要对人民进行教育。

1. 要满足人民基本物质需要

陆贾说："天下人民，野居穴处，未有室屋，则与禽兽同域。于是黄帝乃伐木构材，筑作宫室，上栋下宇，以避风雨。"②（《新语·道基》）"川谷交错，风化未通，九州绝隔，未有舟车之用，以济深致远；于是奚仲乃桡曲为轮，因直为辕，驾马服牛，浮舟杖楫，以代人力。"③（《新语·道基》）在这，陆贾强调，圣人创造室屋舟车是为了满足人民基本的物质需求：住行需求。这是安百姓的重要

---

① 王利器撰：《新语校注》，中华书局2012年版，第59页。
② 王利器撰：《新语校注》，中华书局2012年版，第13页。
③ 王利器撰：《新语校注》，中华书局2012年版，第16页。

举措。

从陆贾的设计伦理可得出如下启示：要以用户为中心，实现人性化设计，创造便民、利民的产品，满足人民正当合理的物质需求。TCL 总裁李东生在其新品牌战略发布会上强调"洞悉人性、察觉需求"八字方针，认为"没有洞察，就没有设计"，同样"没有设计，也就没有了市场"。其实也就是强调要察觉顾客需求，并通过创造便民、利民的产品，满足其需求，最终使其安心、放心，亦即陆贾所强调的"安百姓"。

2. 要对人民进行教育

陆贾说："后世淫邪，增之以郑、卫之音，民弃本趋末，伎巧横出，用意各殊，则加雕文刻镂，传致胶漆丹青、玄黄琦玮之色，以穷耳目之好，极工匠之巧。"[①]（《新语·道基》）在这，陆贾明确批评后世"极工匠之巧"的设计造物为"穷耳目之好"亦即追求过度享受，是淫邪之举。又说："铄金镂木，分苞烧殖，以备器械，于是民知轻重，好利恶难，避劳就逸；于是皋陶乃立狱制罪，县赏设罚，异是非，明好恶，检奸邪，消佚乱。"[②]（《新语·道基》）意即强调要纠正"铄金镂木"等"极耳目之好"的错误设计倾向，并教育和引导人民追求"检奸邪，消佚乱"的健康合理的设计需求。

但当前许多设计企业为了赢利，不惜过度设计，以至浪费资源、破坏环境，片面迎合不健康的需要；不惜损害绝大多数人的需求，片面迎合特定阶层的需求。

其实设计与需求是辩证关系，一方面要以用户为中心实现人性化设计，满足人民正当合理的需求，另一方面，设计也要引导需求，通过设计引导人民树立正确合理的需求观，如通过绿色设计、可持续设计引导和教育人民树立绿色环保，可持续发展的消费观。当前，很多设计企业为了赢利往往忽视设计伦理，其实设计者应有两种身份，不但是产品的设计者，还应是正确引导人民正确对待产品的教育者。这样才能使人与人之间、人与自然之间和谐，达到"安百姓"的目的。只可惜当前设计企业大多忽略教育者的角色。

---

① 王利器撰：《新语校注》，中华书局 2012 年版，第 25 页。
② 王利器撰：《新语校注》，中华书局 2012 年版，第 18 页。

三、"无为为用"的设计管理模式

泰罗的科学管理成功之处在于适应专业手工生产转化为大机器生产需要,把人限制在流水线上从事简单和重复劳动,大大地提高劳动生产率;但同时也扼杀发明与创新。这与知识经济时代格格不入,用它来管理"设计人"显然不行。那么何种管理有利创新,也易为广大"设计人"接受呢?陆贾的"无为为用"观点为我们提供了有益启示。

陆贾说:"道莫大于无为,行莫大于谨敬。何以言之?昔舜治天下也,弹五弦之琴,歌南风之诗,寂若无治国之意,漠若无忧天下之心,然而天下大治。周公制作礼乐,郊天地,望山川,师旅不设,刑格法悬,而四海之内,奉供来臻,越裳之君,重译来朝。故无为者乃有为也。"①(《新语·无为》)陆贾的"无为为用"思想为当代设计管理提供如下三方面启示:

(一)"履道而行"、遵循设计管理规律是无为而治的必备前提

当前,许多设计公司面临这样的困境:如果对"设计人"等专才设置过多限制,势必扼杀其创造性;如果放任其个性发挥,又使设计失去管理。也即通常所说的"一管就死,不管又乱"。为何会这样呢?

陆贾说:"道者,人之所行也。夫大道履之而行则无不能。"(《新语·慎微》)②他认为"道"是管理规律,按照管理规律办事没有什么事办不到。可见"履道而行"是无为而治的前提,只有按管理规律办事方能无为而治。

当前,许多设计公司之所以陷入"一管就死,不管又乱"的困境,说到底还是不能"履道而行",按设计管理规律办事。设计是一种创造性智慧,与创造一般的物质财富和精神财富不同,它往往更需要灵感和激情,同样"设计人"与蓝领甚至与大多知识分子也不一致,他们更有创造力,更渴望实现自我,且更我行我素,厌恶约束。总之,他们拥有"艺术人"的特质。故设计管理既有一般管理的共性,也有艺术管理的特质,因此也必有其独特特点与规律。但作为一门新兴学科,何谓其特点与规律,时到今日,理论界还模糊不清。这就难免当前

---

① 王利器撰:《新语校注》,中华书局2012年版,第68页。
② 王利器撰:《新语校注》,中华书局2012年版,第106页。

许多管理者并不能针对设计与"设计人"的特点,按照设计管理规律管理。故其或者简单地以管理"经济人"的管理理论来管理"设计人",强调服从与控制,结果发现不对,因为扼杀了创新;于是又不得不重弹"设计是艺术,不需管理"的老调,盲目授权,结果还是不对,因为设计目标无法实现。最终难免陷入上面所提的管与不管的两难困境。故盲目授权,并不能无为而治;没有"履道而行"、遵循设计管理规律这个前提,无为而治只是空话一句。

(二)抓大放小、充分授权是无为而治的核心内容

陆贾的"无为为用"并不是什么都不做,从现代管理学的角度看,就是用最小的管理成本达到最大的管理效果。亦即要抓大放下,权力下放,凡是百姓能自己管好的事都要放权不管,以便自己管好自己,人主只管那些百姓不能管也管理不好的大事。①

在以往的组织中,对员工的管理主要强调控制与服从,这不利于发挥员工的能动性进行创新,"设计人"是知识型员工的最有创新意识的群体,故集权管理不适合管理"设计人",运用传统对蓝领工人的管理方式来管理"设计人"行不通的。刘瑞芬说:"作为设计人的管理者必须确认组织中的员工都具有决策者的特质,组织的成功有赖全体员工的一致努力与决策。"② 故与其像秦始皇搞中央集权,还不如像周公分封天下、无为而治,更适合管理"设计人"。故尹定邦一再强调"授之以权",他说:"在许多成功的公司里,真正的决策控制权向下和向外放给那些最了解他们周边环境的人,也就是设计师和提供服务的地方,或者真正进行交易的地方。在通常情况下,授权给接近任务的人员这种趋势是一种不可逆转的、不断增长的、极为重要的变化。"③ 那么,如何才能无为而治呢?首先,提供一种自主的工作环境;其次,实现弹性工作制,最后,实现分散式管理而不是等级制管理。

无为而治并非什么都不管,它其实是抓大放小。什么是设计管理中的"大"呢?"大"主要是事关企业全局的设计政策、设计战略、任官得人等。设计政策是设计企业内的重要制度,是企业在总体经营策略下为使设计渗入各项工作而确立的设计总体方针和政策,它是从最宏观、最根本、最长远规划一个企业的发

---

① 这和当代治理思潮有异曲同工之妙,当代治理理论认为:为防止暴政、恶政,实现善政,就必须缩小政府权限,扩大民间权限,亦即政府应尽量无为。
② 刘瑞芬著:《设计程序与设计管理》,清华大学出版社2006年版,第52-53页。
③ 尹定邦、陈汗青、邵宏著:《设计的营销与管理》,湖南科技出版社2003年版,第101页。

展,是制定设计战略的基础与前提。它和设计战略一样属于高层设计管理内容。故设计政策是设计师必须遵循的设计规范。设计战略是设计管理中的核心内容,既体现企业总体经营战略的指导原则,同时也为企业中的各项设计活动提供明确的方向和目标,是设计取得成功的基本保证,也是企业长期稳定发展、长治久安的关键。任官得人,即要求知人善任,前面已谈过。总之,在充分授权时如不善"抓大",设计公司就会失去方向和根本,不但不能无为而治,而且会带来灾难性后果。

Cagan 和 Vogel 说:"管理综合领域团队最好的办法是在为团队明确方向之后把主动权交给团队,而自己只是以一个顾问的身份指导团队,并非直接参与每一个细节的决策。"① 其意与抓大放小、充分授权,无为而治不谋而合。

(三) 制定和遵循一定的设计制度是无为而治的条件之一

陆贾说:"周公制作礼乐,郊天地,望山川,师旅不设,刑格法悬,而四海之内,奉供来臻,越裳之君,重译来朝。"②(《新语·无为》) 在此陆贾指出:"制作礼乐"是无为而治前提条件之一。而"礼"作为制度是介于内在约束"德"和外在强制"法"之间,既有内在约束,又有外在强制,但与法相比,其强调的不是外在强制惩罚而是内在道德教化,故其强制性有指导性、人性化特质。由此可见,无为而治也并不是什么制度都不要,而是用最人性化、指导性、纲领性的制度达到最根本的约束。

当代设计已告别过去设计师单打独斗时代,转变为"以用户为中心"的一体化新产品开发。"设计绝对需要管理"已是大势所趋,但"无规矩不成方圆"在强调充分授权,无为而治时,如没有一定的规范约束,整个设计企业就会失去管理,故一定制度约束是充分授权的前提条件之一。但这种制度显然有别于管理蓝领员工的制度,它显然不如后者严厉和事无巨细,应更人性化、弹性化、纲领性、指导性。正如陆贾所强调的"礼"一样,它虽然有外在强制,但强调更多的是内在的道德引导。故没有成员内在的道德自律,设计制度是很难执行的。

而设计制度又可分为企业内与企业外两种不同形式,企业内主要指企业的规章,这种规章对不同的"设计人"其约束是不一样的,越是从事简单、重复设

---

① [美] Jonathan Cagan、[美] Craig M Vogel 著,辛向阳、潘龙译:《创造突破性产品——从产品策略到项目定案的创新》,机械工业出版社 2007 年版,第 153 页。
② 王利器撰:《新语校注》,中华书局 2012 年版,第 68 页。

计的，其约束就越大；越是从事创意程度高的，这种约束就越小。换言之，从助理设计师到设计师、主管设计师，再到总设计师，其约束常是按设计师级别的低高逐步递减，甚至到无。在此须指出这并非搞特权，违背"修己安人"原理，而是按设计管理规律办事，因为创意的程度不同，对其约束的要求也不同：越高要求越小。这也是为什么越是创意强的设计企业其对其员工的约束越少，规章也越少的原因。至于企业外的制度则主要是指设计法规，包括设计合同、设计知识产权法规、设计专利法规等，这都是设计企业和"设计人"必须遵循的。

总之，虽然陆贾作古近2000年，但其管理智慧依然闪烁着迷人魅力，对今天的设计管理依然有启迪作用。首先，要"统物通变""时代移位"了，管理也要移位，故要构建"设计人"管理理论，实现"管理移位"；其次，要"仁义为本""无为为用"，这样才能构建"设计人"管理理论。可见，前者论证为什么要构建"设计人"管理理论，实现"管理移位"；后者论证怎样构建"设计人"管理理论，实现"管理移位"；二者相辅相成，缺一不可。

主要参考书目

[1] 诸子集成［M］．上海：上海书店，1986．
[2] 二十二子［M］．上海：上海古籍出版社，1986．
[3] 十三经注疏［M］．上海：上海古籍出版社，1997．
[4] 二十四史［M］．北京：中华书局，1997．
[5] 上海师大古籍整理组．国语［M］．上海：上海古籍出版社，1978．
[6] ［西汉］刘向．战国策［M］．上海：上海古籍出版社，1978．
[7] ［唐］吴兢．贞观政要［M］．上海：上海古籍出版社，1978．
[8] ［北宋］司马光．资治通鉴［M］．北京：中华书局，1956．
[9] ［南宋］李焘．续资治通鉴长编［M］．北京：中华书局，1980．
[10] ［南朝·梁］刘勰．文心雕龙［M］．上海：上海古籍出版社，1989．
[11] 王利器．新语校注［M］．北京：中华书局，1986．
[12] 徐复观．两汉思想史［M］．台北：台湾学生书局，2000．
[13] 王兴国．贾谊评传［M］．南京：南京大学出版社，1996．
[14] 于迎春．秦汉士史［M］．北京：北京大学出版社，2000．
[15] 干春松．制度的儒家及其解体［M］．北京：中国人民大学出版社，2003．
[16] 葛兆光．中国思想史［M］．上海：复旦大学出版社，1998．
[17] 罗根泽．古史辨（第六册）［M］．上海：上海古籍出版社，1982．
[18] 余嘉锡．四库提要辩证［M］．昆明：云南人民出版社，2004．
[19] 熊铁基．秦汉新道家略论稿［M］．上海：上海人民出版社，1984．
[20] 侯外庐，等．中国思想通史［M］．北京：人民出版社，1957．
[21] 冯友兰．中国哲学史新编［M］．北京：人民出版社，1982．
[22] 萧公权．中国政治思想史［M］．北京：新星出版社，2005．
[23] 刘泽华．中国古代政治思想史［M］．天津：南开大学出版社，1992．
[24] 胡寄窗．中国经济思想史［M］．上海：上海人民出版社，1982．
[25] 赵靖．中国古代经济管理思想概论［M］．南宁：广西人民出版社，1986．

［26］张国华，饶鑫贤. 中国法律思想史［M］. 兰州：甘肃人民出版社，1984.
［27］陈定闳. 中国社会思想史［M］. 北京：北京大学出版社，1990.
［28］韦庆远. 中国政治制度史［M］. 北京：中国人民大学出版社，1995.
［29］白钢. 中国政治制度史［M］. 天津：天津人民出版社，2002.
［30］张晋藩. 中国古代行政管理体制研究［M］. 北京：光明日报出版社，1988.
［31］左言东，徐诚. 中国古代行政管理概要［M］. 杭州：浙江古籍出版社，1989.
［32］关立勋. 中外治政纲鉴［M］. 北京：人民日报出版社，1992.
［33］张长法. 治策要鉴［M］. 郑州：中州古籍出版社，1989.
［34］陈生玺. 治国明鉴［M］. 郑州：中州古籍出版社，1999.
［35］罗宏曾. 从政史鉴［M］. 天津：天津社会科学出版社，1989.
［36］余英时. 儒家伦理与商人精神［M］. 桂林：广西师范大学出版社，2004.
［37］许倬云. 从历史看领导［M］. 上海：上海三联书店，1994.
［38］许倬云. 从历史看组织［M］. 上海：上海人民出版社，2004.
［39］许倬云. 从历史看管理［M］. 香港：香港商务印书馆，2005.
［40］何奇，杨道南，伍子杰. 中国古代管理思想［M］. 北京：企业管理出版社，1986.
［41］赵靖. 中国古代经济管理思想概论［M］. 南宁：广西人民出版社，1986.
［42］罗宏曾. 从政史鉴［M］. 天津：天津社会科学出版社，1989.
［43］杨宗兰. 文韬武略——博大精深的中国古代管理思想［M］. 北京：国际文化出版公司，1989.
［44］苏东水. 中国管理通鉴［M］. 杭州：浙江人民出版社，1996.
［45］苏东水. 东方管理学［M］. 上海：复旦大学出版社，2005.
［46］苏东水，彭贺，等. 中国管理学［M］. 上海：复旦大学出版社，2006.
［47］黎红雷. 中国管理智慧教程［M］. 北京：人民出版社，2006.
［48］蔡一. 华夏管理文化精粹［M］. 北京：高等教育出版社，1996.
［49］单宝. 中国管理思想史［M］. 上海：立信会计出版社，1997.
［50］宋锦绣. 中国传统管理智慧［M］. 北京：国家行政学院出版社，1998.
［51］胡祖光，朱明伟. 东方管理学导论：一套全新而可供实践的理论［M］. 上海：上海三联书店，1998.
［52］陈生玺. 治国明鉴［M］. 郑州：中州古籍出版社，1999.
［53］成中英. C理论：中国管理哲学［M］. 上海：学林出版社，1999.

[54] 成中英. C 理论：易经管理哲学 [M]. 北京：中国人民大学出版社，2006.

[55] 成中英. 文化、伦理与管理 [M]. 北京：东方出版社，2011.

[56] 王放放. 中国行政改革思想史 [M]. 北京：中国广播电视大学出版社，1999.

[57] 尹毅夫. 中国管理学 [M]. 北京：人民出版社，1999.

[58] 颜世富. 东方管理学 [M]. 北京：中国国际广播出版社，1999.

[59] 朱明伟. 中国管理文化论 [M]. 上海：立信会计出版社，2000.

[60] 马涛. 传统的创新：东方管理学引论 [M]. 石家庄：河北人民出版社，2001.

[61] 潘承烈，虞祖尧，等. 中国古代管理思想之今用 [M]. 北京：中国人民大学出版社，2001.

[62] 徐广权. 东方管理金律 [M]. 青岛：青岛出版社，2004.

[63] 张国. 中国治国思想史 [M]. 北京：新华出版社，2002.

[64] 马涛. 传统的创新：东方管理学引论 [M]. 石家庄：河北人民出版社，2001.

[65] 胡祖光，朱明伟. 东方管理学十三篇 [M]. 北京：中国经济出版社，2002.

[66] 雷原. 中国人的管理智慧 [M]. 北京：北京大学出版社，2004.

[67] 李雪峰. 中国管理学 [M]. 北京：中国人民大学出版社，2005.

[68] 王德清. 中外管理思想史 [M]. 重庆：重庆大学出版社，2005.

[69] 陈东升. 中国式管理的智源 [M]. 北京：企业管理出版社，2006.

[70] 纪宝成. 中国古代治国通论 [M]. 北京：中国人民大学出版社，2006

[71] 葛荣晋. 中国哲学智慧与现代企业管理 [M]. 北京：中国人民大学出版社，2006.

[72] 田广清，等. 中国领导思想史 [M]. 上海：上海交通大学出版社，2007.

[73] 陆进，孙晔. 中国传统管理思想概论 [M]. 北京：中国书籍出版社，2008.

[74] 刘云柏. 中国管理思想通史 [M]. 上海：上海人民出版社，2010.

[75] 姜杰，等. 中国管理思想史 [M]. 北京：北京大学出版社，2011.

[76] 吴照云. 中国管理思想史 [M]. 北京：经济管理出版社，2012.

[77] 曾仕强. 中国管理哲学 [M]. 台北：台湾东大图书公司，1981.

[78] 曾仕强. 中国式管理 [M]. 2 版. 北京：中国社会科学出版社，2006.

[79] 曾仕强. 中国式的管理行为 [M]. 北京：中国社会科学出版社，2005.

[80] 曾仕强. 中国式领导：以人为本的管理艺术 [M]. 北京：北京大学出版

社，2005.
- [81] 曾仕强. 中道管理［M］. 北京：北京大学出版社，2006.
- [82] 曾仕强. 管理大道［M］. 北京：北京大学出版社，2006.
- [83] 曾仕强，刘君政. 领导与激励［M］. 北京：清华大学出版社，2003.
- [84] 曾仕强，刘君政. 管理思维［M］. 北京：东方出版社，2005.
- [85] 黎红雷. 中国管理智慧教程［M］. 北京：人民出版社，2006.
- [86] 黎红雷. 儒家管理哲学［M］. 广州：广东高等教育出版社，1993.
- [87] 黎红雷. 人类管理之道［M］. 北京：商务印书馆 2000.
- [88] 黎红雷. 中国人的精神三十讲［M］. 广州：中山大学出版社，2004.
- [89] 黎红雷. 中国传统治道研究丛书［M］. 广州：中山大学出版社，2005.
- [90] 朱伯崑. 易学基础教程［M］. 北京：九州出版社，2002.
- [91] 叶舟. 易经的智慧［M］. 北京：中国物资出版社，2005.
- [92] 闵建蜀. 易经的领导智慧［M］. 香港：香港中文大学出版社，2000.
- [93] 谭志浩. 周易商解：破解六十四卦的管理玄机［M］. 北京：中国言实出版社，2005.
- [94] 庞钰龙. 周易式管理［M］. 北京：中国国际广播出版社，2006.
- [95] ［日］涩泽荣一. 论语与算盘［M］. 宋文，永庆，译. 北京：九州出版社，1994.
- [96] 马千里. 论语的管理智慧［M］. 北京：九州出版社，2005.
- [97] 东篱子. 边读边悟论语［M］. 北京：中国华侨出版社，2005.
- [98] 朱家桢. 孔子思想与现代企业管理［M］. 南宁：广西人民出版社，1999.
- [99] 杨先举. 老子管理学［M］. 北京：中国人民大学出版社，2005.
- [100] 胡卫红. 活学活用道德经［M］. 北京：新华出版社，2006.
- [101] 杨灿明. 老子与商战权术［M］. 武汉：湖北人民出版社，1996.
- [102] 叶舟. 老子的智慧［M］. 北京：中国物资出版社，2005.
- [103] 叶舟. 庄子的智慧［M］. 北京：中国物资出版社，2005.
- [104] 陈龙海. 法家智谋［M］. 武汉：武汉测绘科技大学出版社，1998.
- [105] 姚会元，叶青. 韩非子与商战霸术［M］. 武汉：湖北人民出版社，1996.
- [106] 陈玮. 管理真经：儒、法、道家的管理哲学［M］. 北京：中国言实出版社，2006.
- [107] 周建波. 儒墨道法与企业经营［M］. 北京：机械工业出版社，2006.
- [108] 杨先举. 孙子管理学［M］. 北京：中国人民大学出版社，2005.

[109] 司马哲,岳师伦. 孙子兵法与三十六计智谋鉴赏 [M]. 北京:中国言实出版社,2006.

[110] 诸葛静一. 孙子兵法与三十六计的智慧 [M]. 北京:中国长安出版社,2005.

[111] 洪兵. 孙子兵法与经理人统帅之道 [M]. 北京:中国社会科学出版社,2005.

[112] 吕叔春. 商战韬略与孙子兵法 [M]. 北京:中国物资出版社,2004.

[113] 孙以楷,甄长松,译. 墨子全译 [M]. 成都:巴蜀书社,2000.

[114] 王赞源. 墨子 [M]. 台北:台湾东大图书公司,1996.

[115] 孙中原. 墨者的智慧 [M]. 上海:上海三联书店,1995.

[116] 陆玉林,唐有伯. 中国阴阳家 [M]. 北京:宗教文化出版社,1996.

[117] 孙广德. 先秦两汉阴阳五行说的政治思想 [M]. 台北:台湾商务印书馆,1994.

[118] 邝芷人. 阴阳五行及其体系 [M]. 台北:文津出版社有限公司,1992.

[119] 房立中. 纵横家全书 [M]. 北京:学苑出版社,1995.

[120] [日] 大桥武夫. 鬼谷子与经营谋略 [M]. 房立中,译. 北京:学苑出版社,1992.

[121] 王守柱. 鬼谷子的智慧 [M]. 北京:地震出版社,2005.

[122] 孙岩. 鬼谷子商学院 [M]. 北京:中国长安出版社,2006.

[123] 唐突生,侯宇. 鬼谷子与伐谋伐交 [M]. 青岛:青岛出版社,2006.

[124] 金跃军. 读禅悟管理 [M]. 北京:金城出版社,2005.

[125] 龙子民. 禅说管理 [M]. 北京:地震出版社,2005.

[126] 龙子民. 读禅学管理 [M]. 北京:中国长安出版社,2005.

[127] 洁岛. 管理的禅境 [M]. 北京:人民邮电出版社,2006.

[128] 邱明正. 禅道与企业管理 [M]. 北京:北京大学出版社,2005.

[129] 陈东升. 中国式管理的智源 [M]. 北京:企业管理出版社,2006.

[130] 张兆娟. 中国式管理的金玉良言 [M]. 北京:中国致公出版社,2006.

[131] 王永峰. 中国式管理的36个关键与49个细节 [M]. 南昌:江西人民出版社,2006.

[132] 吕奇霖. 中国式管理的89个关键 [M]. 北京:机械工业出版社,2006.

[133] 司马安. 中国式管理的72个细节 [M]. 北京:经济科学出版社,2005.

[134] 陈东升. 中国式管理的32个手段 [M]. 北京:中国致公出版社,2005.

［135］马志明. 中国式用人的69个关键细节［M］. 北京：地震出版社，2006.

［136］申明. 中式领导力［M］. 北京：企业管理出版社，2006.

［137］常桦. 中国式领导［M］. 北京：华文出版社，2006.

［138］张兆娟. 软实力：中式成功领导品质［M］. 北京：企业管理出版社，2006.

［139］王元平. 绝对中国制造的58个管理智慧［M］. 北京：京华出版社，2004.

［140］连玉明，武建忠. 中国领导决策精要［M］. 北京：中国时代经济出版社，2006.

［141］魏同悟. 领导活动案例评点·决策卷［M］. 南宁：广西人民出版社，1998.

［142］宋协娜. 领导活动案例评点·用人卷［M］. 南宁：广西人民出版社，1998.

［143］席酉民，尚玉钒. 和谐管理理论［M］. 北京：中国人民大学出版社，2002.

［144］鞠强. 和谐管理：本质、原理、方法［M］. 上海：复旦大学出版社，2006.

［145］席翠平. 赢在和谐［M］. 北京：国家行政学院出版社，2005.

［146］余世维. 有效沟通：管理者的沟通艺术［M］. 北京：机械工业出版社，2006.

［147］潘岳. 读史学领导［M］. 北京：企业管理出版社，2004.

［148］万泌. 经典领导谋略全鉴［M］. 北京：地震出版社，2006.

［149］唐忠民. 中国历代君臣得失之道［M］. 北京：中国言实出版社，2006.

［150］陈正侠，许燕. 从历史学管理［M］. 北京：企业管理出版社，2005.

［151］胡抗美，柯美成. 中国古代用人智慧［M］. 北京：华夏出版社，2001.

［152］郑玉光. 知人善任的奥秘——刘劭《人物志》研究注释［M］. 太原：山西人民出版社，1992.

［153］焦国洪. 中国古代用人之道［M］. 长沙：湖南人民出版社，1998.

［154］冯俊科. 帝王治国策［M］. 北京：中国华侨出版公司，1991.

［155］吴榆山. 帝王用人的学问［M］. 北京：中国传媒大学出版社，2005.

［156］杨东雄. 跟帝王学用人［M］. 北京：西苑出版社，2004.

［157］杨东雄. 跟帝王学管人［M］. 北京：西苑出版社，2004.

［158］迟双明. 二十四史用人智慧［M］. 北京：地震出版社，2006.

[159] 李古寅. 中国古代从政谋略 [M]. 北京：中国文史出版社，2006.

[160] 李沛诚. 中国历代改革者 [M]. 长沙：湖南教育出版社，1991.

[161] 李肇诚，于晓光. 中国古人廉政通鉴 [M]. 长春：吉林文史出版社，1991.

[162] 康贻祥. 读史学管理 [M]. 北京：中国社会科学出版社，2004.

[163] 朱亚非. 历代名君治国方略 [M]. 济南：山东人民出版社，2002.

[164] 王世农，等. 历代名吏安民方略 [M]. 济南：山东人民出版社，2002.

[165] 仝晰纲. 历代名将治军方略 [M]. 济南：山东人民出版社，2002.

[166] 王双，王文治. 货殖列传与经商艺术 [M]. 南宁：广西人民出版社，1991.

[167] 杨承辉. 中国古代经营管理思想研究 [M]. 天津：南开大学出版社，1996.

[168] 都明明. 中国式商道 [M]. 南昌：江西人民出版社，2006.

[169] 王行健. 中国商道——从胡雪岩到李嘉诚 [M]. 北京：新世界出版社，2006.

[170] 杜微言. 胡雪岩处事行商谋略今析 [M]. 北京：金城出版社，2001.

[171] 康贻祥. 读史巧经商 [M]. 北京：中国纺织出版社，2005.

[172] [美] 雷恩. 管理思想的演变 [M]. 北京：中国社会科学出版社，1997.

[173] [英] 克雷纳. 管理百年 [M]. 海口：海南出版社，2003.

[174] [英] 厄威克. 管理备要 [M]. 北京：中国社会科学出版社，1994.

[175] [美] 泰罗. 科学管理原理 [M]. 北京：中国社会科学出版社，1984.

[176] [法] 法约尔. 工业管理与一般管理 [M]. 北京：中国社会科学出版社，1982.

[177] [德] 韦伯. 经济与社会 [M]. 北京：商务印书馆，1997.

[178] [美] 马斯洛. 动机与人格 [M]. 北京：华夏出版社，1987.

[179] [美] 麦格雷戈. 企业的人性面 [M]. 台北：台湾中华企业管发展中心，1979.

[180] [美] 布莱克，穆顿. 新管理方格 [M]. 北京：中国社会科学出版社，1986.

[181] [美] 德鲁克. 管理——任务、责任、实践 [M]. 北京：中国社会科学出版社，1987.

[182] [美] 德鲁克. 有效的管理者 [M]. 北京：工人出版社，1989.

[183] [美] 西蒙. 管理决策新科学 [M]. 北京：中国社会科学出版社，1982.

[184] [美] 卡斯特，罗森茨韦克. 组织与管理——系统方法与权变方法 [M]. 北京：中国社会科学出版社，1988.

[185]［美］孔茨，韦里克. 管理学［M］. 北京：经济科学出版社，1993.

[186]［美］罗宾斯. 组织行为学［M］. 北京：中国人民大学出版社，1997.

[187]［美］杜拉克. 巨变时代的管理［M］. 台北：中天出版社，1998.

[188]［美］圣吉. 第五项修炼［M］. 台北：天下文化出版社，1994.

[189]［美］科维. 立身之本——高效管理者的七种习惯［M］. 北京：新华出版社，1992.

[190]［美］格蕾安. 统合管理革命［M］. 台北：台湾天下文化出版公司，1994.

[191]［美］柯林斯. 从优秀到卓越［M］. 北京：中信出版社，2002.

[192]［美］柯林斯，波勒斯. 基业常青［M］. 北京：中信出版社，2005.

[193]［韩］W. 钱·金，［美］勒妮·莫博涅. 蓝海战略［M］. 北京：商务印书馆，2005.

[194]方振邦. 管理思想百年脉络［M］. 北京：中国商业出版社，2004.

[195]孙耀君. 西方管理思想史［M］. 太原：山西人民出版社，1987.

[196]尹定邦. 设计学概论［M］. 长沙：湖南科学技术出版社，2003.

[197]尹定邦，陈汗青，邵宏. 设计的营销与管理［M］. 长沙：湖南科技出版社，2003.

[198]尹定邦. 设计目标论［M］. 广州：暨南大学出版社，1998.

[199]邓成连. 设计策略：产品设计之管理工具与竞争利器［M］. 重庆：亚太图书出版发行有限公司，2001.

[200]邓成连. 设计管理：产品设计之组织、沟通与动作［M］. 重庆：亚太图书出版发行有限公司，2003.

[201]设计管理协会. 设计管理欧美经典案例［M］. 黄蔚，等，译. 北京：北京理工大学出版社，2004.

[202]［美］Jonathan Cagan, Craig M Vogel. 创造突破性产品——从产品策略到项目定案的创新［M］. 辛向阳，潘龙，译. 北京：机械工业出版社，2007.

[203]［美］凯瑟琳贝斯特. 美国设计管理高级教程［M］. 李琦，刘樱，宫力，译. 上海：上海人民美术出版社，2008.

[204]［美］唐纳德·A. 诺曼. 情感化设计［M］. 北京：电子工业出版社，2005.

[205]［美］唐纳德·A. 诺曼. 设计心理学［M］. 梅琼，译. 北京：中信出版社，2003.

[206]［美］乔恩·R. 卡曾巴赫，等. 团队的智慧——创造绩优组织［M］. 侯

玲,译.北京,经济科学出版社,2000.

［207］［美］菲利普·科特勒.市场营销原理［M］.何志毅,译.北京：机械工业出版社,2006.

［208］［美］原研哉.设计中的设计［M］.朱锷,译.济南：山东人民出版社,2006.

［209］蔡军,刘吉昆,张立群.D2B——第一届国际设计管理高峰会论文集［D］.上海：上海交通大学传媒与设计学院,2006.

［210］蔡军.芬兰当代设计［M］.北京：北京理工大学出版社,2004.

［211］2009清华国际设计管理大会论文集编委会.创新+设计+管理——2009清华国际设计管理大会论文集［M］.北京：北京理工大学出版社,2009.

［212］刘国余.设计管理［M］.上海：上海交通大学出版社,2007.

［213］刘瑞芬.设计程序与设计管理［M］.北京：清华大学出版社,2006.

［214］花景勇.设计管理——企业的产品识别设计［M］.北京：北京理工大学出版社,2007.

［215］徐人平.设计管理［M］.北京：化学工业出版社,2009.

［216］李艳.设计管理与设计创新——理论及应用案例［M］.北京：化学工业出版社,2009.

［217］柳冠中.事理学纲要［M］.天津：南开大学出版社,2006.

［218］柳冠中.走中国当代工业设计之路［M］.长沙：湖南科技出版社,2004.

［219］柳冠中.工业设计概论［M］.北京：中国科技出版社,1994.

［220］陈汗青,柳冠中,等.工业设计与创意产业［M］.北京：机械工业出版社,2007.

［221］陈汗青,万刅.设计与法规·前言［M］.北京：化学工业出版社,2004.

［222］郑建启,李翔.设计方法学［M］.北京：清华大学出版社,2012.

［223］郑建启,刘杰成.设计材料工艺学［M］.北京：高等教育出版社,2007.

［224］潘长学.工业产品设计表现技法［M］.武汉：武汉理工大学出版社,2002.

［225］方兴.数字化设计表现［M］.武汉：武汉理工大学出版社,2003.

［226］方兴.计算机艺术设计基础［M］.北京：高等教育出版社,2003.

［227］张乃仁.设计辞典［M］.北京：北京理工大学出版社,2002.

［228］王受之.世界现代设计史［M］.北京：中国青年出版社,2002.

［229］王受之.世界现代设计史［M］.北京：中国青年出版社,2002.

［230］ 王受之. 世界现代建筑史［M］. 北京：中国建筑工业出版社，1999.
［231］ 何人可. 工业设计史［M］. 北京：北京理工大学出版社，2002.
［232］ 何人可. 工业设计专业英语［M］. 2版. 北京：北京理工大学出版社，
［233］ 何人可. 设计辞典——20世纪50位著名设计师传略［M］. 北京：北京理工大学出版社，2002.
［234］ 邵宏，严善錞. 岁月铭记论文集［M］. 长沙：湖南科技出版社，2004.
［235］ 李砚祖. 外国设计艺术经典论著选读·上［M］. 北京：清华大学出版社，2006.
［236］ 李砚祖. 外国设计艺术经典论著选读·下［M］. 北京：清华大学出版社，2006.
［237］ 李砚祖. 工艺美术概论［M］. 济南：山东教育出版社，2002.
［238］ 刘吉昆. 产品价值分析［M］. 哈尔滨：黑龙江科技出版社，1997.
［239］ 童慧明. 工业设计教育新机遇——2010年珠江国际工业设计教育论坛论文集［M］. 北京：北京理工大学出版社，2010.
［240］ 章利国. 现代设计社会学［M］. 长沙：湖南科技出版社，2005.
［241］ 沈祝华，米海妹. 设计过程与方法［M］. 济南：山东美术出版社，1995.
［242］ 赵健. 关于今日设计教育方向的思考——地域性与当代性［M］. 北京：中国建筑工业出版社，2010.
［243］ 刘志峰，刘光复. 绿色设计［M］. 北京：机械工业出版社，1993.
［244］ 管顺丰. 产业创新管理理论研究与实证分析［M］. 武汉：湖北人民出版社，2006.
［245］ 叶郎. 中国文化产业年度发展报告［M］. 北京：北京大学出版社，2010.
［246］ 杜瑞泽. 产品永续设计——绿色设计理念与实务［M］. 重庆：亚太图书出版发行有限公司，2002.
［247］ 郑成思. 知识产权论［M］. 北京：法律出版社，2003.
［248］ 世界知识产权组织. 世界知识产权教程［M］. 北京：专利文献出版社，1990.
［249］ 何敏. 企业知识产权保护与管理实务［M］. 北京：法律出版社，2002.
［250］ 国家知识产权局条法司. 新专利法详解［M］. 北京：知识产权出版社，2001.

后　　记

2001年我考上中山大学哲学系硕士研究生，师从黎红雷教授从事中国管理哲学学习与研究。2003年硕士论文开题，我拟从事陆贾治道研究，黎师肯定其研究价值，并将题目定为《〈新语〉——汉代儒学制度化的理论先声》。坦率地说，该题目有点难度，作为硕士生的我，曾担心超出本人的研究能力。好在开题与答辩虽都遇到点麻烦，但总算有惊无险地通过了。

2004年我硕士毕业分配到广州美术学院社科部，从事思想政治教育的教研。2006年后开始师从尹定邦、郑建启、何人可等教授从中国管理哲学与设计管理交叉的视角研究"中国式设计管理"。

从2003年硕士论文开题，到今天本专著出版，本人对陆贾治道研究时断时续，弹指间已是13年，曾风华正茂的青年业已成为两鬓微白的中年人，曾经中大的学子也业已侥幸成为广美教授。这期间尚须大量的时间与精力从事思想政治教育的教研及"中国式设计管理"的写作。本书能出版真不容易，一则欣慰，另则感恩。

要感谢我的硕士生导师中山大学哲学系黎红雷教授！其"务实""创新"的治学风格让我终生受益。① 尤其当我的硕士论文开题、写作时遇到困难时，黎师给予我大量的鼓励与指导，可以说没有其谆谆教导及鼓励，恐就没有本书出版。

要感谢中山大学哲学系李宗桂教授！本书的写作多受启其多年前主讲的《两汉经学》。

要感谢陈少明、张永义、张丰乾、杨海文等老师，感谢你们在我硕士论文开题与答辩时的批评指导。

要感谢冯达文等哲学系老师！你们渊博的学识及严谨的治学精神让我终生受

---

① 窃以为黎师的治学风格可概括为"务实""创新"。正因为这点，他方从中国哲学与管理学交叉的视角，开辟出中国管理哲学这片新天地。我也正是受其"务实"影响才会转向"设计管理"这一应用学科；也正是受其"创新"影响，才会从中国管理哲学与设计管理交叉视角，构建"中国式设计管理"。

益。

  要感谢尹定邦、郑建启、何人可、潘长学等设计界导师，你们的鼓励与教导，让我从陆贾治道延伸到设计管理研究，对构建"中国式设计管理"及中国设计管理哲学有莫大的帮助。

  要感谢广州美术学院科研处对本书出版的资助！

  最后要感谢家人的支持与理解，尤其要感谢妻子与岳母。近10年来我全身心从事科研创作，陪家人的时间很少，家里的事务基本由妻子郑美梅女士及岳母王冬英女士打理，而宝贝女儿徐诗语小朋友也马上8岁了，今后爸爸一定学会如何做个好爸爸。

        2016年6月3日于广州大学城广美教师公寓